4차 산업혁명 시대의 기업가정신
플러그인

4차 산업혁명 시대의 기업가정신
플러그인

초판 1쇄 인쇄 2018년 4월 3일
초판 1쇄 발행 2018년 4월 5일

지은이 김문선·김선우·김성옥·김영록·김영수·김인수·김정태·김종갑·배종태·이장재·이채원·최성호
발행처 ㈜한국비전교육원
발행인 강헌구
기획 이진아컨텐츠컬렉션
편집 박나영·김선희
디자인 드림디자인 박하연·정민아

출판등록 2008년 1월 30일 제2016-000023호
주소 서울시 금천구 벚꽃로 254, 2층 211호 (가산동, 월드메르디앙 1차)
전화 02-586-3179
FAX 02-586-3173
홈페이지 www.kviplus.or.kr
이메일 svs5950@hanmail.net

ISBN 978-89-962303-6-6 (03320)

* 이 책은 저작권법에 따라 보호받는 저작물이므로 무단전재와 무단복제를 금지하며,
  이 책 내용의 전부 또는 일부를 이용하려면 반드시 저작권자와 ㈜한국비전교육원의 서면동의를 받아야 합니다.
* 잘못 만들어진 책은 판매처에서 교환해드립니다.
* 책값은 뒤표지에 있습니다.

4차 산업혁명 시대의 기업가정신
플러그인

한국비전교육원
Korea Vision Institute

100년이 **70**년으로,
70년이 **40**년으로…

인공지능, 사물인터넷, 빅데이터 등
첨단 정보통신과
경제·사회 전반이 융합되어
혁신적인 변화를 만들어내는
4차 산업혁명이
빛의 속도로 달려오고 있다.

초연결과 초지능이
특징인 4차 산업혁명은
지금까지의 산업혁명과는 다르다!

4차 산업혁명은
더 넓은 범위에
더 빠른 속도로
더 광범위한 영향을 미친다.

세상이 바뀌는 시간이
빨라진다!

대한민국의 장점이었던
패스트 팔로어 전략은
더 이상 장점이 아니다.

우버·에어비앤비가 성공했다고
테슬라가 유망해보인다고

한국형 우버,
한국형 테슬라를 만드는 것은
아류일 뿐

**제대로 된 4차 산업혁명이
아니다.**

지금 대한민국과 세계에
무엇이 필요한지 포착하여
가장 먼저 사업화하는 **기업가정신**
그것이 4차 산업혁명이다.

**4차 산업혁명 시기에 필요한 것은
퍼스트 무버다.**

이미 현실이 된
4차 산업혁명을 대비하고 싶다면
위험을 무릅쓰고
포착한 기회를 사업화하는

**기업가정신으로
플러그인하라!**

• 프롤로그 •

4차 산업혁명,
기업가정신으로 플러그인하라!

가장 빠른, 가장 파괴력이 큰 변화에 직면하다

4차 산업혁명은 이전 산업혁명과는 변화의 '속도'(Velocity), '범위와 깊이'(Breadth and Depth) 그리고 '시스템 충격'(System Impact)이라는 측면에서 분명한 차이가 있다. 4차 산업혁명은 이전 산업혁명의 선형적 속도에 비해 기하급수적으로 빠른 속도로 전개된다. 과학기술의 융합으로 인한 디지털 혁명이 생산체제의 변화를 필두로 정치, 경제, 사회, 문화 전반에 걸쳐 직접적으로 패러다임의 전환을 이끌어내고 있다. 그리고 이러한 변화의 결과는 사회 전체 시스템의 변화가 야기될 것이다.

4차 산업혁명은 기존과는 다른 급변성을 내포하고 있다. 준비되지 않은 이에게는 혼란스러울 수밖에 없다. 문제가 너무 광범위하고 어렵고 복잡하다. 해법은 무엇이며 실마리는 어디에 있는가? 난해하고 위급한 시기일수록, 복잡하고 어려운 문제일수록 기본으로 돌아가 본질에 충실할 필요가 있다.

새로운 것에 기본과 본질을 플러그인하다

지금 우리에게 필요한 기본과 본질 중 오랜 역사 속에서 검증된 가치가 기업가정신이다. 혼돈과 급변의 시대를 제대로 살아가기 위해서는 시대의 정신을 담은 기업가정신으로 무장할 필요가 있다. 그런 의미에서 (재)한국청년기업가정신재단(KoEF)과 과학기술정책연구원(STEPI)은 기업가정신을 오랜 기간 연구한 전문가의 다양한 시각을 통해 좀 더 나은 미래를 대비하고자 '기업가정신 정책교류회'를 2016년부터 개최해 왔다. 이 모임은 우리 경제의 활력과 재도약을 위해 기업가정신의 함양과 확산이 무엇보다 중요하다는 인식 하에 추진되었다. '2017년도 정책교류회'에서는 4차 산업혁명과 기업가정신 그리고 창업을 연결하는 주제를 가지고 총 9회의 교류회를 진행하였다. 그리고 정책교류회의 결과가 이 책으로 결실을 맺었다.

다양한 관점이 존재하였다. 어떤 이는 창업 지원 시스템이 충분히 갖추어졌기 때문에 창업을 긍정적·적극적으로 검토해야 한다고 했으나, 우선 취직하여 경력을 쌓고 충분히 검토한 후에 창업하는 것이 더 낫다는 견해도 있었다. 정부가 주도하여 이 혼란의 시대를 끌어가야 한다는 의견도 있지만 정부는 최소한의 개입으로 간접 지원만 해야 한다는 주장도 있었다. 정부정책이 창업을 발전시키고 생태계를 조성하는 데 어느 정도 기여했다는 평가와 지금의 정책으로는 우리 기업을 세계적 기업으로 성장시키기에 역부족이라는 주장도 있었다.

상반된 의견으로 언뜻 혼돈스럽고 모순되어 보일 수 있다. 그러나 모순은 그 자체로 불편해 보이지만, 한 걸음 나아가는 데에 훌륭한 원동력이 되기도 한다. 각각 충돌된 모순의 이면을 자세히 살펴보면 무엇을 지켜나갈 것이며, 어떤 점을 보완하고 혁신해나가야 하는지 실마리가 잡힌다.

지금 해야 할 일은 이 모순을 어설프게 봉합하는 것이 아니라 각 관점을 분명히 드러내고 그 장점과 한계를 분명히 정리하는 것이다. 각 전문가의 관점이 4차 산업혁명 시대에 필요한 '창조와 혁신'의 기업가정신을 구현하는데 디딤돌이 될 수 있도록 하는 것이 이 책의 목적이기도 하다.

4차 산업혁명의 주요한 특징 중 하나는 다양한 융합이 동시에 발생하고 있다는 것이다. 기술융합이 대표적이다. 그러나 융합의 영역은 기술 분야에만 한정되는 것이 아니다. 산업융합, 학문융합, 사회융합(통섭)도 있다. 그리고 이외에도 한 가지 영역에 대한 다양한 관점의 융합 또한 훌륭한 의미를 가질 수 있다. 앞으로 기업가정신에서 다양한 관점을 융합하려는 시도는 활발히 일어날 것이다. 다양한 관점을 사회의 성장 관점에서 재구성하고 연결한다면 의미 있는 성과를 거둘 수 있을 것이다.

이 책은 기업가정신과 창업에 대한 다양한 전문가의 견해를 포함하고 있다. 언뜻 보기에는 비슷해 보일 수 있지만 자세히 들여다보면 전혀 다른 관점에서, 다른 영역에서 접근하고 있음을 알 수 있다. 모쪼록 이들의 서로 다른 견해들 속에서 혼란의 4차 산업혁명 시대를 이끌어가는 계기와 해법을 찾을 수 있기를 바란다.

이 책을 읽는 독자들은 다음의 내용에 대해 얼마간의 의미 있는 힌트를 얻길 바란다.

① 4차 산업혁명 시대의 돌파구는 기업가정신이다.
② 급변의 시대일수록 기본이 중요하다. 고전에서 기업가정신을 찾아보자.
③ 이미 와있는 4차 산업혁명의 현주소를 알아보고 대표 혁신가를 소개한다.
④ 주요국의 창업생태계 변화와 흐름을 통해 우리의 현주소를 알아본다.

⑤ 성공적인 스타트업이 되기 위한 로드맵과 구체적인 정보를 제공한다.
⑥ 우리나라 스타트업이 글로벌에 진출하기 위한 가이드를 제시한다.
⑦ 4차 산업혁명 시대에도 제일 중요한 것은 사람이다.
⑧ 치열한 경쟁 환경에서 살아남기 위해서는 범국가적 시스템이 필요하다.
⑨ 사회적 기업가정신은 시대적인 문제를 해결하기 위한 방안이다.
⑩ 기업 실패경험의 연구와 축적을 통해 창업의 리스크를 줄이자.
⑪ 사회적 가치를 창출하는 지속가능기업에 도전하자.
⑫ 4차 산업혁명 시대에 필요한 새로운 기업가정신을 알아본다.

각 전문가의 소중한 관점과 견해를 새로운 융합으로 풀어내어 험난해 보이지만 흥미로운 4차 산업혁명의 시대를 향유하는 데 도움이 되었으면 한다.

마지막으로 이 책은 급변과 혼돈의 4차 산업혁명 시대를 같이 극복하는 데 지혜를 모을 수 있는 계기를 마련하고자 기획되었다. 이 책은 12명의 저자들이 기업가정신을 각기 다른 관점에서 설명하고 있다. 각각의 글들은 각자의 지향점을 향하고 있다. 일견 모순으로 보일 수 있다. 그러나 이러한 구성은 다양한 영역과 각 위치에서 보는 각기 다른 관점을 통해 우리가 어디에 있고, 또 어디로 나아가야 할지 그 전체에 대한 윤곽을 잡을 수 있게 하는 정반합(正反合)의 혁신적 결과로도 설명할 수 있다.

• 차례 •

프롤로그 4차 산업혁명, 기업가정신으로 플러그인하라!

본질을 통해
미래를 읽다 (김문선) • 17

이미 와 있는 미래 : 4차 산업혁명
우리는 얼마나 준비되어 있는가?
미래 인재의 필수 조건 : 창의성에 혁신을 플러그인하다
돌파구는 기업가정신

고전에서 미래의
길을 묻다 (김영수) • 37

역사 속 기업가정신 : 유대 상인과 화교 상인
미래 세계 경제의 중심 : 중국
고전에 숨어 있는 기업가정신
〈화식열전〉과 노블레스 오블리주
부와 치부에 대한 사마천의 인식
사마천의 의리관
노블레스 오블리주의 사례

4차 산업혁명의 미래 (이장재) • 59

산업혁명의 흐름을 살펴보자
현실에 영향을 주고 있는 미래
변혁의 시기에 필요한 핵심가치
우리 앞에 와 있는 대표 혁신가들
공공부문에서의 기업가정신

주요국 창업생태계의
변화와 흐름 (김성옥) • 79

유니콘기업을 중심으로 본 글로벌 스타트업의 발전
로컬 서비스의 활성화
창업생태계의 지역별 맥락
신흥국 창업생태계의 성장 요인 : 중국·동남아시아·인도
갈라파고스에서 벗어나려면 : 고립탈피를 위한 제언

스타트업 생태계에
뛰어들다 (김영록) • 101

플러그만 꽂으면 작동되는 스타트업 환경
스타트업 생태계의 멤버 8
어디서 시작할 것인가 : 함께 일하는 공간, 코워킹 스페이스
초기에 도움을 받으려면 : 부모와 같은 존재, 인큐베이터
시행착오 없이 제대로 성장하고 싶다면 : 선생님 같은 액셀러레이터
잊지 말아야 할 근본 : 스타트업 기업가정신

글로벌 기업가정신 (김종갑) • 127

당신의 제품은 무엇입니까?
비즈니스 모델은 무엇입니까?
잘 되는 나라는 어떻게 하고 있을까?
우리의 글로벌 창업이 성공하려면?
우리가 가진 자원을 제대로 활용할 수 있다면?
그럼에도 가능성은 있다!

'사람중심' 기업가정신 (배종태) • 149

누가 기업가인가?
기업가정신의 정의와 본질
기업가형 경영 방식
진정한 기업가의 조건
다양한 영역에 적용되는 기업가정신
사람이 핵심이다
이제 사람중심 기업가정신이다

범국가적 시스템 :
기업가형 국가 (최성호) • 177

'기업가형 국가'란 무엇인가?
왜 '기업가형 국가'인가?
기업가형 국가의 조건과 한국 상황
기업가형 국가의 성공사례
기업가형 국가를 위한 기업정책 과제

사회적 기업가정신 :
시대의 문제를 해결하는 시대정신 (이채원) • 203

사회적 기업가정신은 시대정신이다
새로운 대안으로 등장한 사회적 기업
사회적 기업가의 특징은 무엇인가?
성장의 한계를 넘어서

실패는 감추어진 보물이다 (김인수) • 225

창업, 그 달콤함 이면의 냉혹한 현실
재창업은 가시밭길
관점을 전환하자 : 실패에 대한 반면교사
창업보다 힘든 폐업
창업하기 전에 실패를 들여다보자
창업의 리스크를 줄이는 첩경 : 실패 경험의 공유

지속 가능한 기업을 꿈꾸자 (김정태) • 245

사회와 더불어 성장한다
'1919년형 기업'에서 '2020년형 기업'으로
지속 가능한 기업, 비콥의 등장과 확산
사회적·환경적 가치를 어떻게 측정할 것인가?
사회적 가치 창출기업의 경쟁력은 어디에 있는가?
성큼 다가온 사회적 가치의 시대

4차 산업혁명 시대의 기업가정신 (김선우) • 263

새로운 시대의 출현
4차 산업혁명 시대의 '새로운' 기업가정신
한국의 기업가정신과 정부의 역할

1
본질을 통해
미래를 읽다

김문선 박사 _ (재)한국청년기업가정신재단

기성세대에게는 다소 낯선 '4차 산업혁명'이 우리의 삶을 송두리째 흔들고 있다. 우리의 눈과 귀를 책임지는 뉴스와 미디어에서는 하루가 멀다 하고 4차 산업혁명에 관한 소식을 전한다. 그 속에서 어떤 이는 두려움과 걱정을, 또 어떤 이는 새로운 도전의 꿈을 키운다. 서로 상반된 의견과 전망이 홍수처럼 쏟아지는 지금 우리는 어떻게 해야 하는가? 지금의 상황을 슬기롭게 대처할 방법은 없는 것일까? 미래를 심도 있게 내다보는 사람들은 '이 시대의 돌파구는 기업가정신이다'라고 말한다.

이 글을 쓴 김문선은

중소·벤처기업과 함께 한 세월이 벌써 24년이다. 강산이 두 번 변했지만 한국에서 중소기업으로 산다는 것, 벤처기업을 성공으로 이끄는 것은 여전히 힘들다. 서울연구원, 중소기업연구원, 중소기업기술정보진흥원을 거쳐 지금은 (재)한국청년기업가정신재단에서 근무하며 현장에 대한 목마름으로 청년 스타트업과 교류 중이다. 그들과 같이 생각하고 고민하고 실행하는 가운데에서 항상 즐겁게 새로운 기회와 마주하는 가운데, 최근 4차 산업혁명 시대의 불확실성에 대해 사람들이 고민하며 두려움을 느끼는 것을 보고 이 책을 기획하게 되었다.

미래는 항상 불확실하며, 불확실한 것은 항상 두려움 속에서 희망의 씨앗을 퍼트리곤 한다. 위기를 기회로 바꾸고 기회를 경험으로 생각하자. 기회인 위기와 기회가 아닌 위기는 모두 자신에게서 비롯된다. 많은 이들이 우려하는 위기의 한국은 4차 산업혁명에서 반드시 기회의 경험을 획득해야 한다. 그래서 중소기업, 벤처기업 그리고 청년 스타트업의 역할과 책임은 막중하다. 미래의 불확실성 속에서도 장래를 정확하게 예측하고 변화를 모색하는 실천적 기회 창조역량으로서의 기업가정신이 필요하다. 이 책에서 기업가정신을 찾을 수 있기 바란다.

이미 와 있는 미래
: 4차 산업혁명

> 미래는 이미 와 있다. 단지 널리 퍼져 있지 않을 뿐이다.
> - 윌리엄 포드 깁슨(William Ford Gibson), 〈이코노미스트〉 2003

최근 대한민국의 가장 큰 변화와 트렌드를 한마디로 요약하면 누가 뭐라 해도 4차 산업혁명이다. 2016년 3월 알파고로 시작된 4차 산업혁명의 광풍은 대한민국 전체를 흔들기에 충분했다. 4차 산업혁명이 본격적으로 점화된 것은 2016년 다보스 세계경제포럼이다. 전 세계의 전문가가 스위스 제네바 다보스에 모여 4차 산업혁명이라는 주제로 이미 와 있는 미래에 대해 논의한 것이 시작이다. 포럼에서 전문가들은 곧 도래할 4차 산업혁명 시대에 강력한 변화와 혁신을 경험하게 될 것이라고 예견하였다.

서구 문명은 세 번의 산업혁명을 경험했다. 과거의 산업혁명은 비약적으로 생산성을 높였고, 산업 전반에 혁명적 요소들을 가져왔다. 수력 발전과 증기기관으로 대표되는 1차 산업혁명은 기계의 발전을 통해 인류에게 생산성의 혜택을 선물했다. 2차 산업혁명은 전기와 조립 라인 및 분업에 의한 대량생산체제로 혁신적인 생산성의 혁명을 열어주었다.

반면 3차 산업혁명은 전자공학과 IT를 이용한 자동화, 기계화, 디지털화로 대변된다. '컴퓨터 혁명', '디지털 혁명'이라 불리며 인류는 노동의 부담이 감소하는 시대를 맞이하였다.

그리고 이제 4차 산업혁명 시대가 도래하였다. 지능형 기계와 정교

<그림 1-1> 인류사회의 변화와 혁신 패러다임 : 산업혁명의 변천사

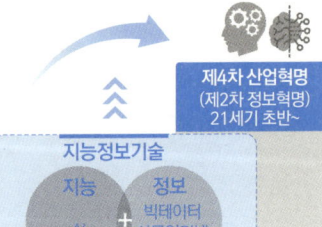
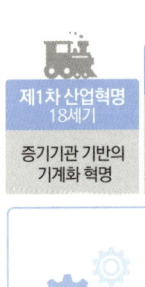

제1차 산업혁명	제2차 산업혁명	제3차 산업혁명	제4차 산업혁명
18세기	19~20세기 초	20세기 후반	2015년 ~
증기기관 기반의 **기계화 혁명**	전기 에너지 기반의 **대량생산 혁명**	컴퓨터와 인터넷 기반의 **지식정보 혁명**	IoT /CPS/인공지능 기반의 **만물초지능 혁명**
증기기관을 활용하여 영국의 섬유공업이 거대산업화	공장에 전력이 보급되어 벨트 컨베이어를 사용한 대량생산보급	인터넷과 스마트 혁명으로 미국 주도의 글로벌 IT기업 부상	사람, 사물, 공간을 초연결·초지능화하여 산업구조 사회 시스템 혁신

자료 : 미래창조과학부(2016) + 정보통신기술진흥센터(IITP, 2016)

한 네트워크를 가진 스마트 공장, 거대한 정보시스템화로 예측되는 4차 산업혁명 시대는 유비쿼터스 모바일, 로봇, 인공지능, 기계혁신 자동화, 지능적 제어, 가상물리시스템 등의 구축으로 인하여 물리, 디지털, 생물학 등 다양한 분야에 걸쳐 일대의 변화를 가져올 것이다.

4차 산업혁명은 앞선 세 번의 산업혁명과 마찬가지로 경제, 사회, 문화 등 우리 삶의 전반에 엄청난 영향력을 미칠 것이다. 그 중에서 가장 많이 회자되는 것이 산업적·고용적 측면에서의 급격한 변화다. 초지능·초융합·초연결 산업화로 인해 규모와 노동력보다는 속도와 지식의 중요성이 증대되고, 경제적 격차와 불평등이 심화될 것으로 예상된다.

미국 스탠퍼드대학교 교수 토니 세바는 2030년까지 인공지능·자동화로 현재 있는 직업의 47%가 소멸할 것이라고 예견했고, 미래학자 토머스 프레이도 20억 명에 달하는 사람이 일자리를 잃게 될 것이라고 말했다. 향후 5년 동안 710만 개의 일자리가 감소하고, 이를 대신해 200만 개의 새로운 일자리가 탄생할 것이라고 전망한다.

〈그림 1-2〉 세계경제포럼(WEF)의 일자리 변화 예측

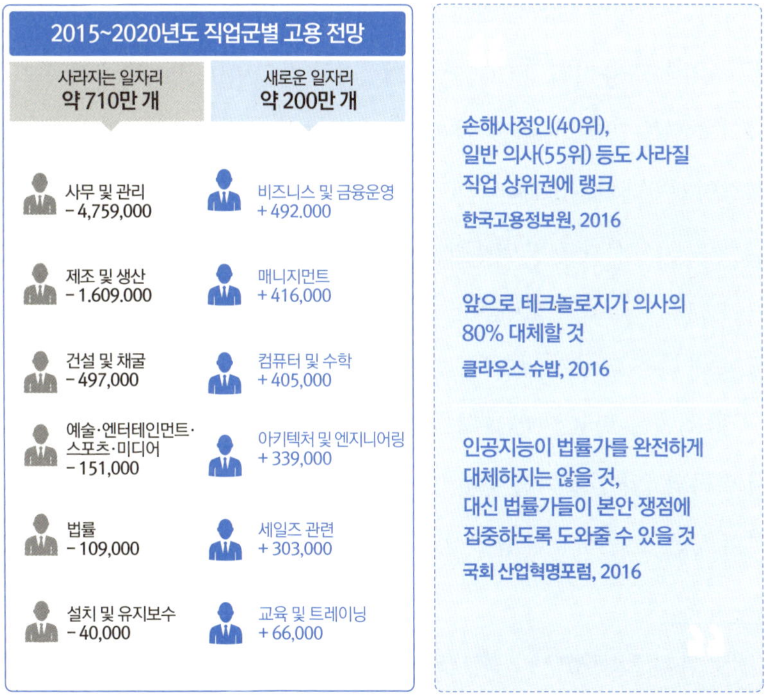

2015~2020년도 직업군별 고용 전망

사라지는 일자리 약 710만 개	새로운 일자리 약 200만 개
사무 및 관리 −4,759,000	비즈니스 및 금융운영 +492,000
제조 및 생산 −1,609,000	매니지먼트 +416,000
건설 및 채굴 −497,000	컴퓨터 및 수학 +405,000
예술·엔터테인먼트·스포츠·미디어 −151,000	아키텍처 및 엔지니어링 +339,000
법률 −109,000	세일즈 관련 +303,000
설치 및 유지보수 −40,000	교육 및 트레이닝 +66,000

손해사정인(40위), 일반 의사(55위) 등도 사라질 직업 상위권에 랭크
한국고용정보원, 2016

앞으로 테크놀로지가 의사의 80% 대체할 것
클라우스 슈밥, 2016

인공지능이 법률가를 완전하게 대체하지는 않을 것, 대신 법률가들이 본안 쟁점에 집중하도록 도와줄 수 있을 것
국회 산업혁명포럼, 2016

자료: 세계경제포럼, (2016), The Future of Jobs

우리는 얼마나
준비되어 있는가?

미래를 예측하는 가장 좋은 방법은 미래를 만들어가는 것입니다.
– 문재인 대통령, 4차산업혁명위원회 출범식에서, 2017년 10월 11일

4차 산업혁명 시대를 맞이하여 우리는 얼마나, 어떻게 준비되어 있을까? 현재까지는 상반된 평가가 존재한다. 제도적 측면에서는 미흡하지만 노동시장에 끼치는 부정적 영향은 상대적으로 적을 것이라는 평가다.

2017년 7월 한국무역협회 국제무역연구원에서 발표한 'EU 주요국의 4차 산업혁명 대응정책과 혁신 네트워크 구축 현황 보고서'에 의하면, 스위스 금융기관인 UBS가 평가한 4차 산업혁명 경쟁력에서 우리나라의 순위는 19위다. 이는 세계경제포럼(WEF)의 네트워크 준비지수, 국제경영개발대학원(IMD)의 디지털 경쟁력지수 등을 합산해 순위를 매긴 것으로, 조사결과를 보면 1위는 싱가포르, 3위 미국, 8위 영국, 13위 독일이었다. 그리고 우리나라는 같은 아시아권인 대만(14위)과 일본(15위)에 비해 다소 뒤쳐져 있다.•

2016년에 발표된 UBS의 '4차 산업혁명이 미치는 영향' 보고서••에서 한국의 4차 산업혁명 준비 및 적응수준은 전 세계 138개국 중 25위다. 이 지수는 '노동시장의 유연성', '기술의 숙련도', '교육시스템', '사회인프

• 한국무역협회 국제무역연구원(2017.7), EU 주요국의 4차 산업혁명 대응정책과 혁신 네트워크 구축 현황 보고서
•• UBS(2016), 4th Industrial Revolution Report, World Economic Forum

<표 1-1> 4차 산업혁명 적응도

순위	국가명	UBS	WEF	IMD	평균
1	싱가포르	2	1	1	1.3
2	핀란드	4	2	4	3.3
3	미국	5	5	3	4.3
4	네덜란드	3	6	6	5.0
5	스위스	1	7	8	5.3
6	스웨덴	11	3	2	5.3
7	노르웨이	8	4	10	7.3
8	영국	6	8	11	8.3
8	덴마크	9	11	5	8.3
10	홍콩	7	12	7	8.7
11	캐나다	15	14	9	12.7
12	뉴질랜드	10	17	14	13.7
13	독일	13	15	17	15.0
14	대만	16	19	12	15.7
15	일본	12	10	27	16.3
16	호주	17	18	15	16.7
17	오스트리아	18	20	16	18.0
18	이스라엘	21	21	13	18.3
19	한국	25	13	19	19.0
20	아일랜드	14	25	21	20.0
21	벨기에	19	23	22	21.3
22	프랑스	20	24	25	23.0
23	말레이시아	22	31	24	25.7
24	포르투갈	23	30	33	28.7

자료 : UBS(2017.7)

라(SOC) 수준', '법적 보호' 등 5개 지표에 의거, 국가별 순위를 산정한다. 우리나라는 노동시장의 유연성에서는 83위에 그쳤지만 기술수준(23위), 교육시스템(19위), 사회인프라(20위)에서는 중간 이상의 평가를 받았다. 상위 5개국은 스위스, 싱가포르, 네덜란드, 핀란드, 미국이고, 아시아 국가로는 일본(12위), 대만(16위)이 우리보다 높은 순위이고 중국(28위)은 우리와 비슷한 수준이다.

<표 1-2> 4차 산업혁명 경쟁력 순위

순위	국가	노동시장 유연성	기술 수준	교육 시스템	SOC 수준	법적 보호	전반적인 영향
1	스위스	1	4	1	4.0	6.75	3.4
5	미국	4	6	4	14.0	23.00	10.2
12	일본	21	21	5	12.0	18.00	15.4
13	독일	28	17	6	9.5	18.75	15.9
25	한국	83	23	19	20.0	62.25	41.5
28	중국	37	68	31	56.5	64.25	55.6

자료 : USB(2016. 1), Extreme Automation and Connectivity : The global, regional and Investment implications of the Fourth Industrial Revolution

<그림 1-3> OECD 국가 중 자동화 수준 현황

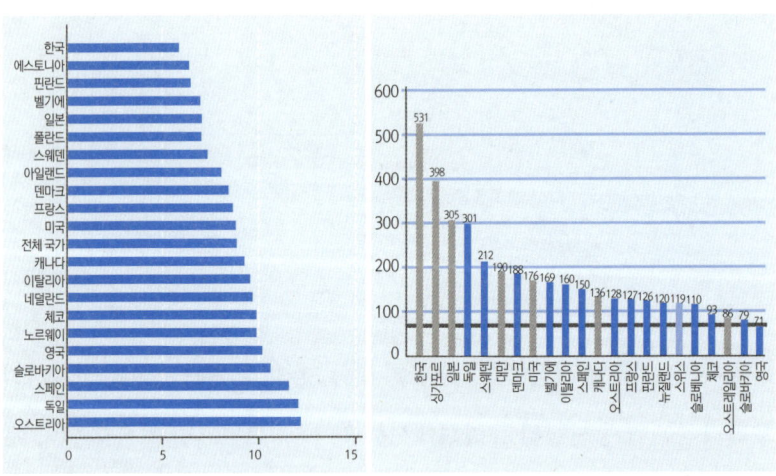

자료 : OECD(2016), The risk of automation for jobs in OECD countries ; A comparative analysis
자료 : International Federation of Robotics(2016), World Robotics report 2016

국내 기업의 대응 수준 역시 미흡한 것으로 조사되었다. 특히 전체 사업체수의 99.9%, 전체 종사자수의 87.9%를 차지하는 국내 중소벤처

기업의 4차 산업혁명에 대한 대비 수준은 매우 부족하다. 한국경제의 근간이라 할 수 있는 중소벤처기업에 대한 적극적인 지원이 시급하다. 중소기업중앙회가 2017년 8~9월 중소·벤처기업 400개를 대상으로 실시한 4차 산업혁명 대응실태조사 결과에 따르면, '4차 산업혁명 관련 내용에 대해 알고 있다'고 대답한 최고경영자가 39.5%에 불과해 국내 중소벤처기업의 4차 산업혁명 인식과 대응 수준이 현저히 낮은 것으로 나타났다.

반면에 OECD가 전망한 최근 자동화에 의해 사라질 가능성이 70% 이상 되는 직업의 경우 한국은 가장 낮은 6%로 전망되었다. 이는 그동안 한국이 다른 국가에 비해 자동화를 적극적으로 도입해왔고, 고학력자의 비중이 높으며 인적자원에 대한 투자가 지속적으로 이루어졌다는 분석에 근거한다. 구체적으로 한국의 제조업 로봇 도입대수는 근로자 1만 명당 531대로 다른 선진국에 비해 높은 편인데, 이를 통해 한국은 이미 자동화가 어느 정도 진척된 상태로 본 것이다. 따라서 향후 자동화에 의한 직업의 감소효과는 한국의 경우 적을 것이라는 OECD의 판단이다.

미래 인재의 필수 조건
: 창의성에 혁신을 플러그인하다

창의성은 더 이상 선택이 아니다. 생존하고 싶은가? 창조적으로 혁신하라.

– 마이클 리번(Michael Leven), Las Vegas Sands 대표

많은 전문가가 4차 산업혁명의 의미와 중요성을 이야기하고 있다. 그들의 관심과 주장에는 일맥상통하는 공통점이 있다. 그것은 4차 산업혁명은 이전의 산업혁명과는 차원이 다르며, 우리 삶의 전면적인 변화와 함께 우리 사회에 엄청난 파장을 일으킬 것이라는 점이다. 지금껏 경험하지 못했던 빠른 속도의 기술 발전이 우리의 일상을 변화시키고 있다. 4차 산업혁명은 '하는 일'만 바꾸는 것이 아닌 '인류 자체'를 바꿀 것이다. 따라서 세계의 전문가들은 신속하고도 선제적인 대처와 준비가 필요하다고 강조한다. 무엇보다 4차 산업혁명 시대의 '리스크'만 생각할 것이 아니라 '기회'를 잡는 노력이 중요할 것이다.

미래는 상상하는 자의 것이라는 말처럼, 창의성과 혁신이야말로 4차 산업혁명 시대의 인재에게는 필수조건이다. 일찍이 클라우스 슈밥(Klaus Schwab) WEF 회장은 4차 산업혁명 시대에는 혁신과 창의성, 유연성 및 가치와 비전을 갖추는 것이 중요하다고 강조했다. 그는 미래에는 국가 경쟁력을 측정하는 기준과 척도가 과거와는 확연하게 달라질 것이라고 말했다. 자본을 보유한 국가보다 혁신성을 보유한 국가가 더 큰 잠재력과 경쟁력을 가질 것이라는 얘기다. 이는 기업에도 똑같이 적용된다. 혁신성과 창의적인 인재를 많이 확보한 기업만이 계속 성장할 것이다.

4차 산업혁명 시대의 가장 우선적 과제는 무(無)에서 유(有)를 창조하는 4차 산업혁명형 인재 육성이다. 창의성과 혁신성, 유연성을 갖춘 통합적 인재로 키워야 한다. 비판적 사고력(Critical Think), 창의력(Creativity), 의사소통능력(Communication Skills), 협업능력(Collaboration), 즉 4C는 미래 인재의 핵심역량이다. 언어능력보다는 의사소통능력이, 지식보다는 지혜가, 암기력보다는 이해력이, 매뉴얼 습득보다는 창의적인 문제해결이, 제품에 대한 이해보다는 사람에 대한 고객에 대한 이해, 책임감, 윤리의식, 인성이 중요하다. 1960~80년대에는 '노력형 인재'가, 1980~90년대에는 '보스형 인재'가, 1990년대에는 '두뇌형 인재'가 대세였다. 그러나 미래사회에는 빠르게 변하는 환경에 맞춰 시대와 공간하고 소통이 원활하며 융합적 사고가 가능한 '창의적 인재'가 필요하다.

이제 인류의 기대수명은 100세를 넘어섰다. 인간은 사는 동안 적어도 70년의 노동과 5개가 넘는 직업을 갖게 된다고 한다. 노동시장은 평생 '직장' 시대에서 평생 '직업'의 시대를 지나 평생 '취업'의 시대로 접어들었다. 이는 기업의 수명과도 관련이 깊다. 1965년 우리나라 100대 기업 중 2005년까지 존재하고 있는 기업은 16개에 불과하고, 앞으로 기업의 수명은 더욱 단축될 것으로 보인다. 급속한 기술 진보, 세계화, 라이프 사이클과 시장 구조의 변화가 주요 원인이다. 혜성처럼 나타난 구글, 페이스북, 우버 등은 단 몇 년 사이에 굴지의 글로벌 기업으로 급성장했다. 이제는 새로운 기업의 출현이 얼마든지 가능한 세상으로 변화되었다. 때문에 우리는 미래의 유망 직업, 직종, 기업을 꼽기가 점점 더 어려워졌다.

IMF 이전까지는 의리와 암기력이 중요한 '평생직장' 시대였다면 현재는 개인의 전문성이 중요한 '평생직업'의 시대이고 2020년 이후에는 직업의 개발성이 큰 '평생취업'의 시대로 접어들 것이다. 이렇게 되면 우리의 자녀들이 마주할 평생취업의 시대는 1개의 직업만으로는 평생 살 수 없으며, 노동시장과 교육기관을 오가며 일과 학습을 병행해야만 한

• 이채원(2017.10.14), "2017 Power of Hope" (From idea to business) 강의 자료 p.14

다. 그렇기 때문에 자기주도 학습능력, 창의성이 지금보다 훨씬 중요한 경쟁력, 맨파워가 될 것이다.•

　이제 미래 인재에게 요구되는 것은 'N잡러(두 개 이상의 직업을 가진 사람)'••의 역량이다. '평생직장', '하나의 일터'를 거부하는 사람들로 대변되는 'N잡러'는 한 개의 직업으로는 생계유지가 어려워 부업을 선택할 수밖에 없었던 '투잡족'과는 구별된다. 이들은 생계유지 목적보다는 다양한 영역에서 자신의 비전을 성취하려는 목적이 더 크기 때문이다.••• 그리고 이들은 '일과 삶의 균형'••••과 '노동생산성'이라는 두 마리 토끼를 잡아 다가오는 '긱 이코노미(Gig Economy)'••••• 시대의 새로운 주인공이 될 것이다.

　긱 이코노미는 개인들이 자신의 재능을 살려 원하는 곳에서 필요한 만큼 일할 수 있는 직업적 자유를 준다는 점에서 최근 전 세계적인 환영과 주목을 받고 있다. 물론 고용 불안정성을 확산시킨다는 비판의 목소리도 있지만, 그럼에도 불구하고 긱 이코노미는 빠르게 성장하고 있다. 재능을 쉽게 사고 팔 수 있는 플랫폼의 발달과 일과 삶의 조화를 중시하는 경향이 점점 더 짙어지고 있기 때문이다. 그리고 조직에 얽매이는 것을 싫어하고 자기 주도적으로 일하려는 성향이 강한 20~30대가 긱 이코노미 성장의 주역이기 때문이다.

● 내일신문(2014.6.19.), "경제학자 김희삼의 행복한 진로교육"
●● 여러 수를 의미하는 알파벳 'N'과 일을 뜻하는 영어 단어 'JOB' 그리고 '~하는 사람'을 가리키는 영어 표현 '-er'을 합성한 신조어
●●● JobsN(2017.11.3.), '평생직장' '하나의 일터'를 거부하는 사람들… 'N잡러가 온다'
●●●● 워라밸(Work and Life Balance)
●●●●● '긱'은 1920년대 미국 재즈클럽에서 연주자들과 단기로 계약을 맺던 것에서 유래해 '임시로 하는 일'을 가리키게 된 단어

그럼 모두가 1인 사업가, 즉 '프리 에이전트'가 될 수 있는 미래사회를 제대로 준비하기 위해서는 무엇이 필요할까? 기업가정신이다. 불확실한 상황에서 주도적으로 기회를 포착해 개인적·사회적으로 새로운 가치를 창조하는 혁신적 실천역량으로서의 기업가정신은 남다른 창의성과 유연한 사고가 필요한 시대의 핵심요소가 될 것이다.••••••

그동안 기업가정신에 대한 전 세계적 관심과 함양 노력은 지속적으로 확대되어 왔다. 미래를 준비하고 변화에 적응하는 중추적인 시대정신으로서, 글로벌 경제 강국 실현이 핵심 의제(agenda)로 자리매김해왔다. 특히 미국과 유럽의 주요국들은 기업가정신 교육을 국가의제로 설정하여 교육혁신을 추진하고, 지속적으로 지원과 투자를 확대하고 있다. 우리나라도 벤처·창업 붐 확산을 정책기조로 삼아 기업가 DNA 발굴 및 형성을 위해 초·중·고 및 대학의 창업교육 인프라 확대와 2018년부터 국내 초·중·고교 정규과정에 기업가정신 교육을 의무화하는 등의 노력을 하고 있다.

이러한 추세는 혁신주도형 경제(국가)의 사례에서와 같이 기업가적 활동이 경제성장을 견인하기 위해 기업가적 생태계가 전제되어야 한다는 최근의 연구결과에 의해 더욱 설득력 있게 가속화되고 있다(GEI, 2016).•••••• 이와 함께 최근에는 창업기업수와 일자리 간의 상관관계에 대한 상충적인 연구결과가 다수 등장하는 가운데, 스타트업의 양산보다

•••••• 서울경제(2018.3.18.), [미래한국 교육에서 길을 찾다] 막오른 '긱 이코노미 시대'… 기업가정신부터 길러야
•••••• Global Entrepreneurship Development Institute(GEDI, 2016.11), Global Entrepreneurship Index 2016(GEI 2016)

<그림 1-4> 기업가정신과 경제발전의 관계

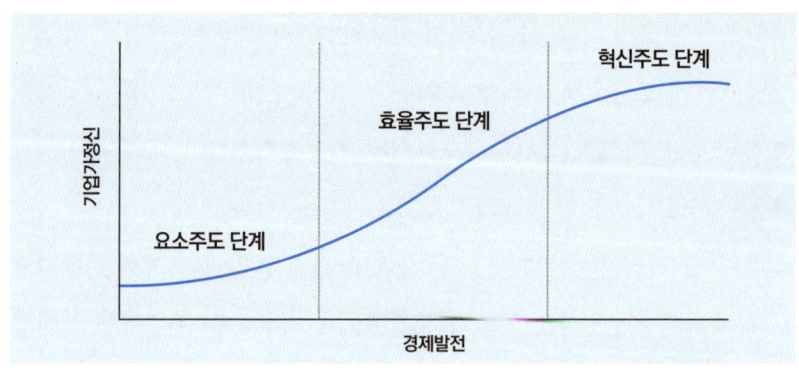

자료 : 중소기업청(2017.1.5), 3세대 기업가 양성을 위한 기업가정신 확산 방안

더 중요한 것이 스케일업 역량을 가진 기업을 발굴하고 성장시키는 생태계 구축이라는 주장이 신뢰도를 높이고 있다.* 실제로 스타트업 기업가를 가장 많이 보유한 나라는 우간다, 태국, 브라질 등으로 기업가정신 규모와 국가경쟁력 간에 역의 관계가 존재하고 있다.

돌파구는 기업가정신

> 두려움 없이 도전할 수 있는 환경, 실패해도 몇 번이고 재기할 수 있는 좋은 생태계가 바로 우리가 다음 세대를 위해 물려주어야 할 자산입니다.
>
> – 남민우 이사장, (재)한국청년기업가정신재단

• Daniel Isenberg and Timothy Coates (2016), Scaling Up Growth with Supply Chains, Harvard Business Review (HBR)

<그림 1-5> 세대별 기업가 특징

구분	주요 특징
1세대	• 1960~70년대 대기업을 일으킨 이병철, 정주영 회장 등 • 근면과 도전정신을 토대로 무(無)에서 유(有)를 창조 • 최근 해외직접진출 등 글로벌화에 따른 낙수효과 감소
2세대	• 1990~2000년대 전후 벤처기업을 창업한 변대규, 황철주 등 • 개인의 우수한 기술적 역량에 기반(창업생태계지원 미흡) • 벤처버블이 꺼지면서 상당수 벤처기업 퇴출(낮은 생존율)

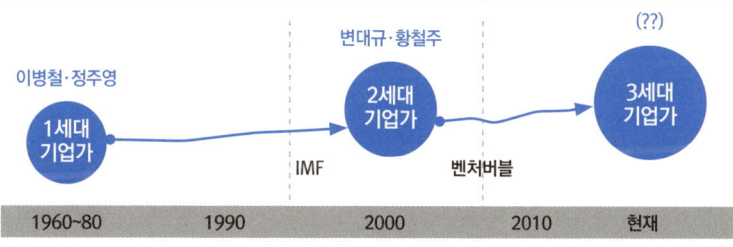

자료 : 중소기업청(2017.1.5), 3세대 기업가 양성을 위한 기업가정신 확산 방안

    우리나라는 1960년대 이후 본격적으로 경제개발에 착수하였고, 압축적 성장을 통해 글로벌 무역대국(2015년 기준. 세계 6위)의 입지를 확보하였다. 그동안 한국경제는 수많은 부침 속에서도 크게 두 차례의 탁월한 기업가들이 나타나면서 성장을 견인하고 여러 경제적, 사회적, 시대적 난관을 극복해왔다.

    그러나 최근 글로벌 금융위기 이후 저성장 기조가 중장기화 됨에 따라 한국경제 또한 좀처럼 침체의 늪을 벗어나지 못하고 있다. 이에 한국경제의 현 상태 및 산업경제 패러다임의 변화는 기업가적 혁신을 절실히 요구하고 있다. 인더스트리 4.0(Industry 4.0, 제조업의 경쟁력 강화를 위해 독일 정부가 추진하고 있는 제조업 성장 전략) 등 4차 산업혁명 시대로 진화한 산업기술 패러다임의 변화는 소규모 혁신 아이디어, 융합을 통한 새로운 비즈니스 모델이 거대자본보다도 더 중요한 경쟁력 요소가 되었다.

지속 가능한 성장을 위해서는 한국경제의 글로벌 경쟁상황 및 산업기술 패러다임의 변화에서도 혁신을 생성하는 생태계, 혁신을 리드하는 기업가의 출현이 필요하다.

이와 같은 높은 기업가정신의 필요성과 중요성에도 불구하고 한국의 기업가정신 수준은 한국경제가 차지하고 있는 국제 위상에 견주어 볼 때 그리 높은 편이 아니다. GEDI(Global Entrepreneurship Development Institute)의 2018년 글로벌기업가정신지수(GEI 2018)에 의하면 한국은 137개국 중 24위로 세계 10위권인 경제 순위보다 낮다. 또한 2017 GEM(Global Entrepreneurship Monitor) 보고서에 따르면, 한국은 기회의 부여 측면에서 기업가정신에 대한 인식이 54개 국가 중 38위를 기록했고, 기업가에 대한 사회적 지위 인식은 29위, 직업선택에서 기업가가 좋은 선택이라는 응답은 49위에 그쳤다.

한때 우리나라는 기업가정신이 세계 최고 수준으로 평가받은 적도 있다. 1996년 피터 드러커(Peter Drucker)는 기업가정신이 가장 왕성한 나라로 한국을 꼽았다. 과거 부족한 자원과 자본·기술 등의 제약조건 속에서도 급속한 경제성장을 이룬 원동력은 왕성한 기업가정신이었다. 그러나 오늘날 그러한 평가는 추억의 뒤편이 되었고, 전반적인 수준과 역량이 한계에 직면해 있다.

무엇보다 실패에 대한 두려움으로 우수한 인재의 도전정신이 쇠퇴하고, 글로벌 경쟁에 대처하기 위한 기업가정신의 저하는 사회·경제적으로 위기의 단면을 보여준다. 미국 최고 대학 출신의 인재들이 대기업 취업보다 새로운 도전과 혁신의 기회를 포착하는 반면, 우리나라 청년들은 공무원, 대기업 등 안정적인 직장을 선호하고 있다.

* 미국 대학 MBA 졸업생 창업률〈월스트리트저널(WSJ), 2015.7〉: 스탠퍼드대학교 16.0%, 하버드대학교 9.0%, 미시건대학교 5.0%

* 청년층 선호 직장(통계청, 2015년): 국가기관 23.7%, 공기업 19.5%, 대기업 18.7%, 자영업(창업) 11.5%, 벤처기업 3.1%, 중소기업 3.0% 등

* 창업교육을 수강한 응답자일수록 스타트업 취업 의사가 높은 것으로 조사(청년위, 2016.9): 0회 28.4%, 1회 47.9%, 2회 이상 67.3%

〈표 1-3〉 경제 주체별 기업가정신 약화의 주요 원인

경제주체	기업가정신 약화의 주요 원인
개인	성공 경로에 대한 인식이 산업화 시대의 모델(대학 진학 - 대기업 취업)에 고착되어 있고, 창업 도전에 따른 실패와 신용불량 등을 이유로 부모 세대의 부정적 인식 만연
기업	각종 규제, 반기업 정서 및 노조 문제 등으로 성장의지가 하락 * 기업인이 체감하는 정부 규제 부담(2016, 세계경제포럼): 138개국 가운데 105위
공공	사회 변화에 선제적으로 대응하는 법규 마련 지체, 공공 서비스 질 저하, 규제 및 준조세 등 비생산적 요소 상존

자료: 현대경제연구원(2015.11), 한국경제연구원(2016.12) 등 조사 결과 요약정리

이에 한국경제의 해법은 역시 '기업가정신'이다. 최근 한국을 방문한 세계적인 석학 필립 코틀러(Philip Kotler)는 "4차 산업혁명 시대를 맞이하여 불확실한 미래에 대한 확실한 성공비법은 기업가정신에 있다."•고 말했다. 새로운 시대를 준비하는 대한민국의 도전과 혁신의 노력은 4차 산업혁명 시대를 대비한 혁신성장에 집중되어야 한다. 그리고 이 혁신성장의 기반에는 도전과 열정으로 변화와 성장을 도모하는 '기업가정신'이 있다.

• 동아비즈니스 포럼 2017, 2017.12.7

분명하게 다가올 미래이고 우리가 경험하고 극복해내야 할 상황이기에 더는 외면할 수 없다. 미래는 기술뿐 아니라 사회, 문화, 정치, 경제 등 다방면에서 변화를 일으킬 것이다. 우리는 이러한 변화가 가져올 현상에 대하여 도덕적 문제, 개인의 문제, 정체성의 문제, 윤리성의 문제 등 기술혁신과 변화만으로는 해결할 수 없는 다양한 문제들을 고려해야 한다. 잘못된 선택이나 오판을 하지 않도록 기술혁신이나 다가올 미래의 변화에 대해 지금부터 관심을 가지고 실전적 문제해결을 모색해야 할 것이다. 그래야 기술혁신이 진정 우리를 위한 기술혁신으로 실현될 것이기 때문이다.

4차 산업혁명과 변화는 이미 와 있는 미래이고, 현재 진행형이다. 피터 드러커는 일찍이 "미래는 현재로부터 만들어진다."고 했다. 우리의 미래는 지금 우리가 어떤 결정을 하고 어떤 선택을 하느냐에 따라 결정된다. 미래는 현재에 달려 있다. 우리에게 다가온 미래에 대해 어떠한 미래를 만들어가야 할지 지금 선택해야 할 것이다.

그리고 궁극적으로 사람이 먼저다. 기술혁신이나 변화도 결국 사람에게 더 나은 삶을 제공하기 위한 수단일 뿐이다. 인간의 삶을 더 가치 있게 하는 것을 목표로 삼아야 하며, 다 함께 상생할 수 있는 미래를 만들기 위해 노력해야 한다.

중심은 사람이다. 기술은 사람을 더 사람답게, 사람을 풍요롭게 만들기 위한 도구일 뿐이다. 사람중심에는 시대를 관통하는 정신이 있다. 그것은 지금의 시대문제를 해결하기 위한 양심과 책임, 철학의 시대정신인 기업가정신이다.

기업가정신이란 무엇인가?

기업가정신이란 미래의 불확실성과 높은 위험에도 불구하고 주도적으로 기회를 포착·도전하며, 혁신활동을 통해 개인적·사회적으로 새로운 가치를 창조하는 실천적 역량이다.

- **Where** 불확실하고 위험한 상황에서 → 도전정신
- **Who** 자신이 주도적으로 → 리더십
- **When** 기회를 포착·도전하며 → 도전정신, 문제해결
- **How** 혁신활동을 통해 → 혁신성
- **Why** 개인적·사회적 편익을 위해 → 가치지향
- **What** 새로운 가치를 창조 → 창조성

– 김문선

자료 : 한국청년기업가정신재단(2014), 글로벌 기업가정신 지수 개발

2
고전에서 미래의 길을 묻다

김영수 이사장 _ (사)한국사마천학회

'급할수록 돌아가라'는 말은 4차 산업혁명의 소용돌이 속에 있는 우리에게도 적용되는 말이다. 급변의 시대일수록 기본이 중요하다. 그런 의미에서 고전에서 발견할 수 있는 지혜의 기록은 현 시대를 살아가는 우리 모두에게 매우 귀중한 보물이다. 이제 현실의 낯선 혼란스러움과 염려를 꿰뚫어 해결책을 제시할 고대의 비책을 통해 우리의 정신을 재충전해보자.

이 글을 쓴 김영수는

한국 고대사의 '한중관계사'를 전공하면서 31년 전인 1987년 사마천(司馬遷)과 《사기》(史記)를 본격적으로 공부하기 시작했다. 한중수교가 정상화된 1992년 박사과정을 수료했지만 학위를 포기하고, 사마천과 《사기》, 그리고 중국에 대한 공부로 연구 방향을 바꾸었다.

20년 전인 1998년 저자는 처음으로 사마천의 고향인 섬서성 한성시를 탐방한 이래 지금까지 30차례 가까이 한성시를 찾아 사마천의 유적지를 일일이 발로 가슴으로 확인하면서 다양한 방법으로 교류를 하고 있다. 그 공을 인정한 한성시는 2007년 명예 촌민증과 사마천 사학상 등을 수여했고, 사마천 사당 전시관에 그의 사진을 전시하는 등 그의 활동을 높이 평가했다.

2013년 시진핑 국가주석의 취임을 전후하여 사마천과 《사기》, 그리고 한성시가 급격한 변화를 맞이하고 있는 현실에 주목하여 중국의 동향과 정책 방향 등을 사마천, 《사기》, 한성시의 변화 속에서 파악하고 있다.

현재는 사마천과 《사기》의 인문정신을 대중에게 알리기 위해 각계각층을 대상으로 강연 활동을 하고 있으며, 기업인을 대상으로는 지금 우리에게 절실한 기업의 사회적 책임감과 착한 기업인 정신을 《사기》에 등장하는 역사 속 다양한 인물들의 사례를 연계시켜 강조하고 있다.

30여 년에 걸친 연구와 그 결과는 다양하고 방대한 저역서에 오롯이 반영되어 있다. 대표적인 저역서로는 《첩자고》(諜者考), 《간서》(間書), 《사마천과 사기에 대한 모든 것》(2권), 《사마천 인간의 길을 묻다》, 《사기를 읽다》, 《완역 사기》(현재 3권 출간), 《제국의 빛과 그늘》 등이 있다.

역사 속 기업가정신
: 유대 상인과 화교 상인

세계 3대 상인이라 하면 베니스 상인, 유대 상인 그리고 화교 상인을 꼽는다. 유대 상인과 화교 상인은 오늘날 세계 경제에 막대한 영향을 미치고 있는 양대 상인 집단이라 할 수 있다.

두 상인 집단은 역사적으로 비슷한 수난과 박해를 겪었다. 유대 상인은 나라를 세울 때까지 세계 각지를 전전하며 온갖 민족적 박해와 차별을 당했고, 화교 상인은 조국의 버림을 받아 세계 각지를 떠돌며 갖은 멸시와 수난을 면치 못했다. 그러나 두 상인 집단은 강인한 인내심, 단결력, 협동심을 바탕으로 다양한 상업에 종사하며 자신만의 상도(商道)와 문화를 만들어냈다.

특히 고향과 조상 그리고 고국에 대한 강렬한 귀소본능으로, 축적된 부를 고향과 고국을 위해 기꺼이 기부하고 투자하여 고국의 위상을 크게 높이고 있다. 두 상인 집단은 자신의 처절한 경험을 바탕으로 자녀교육에서도 남다른 철학을 정립했다. 이렇게 형성된 유대 상인과 화교 상인의 자녀 교육법은 오늘날 교육에 깊은 영감과 통찰력을 주고 있다.

역사적 배경이 다른 유대 상인과 화교 상인을 단순 비교하기는 어렵다. 유대 상인은 이스라엘 건국이라는 지상 과제를 위해 헌신했고, 화교 상인은 대부분 고국에서 버림을 받고 세계 각지를 전전했기 때문이다.

유대인의 인구는 전 세계 0.2%에 불과하지만 노벨상 수상자의 30%를 차지하고 있다. 어려서부터 끊임없이 질문하고 도전하며 때로는 자신의 주장을 과감하고 당당히 밝히는 이스라엘인 특유의 도전정신을

'후즈파 정신'이라고 하는데, 이 정신은 기업가정신과 맞닿아 있다. 유대 상인의 활동과 삶은 철저히 유대교라는 종교에 기반을 두고 있다.

반면 화교 상인에게는 종교적 기반이 없다. 다만 수천 년 중국 역사를 관통해온 유교 사상을 사업과 교육에 접목시켜 그들만의 상도를 창출해냈다. 끈질긴 생명력, 확고한 경영 철학, 심오한 자녀교육법을 가진 1,500만 유대 상인, 5,000만의 화교 상인의 동향 하나하나가 세계의 이목을 집중시키고 있다. 더욱이 세계 경제 G2로 등극한 중국과 밀접하게 관련된 화교 상인의 정신을 주목할 필요가 있다.

중국 상인의 역사는 지금으로부터 4,000여 년 전으로 거슬러 올라간다. 이는 화교 상인, 즉 화상(華商)의 역사와도 일치한다. 이후 중국사에 있어서 상인은 시대의 변화와 함께 나름의 역할과 영향력을 발휘해왔다. 중국 상인은 2,000년도 더 전부터 '노블레스 오블리주' 정신을 구현했고, 이후 이 정신은 유교의 덕목과 결합하여 소위 유상(儒商)이라는 중국만의 상인 유형과 상인 정신을 탄생시켰다.

미래 세계 경제의 중심
: 중국

중국이 조만간 세계 최강대국이 될 것이라는 전망은 식상할 정도다. 과거에 예견했던 시기가 오히려 앞당겨지고 있다. 그런데 이런 전망 속에 놓치고 있는 요인이 있다. 바로 중국의 역사다. 중국은 세계에서 유일하게 존속되고 있는 4대 문명의 하나인 황하 문명의 계승자다. 단절되지 않고 지속된 5,000년 역사는 그 자체로 중국의 가장 중요한 자산이다. 그 기간 경험과 지혜가 농축되었고, 그것이 또 수준 높은 문자로 기록되어 전해지고 있기 때문이다. 지금 중국은 바로 이런 5,000년의 경험과 지혜를 과거 어느 때보다 빠르고 깊게 소화하고 흡수하고 있다. 비약적으로 발전한 과학 기술이 이런 과정을 더욱 더 단축시키고 있다.

경제적인 측면에서도 상황은 그렇게 많이 다르지 않다. 사마천(司馬遷)의 〈사기〉(史記) 곳곳에 소개되어 있는 춘추시대 제나라의 경륜가 관중(管仲)은 2,700년이란 시간이 무색할 정도로 대단히 진보적이고 놀라운 경제관을 보여주고 있다. 그는 무려 2,700년 전, 나라가 부강해지면 먼저 백성을 부유하게 만들어야 한다는 부민부국(富民富國)을 주창했다. '먹고 입는 것이 넉넉하고 창고가 차야 예의와 염치, 영예와 치욕을 안다'고 갈파했다. 경제적 부를 삶의 질은 물론 인간의 가치, 윤리적 차원으로까지 연계시킨 탁월한 경제 철학이다. 사마천은 관중을 비롯한 역대 경륜가의 주옥같은 논리와 실천을 가감 없이 소개하고 있는데, 그 정수가 바로 〈화식열전〉(貨殖列傳)이다. 오늘날 중국이 세계 경제 중심으로 맹렬히 향하고 있는 근간을 중국 역사에서 찾아볼 수 있을 것이다.

고전에 숨어 있는
기업가정신

고전은 지나간 낡은 글이나 말이 아니라 오래된 미래이며 축적된 경험이자 인간 내면의 성찰을 간직하고 있는 농축된 지혜다. 고전은 또한 고급 빅데이터다. 현대인의 말과 글로는 따를 수 없는 의미를 깊숙이 간직하고 있기 때문이다. 오래된 고전일수록 말과 글이 짧다는 사실을 곰곰이 되새겨보아야 한다. 전달 수단으로서의 말과 글이 현대로 올수록 점점 더 늘어나는 것은 인간의 영적인 능력이 퇴화했다는 반증이다.

고전을 통해 영감과 통찰력을 얻는 현대인이 많아지는 것은 짧은 글과 말 속에 함축되어 있는 의미를 찾아가는 과정에서 영적인 체험을 경험하기 때문이다. 고전의 대부분이 그저 설렁설렁 읽을 수 없는 까닭도 거기에 있다. 이런 점에서 훌륭한 모든 고전은 현대인에게 꼭 필요한 종교적 차원에 놓여 있다고도 할 수 있다.

〈화식열전〉에 나오는 30여 명의 상인은 중국 상인의 원형과 다양한 상인 유형 및 정신을 잘 보여주는 전무후무한 기록이다. 이 같은 역사 기록을 통해 오늘날 기업가정신의 원형을 확인하고 이를 기업 정신과 접목할 수 있을 것이다. 우리나라도 기업가에게 반드시 필요한 기업가정신, 즉 상도의 정립을 위해 우리 상인의 역사를 진지하고 깊이 있게 연구해야 할 필요가 있다. 우리는 고전에서 현재를 살아가는 지혜뿐만 아니라 혼란스러운 미래를 열어가는 지침을 찾을 수 있다. 또한 시대의 흐름에도 변하지 않는 근본적인 기업가정신을 발굴할 수 있다.

〈화식열전〉과 노블레스 오블리주

사마천은 성기를 잘리는, 죽음보다 치욕스러운 궁형이라는 형벌을 자청하고 살아남아 〈사기〉를 완성한 위대한 역사가다. 사마천의 치욕과 상상을 초월하는 용기를 바탕으로 탄생한 〈사기〉는 여러 면에서 기타 역사서와는 차원이 다르다. 인간의 본질을 통찰한 것은 물론 인간 내면의 세계까지 깊숙이 파고든 그야말로 인간학의 교과서다.

〈사기〉 130편 가운데 백미는 70편에 달하는 열전이다. 사마천은 열전을 통해 숱한 인간 군상의 언행을 생동감 넘치게 전하면서 역사를 움직이는 주체와 원동력이 소수의 지배층이 아닌 수많은 보통 사람임을 강조한다. 열전에는 수많은 보통 사람이 등장하는데 그 직업도 실로 다양하다. 특히 30여 명에 이르는 역대 경제 전문가, 거부(巨富), 거상(巨商, 기업가)의 치부(致富)를 다룬 〈화식열전〉은 경이로움 그 자체다. 사마천은 이들의 치부법을 통해 부를 추구하는 인간의 본성을 긍정하고, 부가 인간답게 사는 문화생활의 원천임을 강조한다. 〈화식열전〉은 이런 점에서 현대 기업문화와 기업가정신의 정립을 위한 인문학적 근거와 지혜를 선사할 수 있는 귀중한 기록이다.

사마천은 〈화식열전〉을 통해 춘추시대에서 한나라 초기에 이르는 약 500년 동안 활약했던 경제 전문가, 거부, 거상을 소개하면서 특별히 몇몇 거상들의 '노블레스 오블리주'(noblesse oblige)에 주목했다. 노블레스 오블리주 정신은 현대 기업가들에게 절실히 요구되는 덕목으로 기업가의 사회적 책임과 공헌에 직결된다.

4차 산업혁명은 공유경제로 진화하고 있다. 공유경제를 뒷받침하는 것은 사회적 신뢰다. 사회적 신뢰와 유대감이 공유경제를 지속 가능하게 하는 자산이기 때문이다. 사회적 신뢰와 유대감을 중요시 하는 것은 노블레스 오블리주 정신과 맞닿아 있다. 사마천이 적극 칭찬한 이들의 노블레스 오블리주 정신을 부각시켜 현대의 기업가정신에 접목시켜보고자 한다. 4차 산업혁명 시대의 핵심 개념을 고전을 통해 접근해보자.

〈그림 2-1〉 저주받은 걸작이라고도 불리는 〈화식열전〉의 첫 부분

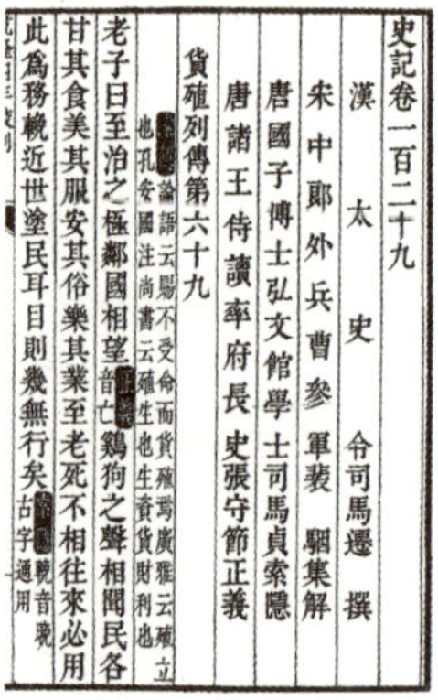
史記卷一百二十九
漢　太　史　令司馬遷　撰
宋中郞外兵曹參　軍裴　駰集解
唐國子博士弘文館學　士司馬貞索隱
唐諸王侍讀率府長　史張守節正義
貨殖列傳第六十九
論語云賜不受命而貨殖焉廣雅云殖立也孔安國注尚書云殖生也生資貨財利也
老子曰至治之極鄰國相望音亡雞狗之聲相聞民各甘其食美其服安其俗樂其業至老死不相往來必用此爲務輓近世塗民耳目則幾無行矣古字通用輓音晩

부와 치부에 대한 사마천의 인식

사마천이 노블레스 오블리주를 강조한 이면에는 부와 치부에 대한 그의 관점과 인식이 자리하고 있다. 이에 먼저 부에 대한 사마천의 철학을 살펴보자.

"부에 대한 추구는 인간의 본성이라 배우지 않아도 모두들 할 수 있는 것이다. 1,000대의 마차를 가진 왕, 1만 호를 가진 제후, 100채의 집을 가진 갑부도 가난을 걱정하거늘 하물며 호적에 간신히 이름이나 올린 백성들이야 말해서 무엇 하랴."

"눈과 귀는 아름다운 소리나 좋은 모습을 보고 들으려 하고, 입은 맛있는 고기를 먹고 싶어 한다. 몸은 편하고 즐거운 것을 추구하고, 마음은 권세와 유능하다는 영예를 자랑하고 싶어 한다. 이런 습속이 백성들의 마음속까지 파고든 지는 벌써 오래다. 따라서 교묘한 이론 따위로 집집을 교화시키려는 일은 불가능하다."

부에 대한 추구는 인간의 본성으로 무엇으로도 억제할 수 없다는 요지다. 따라서 누구든 자신의 재능을 활용하여 부를 축적하여 인간다운 삶을 누릴 수 있다. 이와 관련하여 사마천은 이렇게 말한다.

"농사를 짓는 사람이든, 물건을 만드는 사람이든, 물건을 사고파는 사람이건 이들이 재물을 모으고 불리는 것 역시 본래 재산을 더욱 늘리

〈그림 2-2〉 춘추시대 제나라의 정치가 관중

〈그림 2-3〉 사마천

려는 것이다. 자신이 아는 것과 능력을 한껏 짜내서 사업을 이루려는 것은 결국 전력을 다해 재물을 얻기 위한 것이다."

부의 추구에 대한 긍정에서 출발한 사마천은 이해관계가 작동하는 인간관계와 사회적 관계에서 어떤 태도를 취할 것인가 하는 문제를 제기한다. 이를 '의리관'(義利觀)이라 한다.

사마천의 의리관

사마천은 "연못이 깊어야 물고기가 살고, 산이 깊어야 짐승들이 노닐 듯이 사람은 부유해야 비로소 인의를 행한다"라고 했다. '부'(富)에서 '인의'(仁義)가 나온다는 말이다. 사실 도덕적 관념의 범주에 속하는 '의'(義)

와 현실적이고 물질적 개념의 범주인 '이(利)'의 관계에 대한 문제는 오랫동안 논쟁의 대상이었다. 무엇이 먼저고 어느 것이 중요하냐를 놓고 치열한 논쟁을 벌여왔다. 이를 의리관 논쟁이라 부른다.(이제부터 편의상 '의'를 '의리'로, '이'를 문맥에 따라 '이익' 또는 '이해관계'로 쓰기로 한다.)

사미친은 도덕관념은 물질적 이익의 제약을 받는다고 명확하게 지적했다. 그래서 '예의라는 것은 부가 있으면 생기고 부가 없으면 사라지는 것'이라고 말했다. 도덕관념과 물질적 재부 중 물질이 결정적 작용을 한다고 본 것이다. 물질은 도덕관념이 생겨나게 하는 기초이므로 도덕은 물질적 이익의 제약을 받는다. 따라서 재부가 있어야 도덕이 생겨나고, 재부가 많을수록 도덕적 수준이 높아진다.

또한 사마천은 의리와 이해관계가 결코 모순되지 않는다고 보았다. 그래서 '부유하면 덕을 행하길 좋아한다'고 했고, 더 나아가 '부유해야 인의가 따라 나온다'고 한 것이다. 입으로 인의도덕을 외쳐대면서 이익을 무시하고 외면하는 봉건 통치자의 속내를 보면 사실 오로지 자기 이익만 꾀하는 소인배라고 비꼰다. 이들은 치부와 이익을 탐욕스럽게 추구하면서도 겉으로는 인의를 외치는 위선자에 불과하다는 것이 사마천의 인식이다.

사마천의 '부유해야 인의가 따라 나온다'는 말은 부자로서 존중을 받으려면 인의를 행할 줄 알아야 한다는 말과 같다. 즉 노블레스 오블리주를 주장한 것이다. 인의를 행할 줄 모르는 부자나 권력자는 지탄받아 마땅하다. 지금으로 말하자면 부의 사회적 환원에 대한 강조다. 더욱이 그 재부가 수많은 사람들이 땀 흘린 노동의 대가라는 점을 인식한다면 사마천의 말하는 '부에 따른 인의'는 대단히 심각한 의미를 내포하고 있다

〈표 2-1〉 화식 열전에 등장하는 거부, 거상들

이름	시대(국적, 활동지)	사업분야	경영관(치부비결)	비고
계연(計然)	춘추 / 월(越)	경제 이론	상품 가격과 수급간의 건전한 관계와 규칙 제기.	범려의 스승으로 전함.
범려(范蠡)	춘추 / 월(越)	정치, 기업	정치와 경제 모두에서 성공. 부의 사회환원 실천.	상신(商神)으로 추앙.
자공(子貢)	춘추 / 위(衛)	외교, 기업	대규모 상단을 이끌고 유력자와 대등하게 거래. 홍보의 중요성 인식.	공자를 후원한 제자.
백규(白圭)	선국 / 주(周)	경제 이론, 사업	종합적인 경제이론과 상도, 상덕의 실천 강조.	최고의 경제 이론가.
의돈(猗頓)	전국 / 노(魯?)	소금 사업	소금과 제철로 치부. 왕과 대등한 부를 누림.	전국시대 최대의 거부
곽종(郭縱)	전국 / 조(趙)	야철 사업		
나(倮)	전국 , (진秦) / 오지(烏氏)	축산업	목축업을 통해 변방 이민족과 교역하여 치부함.	진시황의 특별 대우.
청(淸)	진(秦) / 파(巴)	광산업	단사광을 개발하여 이익을 독점한 과부 사업가.	진시황의 각별한 존중.
탁씨(卓氏)	한(漢) / 촉(蜀)	제철업	지역의 특성과 값싼 노동력에 주목하여 성공함.	노비 1,000명을 거느림.
정정(程鄭)	한(漢) / 촉	제철업	포로 출신으로 이민족과 교역하여 성공함.	탁씨와 같은 지역 동종업.
공씨(孔氏)	한(漢) / 남양(南陽)	제철업	접대의 귀재로 대규모 수레와 마차로 크게 거래.	'유한공자'라는 별명.
병씨(邴氏)	한(漢) / 조(曹)	물류와 고리대금업	대장장이에서 행상을 거쳐 고리대금업으로 치부함.	자린고비
조한(刁閒)	한(漢) / 제(齊)	정보유통업	똑똑한 노예들을 각지로 보내 사업을 하게 함.	인재중시
사사(師史)	한(漢) / 주(周)	유통, 프랜차이즈, 다단계	대규모의 수레로 이동식 기업을 차려 치부함.	사업에 자부심을 가짐.
임씨(任氏)	한(漢) / 선곡(宣曲)	농업과 목축	기초 산업에 충실하게 매진하여 크게 성공함.	원산지 산물을 중시.
교요(橋姚)	한(漢) / ?	가축과 곡식	변경 개척 때 여러 종의 동물과 곡식의 씨앗을 얻음.	특수 상황에서의 치부.
무염씨(無鹽氏)	한(漢) / ?	자금대출	오초7국의 난 때 정부에 자금을 대출하여 크게 환수.	관중 전체와 부가 맞먹음.
전색(田嗇)	한(漢)/ 관중(關中)		관중의 부유한 상인과 대상인으로 전씨 집안.	상인 집안.
전란(田蘭)	한(漢)/ 관중			

위가(韋家)	한(漢) / ?		수만금을 소유한 거부들.	지역의 갑부들.
율씨(栗氏)	한(漢) / ?			
두씨(竇氏)	한(漢)/ 안릉(安陵) 두(杜)			
진양(秦揚)	한(漢) / ?	농사	주에서 제일가는 부호.	단일 업종.
전숙(田叔)	한(漢) / ?	도굴입	사업의 발판으로 삼음.	
환발(渙發)	한(漢) / ?	도박	도박으로 부자가 됨.	
옹낙성(雍樂成)	한(漢) / ?	행상	천한 일로 무시하는 행상으로 부자가 됨.	
옹백(雍伯)	한(漢) / ?	화장품업	연지를 팔아 천금을 범.	
장씨(張氏)	한(漢) / ?	주류업	술장사로 천만금을 범.	
질씨(郅氏)	한(漢) / ?	칼 가는 일	패도(佩刀)의 유행을 잘 살펴 치부.	제후에 버금가는 생활.
탁씨(濁氏)	한(漢) / ?	순대, 곱창	천한 장사로 크게 치부.	수행원을 거느리는 생활.
장리(張里)	한(漢) / ?	수의사	말을 고치는 의술로 치부.	제후에 버금가는 생활.

고 하겠다. 개인과 기업의 부를 사회적 부로 환원하는 부에 대한 새로운 시대정신을 사마천의 경제사상에서 읽어낼 수 있다.

노블레스 오블리주의 사례

이상과 같은 사마천의 경제관을 염두에 두고 〈화식열전〉에 등장하는 경제 전문가, 거부, 거상의 노블레스 오블리주 사례를 살펴보자.

사마천의 경제사상과 일치하게 축적한 부를 사회에 환원하거나 상도덕을 지켜가며 사업을 꾸린, 즉 노블레스 오블리주를 실천한 거상들은 모두 춘추전국 시대의 인물들이다. 순서대로 계연, 범려, 자공 세 사람을 소개한다.

경제치국과 서민 물가를 중시한 계연

사마천의 경제사상과 일치하게 축적한 부를 사회에 환원하거나 상도덕을 지켜가며 사업을 꾸린, 즉 노블레스 오블리주를 실천한 거상들은 모두 춘추전국 시대의 인물들이다. 순서대로 계연, 범려, 자공 세 사람을 소개한다.

계연(計然)이 언제 태어나 죽었는지는 알 수 없다. 다만 범려의 스승이라는 기록으로 보아 대략 기원전 6세기 말에서 기원전 5세기 초에 활동한 것으로 추정할 수 있다. 계연의 경제사상 핵심은 '경제치국'(經濟治

〈그림 2-4〉 서민의 물가안정을 강조한 계연

國)이다. 이는 전란이 잦았던 춘추시기에 있어서 장기적이고 진보적인 사상으로 상당히 심각한 의미를 갖는다는 평이다. 경제는 기초다. 생산과 경제가 발전해야만 백성들이 편안하게 자기 일에 전념하며 넉넉한 생활을 꾸릴 수 있고, 나라도 강대해질 수 있다. 국가가 풍족하고 국력이 강력해져야 다른 나라들과 맞서 패하지 않을 수 있다. 계연은 이런 이치를 너무나 잘 알고 있었다. 그는 부차와의 싸움에 패해 곤경에 처한 월왕 구천에게 '경제로 나라를 다스려야 한다'는 대책을 제기하면서 다음과 같이 말했다.

"싸워야 한다는 것을 안다면 각 방면에서 준비를 갖춰야 합니다. 물자가 언제 필요한지 알면 물자의 가치를 알 수 있게 됩니다. 또한 시기 파악과 쓰임새, 이 둘의 관계가 분명하면 각종 물자의 공급과 수요상황 및 일처리 능력 등이 아주 분명해지는 것입니다."

여기서 우리는 계연이 제기한 경제치국이라는 큰 전제가 "싸워야(경쟁해야) 한다는 것을 알면 준비를 해야 한다"는 것임을 분명히 알 수 있다. 이는 곧 부국과 부강을 위한 것이고, 유사시 전쟁에서 적을 물리치기 위한 것이다. 이를 위해 그는 경제발전을 주장했다. 무역을 통해 상품경제를 이끌고 관리하는 목적은 시장이 충분히 그리고 지속적으로 열리게 하는데 있다고 보았다. 이 모든 것이 결국은 나라를 다스리는 근본이 되기 때문이었다.

노블레스 오블리주와 관련하여 계연의 경제 사상에서 가장 빛나는 대목은 그가 상인의 이윤 추구를 긍정했을 뿐만 아니라 나아가 상인이 시장의 물가 안정에 일정하게 책임을 져야 한다고 주장한 것이다. 그는 이렇게 말한다.

"상품이 비싸지면 쓰레기처럼 아낌없이 때맞추어 내다 팔고(귀출여분 토貴出如糞土), 값이 싸지면 귀한 옥구슬을 사들이듯이 때맞추어 사들여라(천취여주옥賤取如珠玉)."

가격이 오른다고 상품을 끌어안은 채 더 오르길 기다리지 말며, 가격이 떨어진다고 더 떨어지길 기다리지 말고 적당한 값으로 사들이라는 것이다. 이는 탁월한 경제 윤리적 논리다. 돈 되는 것이라면 양심이고 윤리고 죄다 팽개친 채 갑질에 몰두하는 기업과 기업인에 대한 경종이 아닐 수 없다.

부자하면 모두들 범려를 말한다

범려(范蠡)는 월왕 구천을 도와 오나라를 멸망시키는데 결정적인 공을 세웠다. 공을 이룬 뒤 범려는 미련 없이 은퇴한 후 상업에 종사하여 막대한 부를 이루고 여생을 마쳤다. 그는 19년 동안 세 번이나 억만 금을

〈그림 2-5〉 범려

모았으나 자신의 부를 주위와 나누고 사회에 환원하는 노블레스 오블리주를 실천하여 훗날 '상업의 성인(상성, 商聖)' 또는 '상업의 신(상신, 商神)'으로 추앙받았다. 중국인은 관우를 재신(財神)으로 추앙하는데, 재신은 재물을 지켜주는 신이고 상신과 상성은 치부의 신이자 성인이다.

사업가로서 노블레스 오블리주를 실천한 범려의 사업성공 비결은 다음 몇 가지로 요약된다.

첫째, 범려의 학식(學識)이다. 학식은 배움과 식견을 말한다. 범려는 젊은 날 많은 경험을 했고, 이것을 배움과 결합하여 남다른 식견을 갖추었다. 특히 '오월쟁패'에서 가장 시급했던 병법에 관해 남다른 자질과 식견을 갖추었고, 이것을 훗날 자신의 상업 활동에 다시 활용하여 크게 성공했다. 범려에게 있어서 치국(治國), 치군(治軍), 경영(經營)이 서로 다른 것이 아니었다. 이 점에서 범려의 경영 철학은 차원이 다르다.

둘째, 같은 시대를 살았던 인물, 특히 인재들로부터 많은 것을 배워 자신의 것으로 체득하는 지혜를 소유했다. 오자서(伍子胥)로부터 기개와 충절을 배웠고, 손무(孫武)로부터 수준이 다른 병법을 배웠다. 부차와 구천 등 권력자들 속에서 권력과 권력자의 속성을 정확하게 통찰하는 식견을 갖추었다.

셋째, 정보의 중요성을 누구보다 제대로 인식했다. 그는 젊은 날 각지를 떠돌며 경험을 쌓았고, 이를 통해 각지에 대한 다양하고 실질적인 고급 정보를 얻을 수 있었다. 오나라 왕과 오자서를 비롯한 대신들의 사이를 갈라놓은 이간책 등이 모두 범려에게서 나왔다. 오나라는 이 이간책에 말려들어 오자서를 죽이는 엄청난 실책을 저질렀다.

넷째, 이 같은 고급 정보는 시대의 흐름을 읽어내는 안목을 갖추는데 결정적인 요인으로 작용했다. 오월쟁패의 승부는 어떤 면에서 범려의 정보력이 결정적이었다고 볼 수 있다.

다섯째, 좋은 스승 계연을 만나 그의 경영 철학을 전수받았을 뿐 아니라 이를 정치와 경영 모두에서 생생하게 적용했다.

여섯째, 자기수양이다. 범려는 물러날 때를 아는 현명한 처신과 결단으로 자신 인생을 자신의 의지로 마무리했다. 세상과 인간에 대한 통찰력이 뒷받침되어 있었기에 가능했던 것이다.

일곱째, 이상과 같은 사업가적 자질을 바탕으로 범려는 확고한 경영 철학과 노블레스 오블리주의 실천으로 후대에 훌륭한 명성을 남길 수 있었다.

스승의 명성을 드높인 제자 자공의 부

50대 중반 이후 조국 노(魯)나라를 떠나 나이 70에 이를 때까지 15년 가까운 천하주유를 끝내고 조국 노나라로 돌아온 공자는 후진 양성에 마지막 힘을 다했다. 기록에 따르면 수제자만 72명에, 일반 제자를 합치면 무려 3,000명에 이르렀다고 한다. 그러나 이 기라성 같은 제자들 중 공자의 임종을 지킨 이는 다름 아닌 자공(子貢)이었다.

대체 자공은 공자에게 어떤 제자였으며, 어떤 인연을 가지고 있었을까? 자공은 덕행과 학문이 깊은 안연(顔淵)과 민자건(閔子騫), 정치에 종사한 염유(冉有)와 계로(季路), 문학의 자유(子遊)와 자하(子夏), 효심으로 이름난 증자(曾子) 등과 같은 수제자와는 전혀 다른 사업가, 즉 장사치였다. 그것도 제후국의 최고 통치자들과 대등하게 예를 나눌 정도의 엄청난 사업가였다.(여기서 '궁궐 뜰을 사이에 두고 대등한 예를 나눈다'는 분정항례(分庭

抗禮)라는 유명한 고사성어가 나왔다. 사업가의 위상이 한 나라의 임금과 맞먹을 정도를 비유한다).

사업가로서 막대한 부를 축적한 자공이 자신의 부를 활용하여 노블레스 오블리주를 실천한 방면은 스승 공자와 공자 사후 공문(孔門, 유가 학파)의 정착이었다. 사마천은 유가를 대표하는 공자가 천하에 명성을 날릴 수 있었던 것은 자공 덕분이었다면서 이렇게 진단했다.

"무릇 공자의 이름이 천하에 두루 알려지게 된 것은 자공이 그를 앞뒤로 모시고 도왔기 때문이다. 이야말로 이른바 세력을 얻으면 세상에 더욱 드러난다는 것이 아니겠는가?"

자공의 노블레스 오블리주가 더욱 빛을 발한 것은 공자가 세상을 떠난 뒤였다. 기록상 자공은 스승 공자의 마지막 유언을 듣고 임종을 지킨 유일한 제자였다. 공자가 세상을 떠나자 각지의 제자들이 곡부로 와서, 공자를 노나라 북쪽 사수(泗水)에 장례를 지내고 모두 삼년상을 지냈다.

〈그림 2-6〉 왼쪽에 여막을 짓고 육년상을 지낸 자공

〈그림 2-7〉 여묘를 짓고 육년상을 지낸 자공

'공자세가'는 당시 상황을 이렇게 기록하고 있다.

"3년 동안 애도와 상을 마치고 서로 헤어지는데 통곡을 하고 각자 다시 애도를 했다. 다시 남은 제자도 있었다. 오직 자공만이 무덤 옆에 여막을 치고 6년을 지킨 다음 떠났다."

다른 제자들은 모두 삼년상을 치렀는데 자공 혼자 육년상을 치렀다는 것이다. 자공이 공자의 수제자임에는 틀림없지만 친자식이 아님에도 육년상을 치렀다는 것은 보통 상식으로는 이해하기가 쉽지 않다. 그렇다면 자공은 왜 홀로 육년상을 고집했을까?

자공은 스승 공자에게는 물론 공문 전체에 없어서는 안 될 중요한 인물이었다. 그 또한 스승과 공문에 대한 존경심과 애착이 남달랐다. 그렇다면 그가 스승의 무덤 옆에서 보낸 6년은 스승이 없는 공문을 지키고, 나아가 유가를 하나의 학파로 확실히 다져나간 시간으로 볼 수 있겠다.

그는 6년 동안 매년 공자의 제사 때 천하 각지에서 모여든 동문들의 숙식 등을 해결하는 한편 동문들과 함께 스승의 철학과 사상을 정리하여 세상에 알렸을 것이다. 공자의 언행록인 《논어》는 그 결과물의 하나다. 요컨대 자공은 공자 사후 공문의 수호자이자 유가를 하나의 학파로 우뚝 서게 하는 후원자로서 엄청난 역할을 해낸 것이다. 물론 그 뒤에는 그의 재력이 있었다.

> 거상지이재(巨商之理財), 불구근효이귀원리(不求近效而貴遠利).
> 거상이 재부를 다스리는 방법은 눈앞에 보이는 효과를 추구하지 않고 장기적 이익을 중시하는 것이다.
> – 《송사》 '식화지'

현실의 문제를 풀어가는 일에 있어서 오래된 문헌을 들먹이는 일이 다소 구식이라고 생각할 수도 있다. 하지만 시대가 변하더라도 성공의 핵심은 변하지 않는다. 고전을 통한 인문학적 교양과 소양은 기업가정신에 있어 중요한 요소라고 믿는다. 혼란의 시대를 헤쳐 나가는데 고전이 지혜로운 동반자가 되었으면 하는 바람이다.

●●
기업가정신이란 무엇인가?
세상을 이끈 역사상 위대한 인물들은 경쟁이나 시험을 통해 탄생하지 않았다. 그들 중 상당수는 경쟁에서 뒤처지거나 시험을 통과하지 못한 낙오자였다. 하지만 시대가 자신에게 부여한 강렬한 책임감으로 세상을 위해 혼신의 힘을 다했고, 그 결과 시대와 역사는 조금씩 진보한 것이다.
현재는 기업의 역할과 영향이 어느 때보다 큰 시대를 살고 있다. 이는 기업이 역사의 진보와 발전, 좋은 세상을 위한 막중한 책임을 지고 있다는 말과 같다. 세상과 인간을 통찰하는 인문정신과 착한 문화로 철저하게 무장한 기업을 갈망한다.

― 김영수

3
4차 산업혁명의 미래

이장재 박사 _ 한국과학기술기획평가원

'낯선 새로움'을 두려움으로 맞지 않는 방법은 우리보다 먼저 그 '새로움'을 몸으로 체득한 '리더'에게 배우는 것이다. 새로운 4차 산업혁명의 변화를 눈앞에 두고 있는 우리도 마찬가지다. 두려움이나 걱정이 나를 흔들게 두지 말자. 우리에게는 이미 시대를 앞서 살고 있는 현대판 '선지자'들이 있다.

이 글을 쓴 이장재는

과학기술정책 연구와 관련 시스템 구축에 일생을 바쳐온 연구자다. 그는 1999년에 국가의 R&D 싱크탱크인 한국과학기술기획평가원에 합류하여 공공 R&D 투자 방향 설정, 중장기 계획 수립, R&D 예산 조정, R&D 평가 그리고 미래예측까지 다양한 경험을 쌓으면서 현재의 공공 R&D 시스템 구축을 선도해왔다. 그의 장점은 연구 역량과 현장 경험을 동시에 가졌다는 것으로 이론의 유희보다는 실사구시의 관점에서 이론과 현장을 일치시키기 위해 노력해왔다. 그는 국내 다양한 과학기술 관련 학부와 대학원에서 교재로 사용하고 있는 《과학기술정책론 : 현상과 이론》의 주저자이며, 한국기술혁신학회 15대 회장과 한국과학기술단체총연합회 정책연구소 소장을 역임했다. 현재는 4차 산업혁명의 본질에 대한 연구에 푹 빠져 있다. 4차 산업혁명 시기를 대한민국이 새롭게 약진할 중요한 기회로 여기고 있기 때문이다. 그는 2017년 한 해 동안 4차 산업혁명에 대한 강의를 다양한 청중을 대상으로 10여 차례 한 적이 있다. 4차 산업혁명과 기업가 정신은 그의 지적이며 경험적 노력의 산물이다.

산업혁명의 흐름을 살펴보자

　3년째 4차 산업혁명에 대한 논의가 지구촌을 달구고 있다. 제46회 세계경제포럼(WEF : 2016.1.20.~23.)●의 주제였던 '4차 산업혁명에 대한 이해(Mastering the Fourth Industrial Revolution)'는 시간이 흐를수록 다양한 해석과 함께 인접 분야로 논의가 확산되고 있다. 세계경제포럼 판으로 마련된 스위스 글로벌 금융그룹(UBS)의 백서 《극단적 자동화와 연결성 : 4차 산업혁명의 글로벌, 지역적, 투자적 함의》●●에서는 4차 산업혁명을 다음과 같이 정의하였다. '4차 산업혁명은 인공지능에 의해 자동화와 연결성이 극단화되는 단계로 현재에 모습을 드러내고 있는 현상'이다.

　세계경제포럼 회장인 클라우스 슈밥은 '오늘날 우리는 삶과 일, 인간관계의 방식을 근본적으로 변화시키는 혁명의 문 앞에 서 있으며, 4차 산업혁명은 과거 인류가 겪었던 그 무엇과도 다르다'고 선언하였다. 그는 인공지능, 로봇공학, 사물인터넷, 자율주행자동차, 3D 프린팅, 나노기술, 생명공학, 재료공학, 에너지 저장기술, 퀀텀 컴퓨팅 등 폭넓은 분야에서 새롭게 부상하는 과학기술의 약진을 언급하면서 이러한 혁신의 대부분은 아직 초기단계이지만 물리학, 디지털, 생물학 분야의 경우 기술 융합을 기반으로 서로의 분야를 증폭시키는 발전의 변곡점에 이미

● 세계경제포럼은 스위스 다보스에서 개최되고 있어 다보스포럼으로도 불리고 있다.
●● Extreme automation and connectivity : The global, regional, and investment implications of the Fourth Industrial Revolution

도달해 있다고 하였다.*

4차 산업혁명을 이해하기 위해서는 3차 산업혁명까지의 과정을 이해할 필요가 있다. 산업혁명을 처음 언급한 이는 프리드리히 엥겔스로 알려지고 있다. 그는 1844년, 《영국에서의 노동계급의 상황》**이라는 책에서 영국의 산업혁명(IR)이 1760년부터 시작된 것으로 밝히고 있다. 한편 산업혁명이라는 단어는 1884년에 발간한 《18세기 영국의 산업혁명에 대한 강의》(Lectures on the Industrial Revolution of the Eighteenth Century in England)를 통해 더욱 확산되었다. 이 책은 아놀드 토인비가 강의한 내용을 그의 사후에 동료인 벤저민 조웻이 정리하여 발간한 책이었다.*** 산업혁명의 시기를 구분하는 기준을 마련하여 산업혁명 과정을 구분하는 동시에 각 산업혁명기의 현상과 특성을 밝힌 대표적 학자는 제레미 리프킨이다. 그는 2011년에 《3차 산업혁명》이라는 책에서 1차에서부터 3차로 구분되는 산업혁명기의 현상을 설명하고 이를 일반인을 대상으로 확산시켰다. 그에 따르면 산업혁명의 시기 구분은 통신망과 에너지, 그리고 수송수단을 기준으로 하였다. 1차 산업혁명은 영국의 전신망과 석탄, 그리고 증기기관을 이용한 수송수단이 주된 수단으로 활용된 시기였다. 2차 산업혁명은 미국의 전화망과 석유 및 전기가

- *《클라우스 슈밥의 제4차 산업혁명》(2016), 클라우스 슈밥 지음, 송경진 옮김, 새로운현재
- ** 《The Condition of the Working Class in England》(1844), Friedrich Engels
그는 영국의 산업혁명이 프랑스의 정치혁명 그리고 독일의 철학혁명과 똑같이 중요하다고 언급하면서 1760년의 영국과 1844년의 영국의 차이는 적어도 낡은 정체 하에서의 프랑스와 7월 혁명 이후의 프랑스 차이만큼 크다고 언급하였다.
- *** 아놀드 토인비(Arnold Toynbee, 1852~1883)는 저명한 역사학자 아놀드 조셉 토인비(1889~1975)의 백부로 그가 사망한 후 동료 벤저민 조웻(Benjamin Jowett)이 정리하여 발간한 책이다. 18세기 말과 19세기 초의 산업과 농업혁명에 대한 내용이 서술되어 있다.

주된 에너지원으로 활용되고 독일의 가솔린과 디젤엔진 같은 내연기관이 수송수단으로 이용된 시기를 가리킨다.

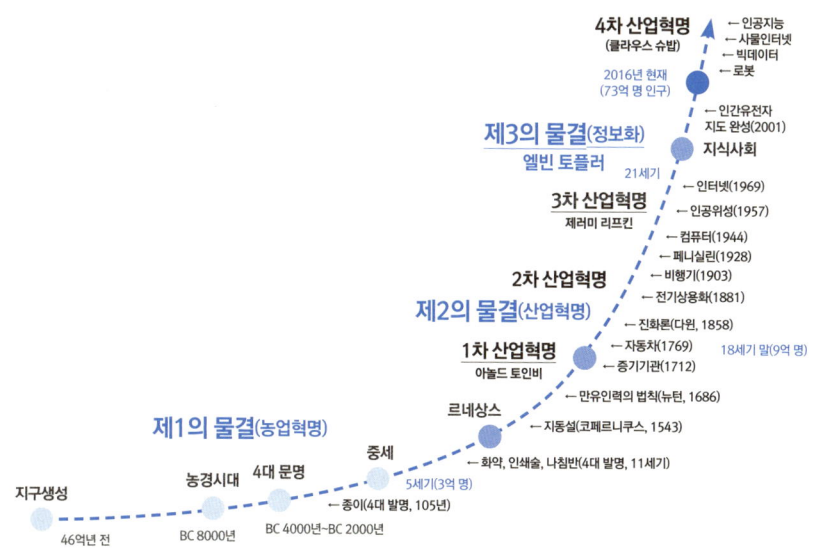

〈그림 3-1〉 지구의 역사와 산업혁명기의 구분 그리고 관련 기술들

3차 산업혁명은 인터넷과 사물인터넷 시대이며 신재생에너지가 주된 에너지원이 되고 수송수단으로는 무인자동차와 드론 등이 활용되는 시기로 구분된다. 리프킨에 따르면 현재는 4차가 아니라 3차 산업혁명기로 구분된다. 이상과는 다소 다른 구분을 시도한 학자로는 엘빈 토플러를 들 수 있다. 그는 1980년에 발간된 《제3의 물결》을 통해 핵심 에너지원을 기준으로 시대적 흐름을 구분하였다. 제1의 물결은 농업혁명 시기로 구분하였고, 제2의 물결은 산업혁명, 그리고 제3의 물결을 정보화

혁명으로 명명하였다.

　이러한 배경을 기반으로 하여 2016년 세계경제포럼에서 클라우스 슈밥 회장은 현재 4차 산업혁명기에 진입하고 있다고 선언하게 된 것이다. 주된 근거는 인공지능, 사물인터넷 등 신기술의 약진과 이들 기술이 융합, 증폭되어 나타나는 유례없는 삶과 일, 그리고 인간관계의 변화다. 리프킨의 관점에서 4차 산업혁명기는 후기 3차 산업혁명기라고 해석할 수 있으며, 토플러의 시각에서는 제2차 정보화혁명기로 명명할 수 있다.

현실에 영향을 주고 있는 미래

　슈밥 회장의 4차 산업혁명에 대한 아이디어는 전혀 새로운 것이 아닌 것으로 보인다. 제조업의 지속가능한 경쟁력을 유지하기 위해 독일이 추진하고 있는 인더스트리 4.0 전략에서 아이디어를 빌려왔다는 것이다. 독일은 2012년 10월, 제조업 강화전략인 첨단기술전략(HTS)을 수정하면서 동 전략에서 세부 내용의 하나로 인더스트리 4.0을 채택하고 이를 추진하고 있는 중이다.

　독일의 인더스트리 4.0은 인더스트리 3.0을 대표하는 전자와 정보기술(IT) 시스템의 활용 및 자동화 추구에서부터 제조 과정의 완전한 디지털화를 가리키는 사이버 물리시스템(CPS)으로의 변화를 의미한다. 독일의 인더스트리 4.0 전략은 인간과 사물의 연계성 추구, 물리세계와 사이버 세계의 융합, 그리고 상호협력을 강조하고 있다.

〈표 3-1〉 산업혁명의 구분과 주요 내용

구분	주요 내용
제1차 산업혁명 (1760~1830)	• 18세기 증기기관의 발명으로 영국에서 섬유공업이 발전함과 동시에 석탄 기반의 철도 인프라가 세계적으로 확산 • 1784년 영국의 헨리 코트(Henry Cort)가 교반법(Puddling Process : 액체상태의 철을 쇠막대기로 저어 탄소와 불순물을 제거하는 공법)을 수행하는 기계를 발명한 것이 자동화의 시초로 여겨짐 • 석탄과 같은 고에너지 연료의 사용을 통해 증기기관 및 증기기관차와 증기선의 시대가 시작 • 증기기관을 탑재한 증기기관차와 증기선으로 인해 다리, 항만 등의 건설이 이루어지고 이는 지역·국가 간의 연결성을 촉진
제2차 산업혁명 (1865~1900)	• 전기에너지 활용 및 작업의 표준화를 통해 기업과 기업, 국가와 국가 간 노동부문의 연결성 강화와 대량생산형 산업구조가 세계적으로 전개 • 품질기준, 운송방법, 작업방식 등의 표준화는 자동화를 기업 수준에서 국가 수준으로 확대하였고 이로써 대량생산이 실현 • 자동화시스템을 통한 대량생산은 노동부문에서의 효율적이고 생산적인 연결성을 촉진
제3차 산업혁명 (20세기 중반~ 20세기 후반)	• 1969년 인터넷의 전신인 알파넷이 개발되어 디지털 및 정보통신기술시대의 서막을 엶 • 컴퓨터와 인터넷으로 지식정보혁명이 촉발되어 정교한 자동화의 진행과 함께 사람, 환경, 기계를 아우르는 연결성이 강화 • 디지털 기술의 발전은 2년 동안 트랜지스터 집적용량이 두 배로 증가하는 무어의 법칙(Moore's law)을 실현 • 디지털 시대의 향상된 계산능력은 보다 정교한 자동화를 가능하게 하고, 사람과 사람, 사람과 자연, 사람과 기계간의 연결성을 증가
제4차 산업혁명 (21세기 초~)	• 4차 산업혁명은 자동화와 연결성이 극대화되는 시기를 의미 • 자동화를 통해 저급 및 중급 기술자들의 업무를 로봇이 대체할 경우 부의 분배가 악화될 것으로 예상 • 인공지능이 적용되는 언어와 이미지를 포함하는 빅데이터 분석 및 처리 분야의 경우 인간만이 수행 가능할 수 있다고 여겨졌던 업무의 상당 부분을 로봇이 대체할 것으로 전망 • 모바일, 사물인터넷 등으로 인해 인간과 사물, 인간과 인간, 사물과 사물 간 연결성의 극대화가 나타남 • 연결성을 기반으로 하는 공유경제, 온디맨드 경제 시대가 출현하는 동시에 우버, 에어비앤비 같은 새로운 사업모델이 창출

자료 : UBS white paper(2016), 과학기술정책연구원(2016), ㈜테크노베이션파트너스(2016)를 일부 수정

4차 산업혁명기의 속성에 대해서는 아직까지 다양한 논의가 이루어지고 있다. 많은 학자들이 동의하는 속성은 다음 세 가지로 나타난다.

첫째, 인류가 전혀 경험하지 못한 속도로 과학기술 진보가 빠르게 이

<그림 3-2> 독일 인더스트리 4.0의 Working Group 구성도

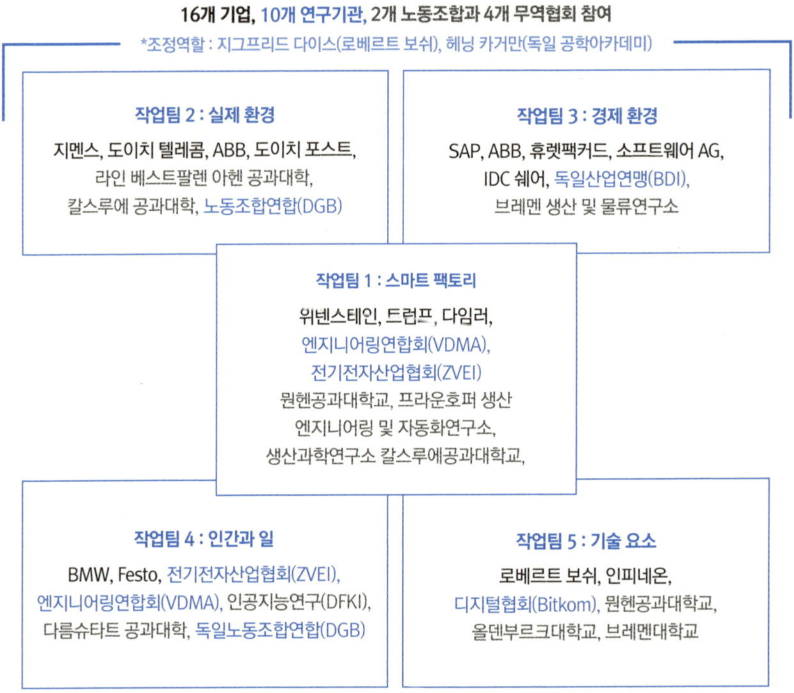

16개 기업, 10개 연구기관, 2개 노동조합과 4개 무역협회 참여
*조정역할: 지그프리드 다이스(로베르트 보쉬), 헤닝 카거만(독일 공학아카데미)

작업팀 2 : 실제 환경
지멘스, 도이치 텔레콤, ABB, 도이치 포스트,
라인 베스트팔렌 아헨 공과대학,
칼스루에 공과대학, 노동조합연합(DGB)

작업팀 3 : 경제 환경
SAP, ABB, 휴렛팩커드, 소프트웨어 AG,
IDC 쉐어, 독일산업연맹(BDI),
브레멘 생산 및 물류연구소

작업팀 1 : 스마트 팩토리
위벤스테인, 트럼프, 다임러,
엔지니어링연합회(VDMA),
전기전자산업협회(ZVEI)
뮌헨공과대학교, 프라운호퍼 생산
엔지니어링 및 자동화연구소,
생산과학연구소 칼스루에공과대학교,

작업팀 4 : 인간과 일
BMW, Festo, 전기전자산업협회(ZVEI),
엔지니어링연합회(VDMA), 인공지능연구(DFKI),
다름슈타트 공과대학, 독일노동조합연합(DGB)

작업팀 5 : 기술 요소
로베르트 보쉬, 인피네온,
디지털협회(Bitkom), 뮌헨공과대학교,
올덴부르크대학교, 브레멘대학교

자료 : Kagermann(2014) How Industrie 4.0 Will Coin the Economy of the Future

루어지고 있다.

둘째, 파괴적 기술로 인해 전 산업분야가 대대적으로 재편되고 있다.

셋째, 이러한 변화가 생산, 고용, 관리, 심지어는 지배구조 등 전체 시스템에 커다란 영향을 미치고 있다.

대표적 사례를 들면, 드론의 경우 2007년에는 1대당 가격이 10만 달러 수준이었다가 2015년에는 500달러 수준으로 떨어졌다. DNA 염기서열 분석의 경우는 더욱 큰 변화를 경험하고 있다. 2000년에 약 27억 달러가 드는 분석 비용이 2014년경에는 1,000달러 수준으로 하락한 것

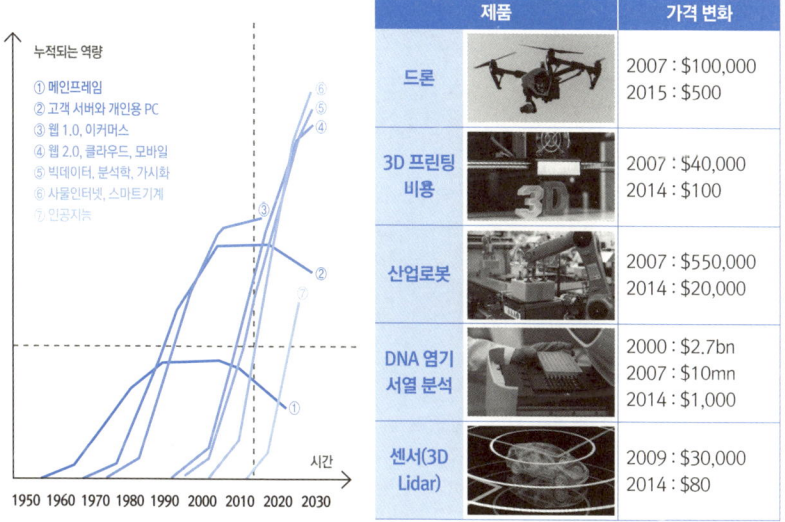

〈그림 3-3〉 각 분야별 누적 역량과 주요 제품의 가격 변화

자료 : World Economic Forum(Jan, 2016), Digital Transformation of Industries

이다. 이러한 기술진보와 가격 하락으로 인해 최근 기업들은 끊임없이 진화해야 하는 '다윈 진화론'을 경험하고 있다.*

다윈 진화론은 여기서 그치지 않는다. 기업은 경쟁에서 우위를 점하기 위해 관리 방식과 의사결정 구조를 변화시켜가고 있다. 또한 빠르게 전개되고 있는 사물인터넷과 빅데이터의 연결, 빅데이터와 인공지능의 결합현상은 기업과 사회를 초연결성과 초지능화의 시대로 이끌고 있다. 이러한 현상에 대응하기 위해 기업은 일하는 방식과 관련 교육훈련을

● 찰스 다윈의 진화론은 그의 저작 《종의 기원》에서 주장된 이론으로 자연선택, 돌연변이에 의해 이루어지는 생물의 변화를 가리키며, 여기서 다윈 진화론의 의미는 기업이 새로운 세상에서 살아남고 번영하기 위해서는 혁신의 날을 유지하고 지속적으로 변화되어야 한다는 것이다. 《클라우스 슈밥의 제4차 산업혁명》(2016)

변화시켜가고 있으며, 사회적 차원에서는 직업의 판도와 교육시스템의 변화 등이 이루어지고 있다.

초연결성을 기반으로 한 모바일기술은 정보에 대한 용이한 접근성을 제공하고 있으며 또한 인간의 삶을 과거와는 다르게 송두리째 변화시키고 있다. 개방, 투명, 공유가치가 강조되면서 새로운 참여 민주주의 즉, 미시 민주주의(micro democracy)가 빠르게 도입되고 있으며, 국가운영의 방식에서도 새로운 변화가 요구되고 있다. 새로운 형태의 고용 방식인 휴먼 클라우드*와 미시 민주주의를 촉진하고 중앙집권화 조직을 불필요하게 하는 블록체인 기술** 등이 등장하면서 사회구조는 다양한 형태로 변형되어 가는 한편 새로운 운영방식을 필요로 하고 있다. 급격한 과학기술의 변화와 융합이 사회경제적 요소와 결합되어 나타나는 전반적인 혁신이 궁극적으로는 인간과 인간, 인간과 일, 인간과 경제, 인간과 사회, 인간과 문화, 인간과 정신의 관계에서도 변화가 필요한 상황으로 전개되고 있는 것이다.

● 휴먼 클라우드란 가상의 공간에 피고용인들이 노동력 정보를 업로드하면, 고용주(클라이언트)가 업무 성격에 따라 필요한 인재를 일시적으로 채용하는 방식이다. 인력시장이나 구인, 구직 사이트와 흡사하지만 피고용인이 특정 사무실에 출근하지 않고 온라인으로 일을 할 수 있으며, 누구든지 적합한 능력만 갖고 있다면 전 세계 어디에서나 시간의 제약 없이 일자리를 구할 수 있는 차이점이 있다.

●● 블록체인 기술이란 네트워크상에서 발생하는 모든 거래를 암호화해 블록에 기록하며 체인처럼 이어가는 기술을 가리킨다. 데이터 거래 시 기존의 중앙 집중형 서버 관리 방식이 아닌, 거래에 참여하는 모두(노드)가 데이터를 묶음(블록)으로 분산·저장하는 방식이다. 데이터 대조 및 확인이 모든 참여자를 대상으로 지속적으로 진행되기 때문에 데이터 안정성 및 신뢰성 제고를 위한 핵심 기술로 대두되고 있다(http://biz.chosun.com/site/data/html_dir/2017/12/05/2017120500415.html#csidx86e752422ed24308c0a360458db7222)

변혁의 시기에 필요한
핵심가치

　4차 산업혁명이라는 인류가 당면한 역동적인 변혁의 시기에 우리가 지향하여야 할 핵심가치는 무엇일까? 이는 변화가 지향하는 의미를 가리킨다. 다윈은 자연선택(natural selection)과 돌연변이(mutation)로 대표되는 진화론을 통해 변화를 유발하는 핵심기제를 밝혔다. 다윈의 이론이 가지는 가장 큰 공헌인 동시에 한계는 가치중립적이라는 것이다. 변화를 유발하는 메커니즘에 대해서는 잘 설명하고 있지만 이러한 변화가 지향하는 가치에 대해서는 침묵하고 있다. 이러한 관점에서 슘페터(Joseph A. Schumpeter)에 의해 널리 알려진 기업가정신은 4차 산업혁명 시기에 우리가 지향하여야 할 핵심가치의 대표적 후보가 된다.

　슘페터는 기업가정신을 '새로운 방식으로 새로운 제품을 개발하는 등 지속적인 기술혁신을 통해 창조적 파괴를 실행하는 기업가의 노력이나 의지, 창조적 기쁨'이라고 정의한다.• 슘페터는 자본주의 사회의 본질적 지향성을 다루었다는 점에서 커다란 기여를 하고 있다.

　슘페터와 그 이후 피터 드러커(Peter Drucker)와 제프리 티몬스(Jeffry Timmons) 등이 주장한 기업가정신의 본질도 4차 산업혁명기를 맞이하여 수정이 필요하다. 초연결성과 초지능성으로 대표되는 급변하는 과학기술적 변화와 융합현상을 새로운 사회적 가치로 전환하고 이를 통해

● 기업가정신에 대한 정의는 다양하다. 대표적인 것으로는 피터 드러커의 '위험을 무릅쓰고 포착한 기회를 사업화하려는 모험과 도전정신'과 제프리 티몬스의 '실질적으로 아무것도 아닌 것에서 가치 있는 어떤 것을 이루어내는 창조적 행동인 동시에 기회를 추구하고 위험을 감수하는 정신' 등이 있다.

인류의 지속가능한 진화를 추구해나가는 정신이 필요한 것이다. 이른바 개인적 기업가정신에다 사회적 기업가정신, 그리고 인류적·지구적 기업가정신을 포괄하는 형태다. 4차 산업혁명기에 적합한 기업가정신에 대해서는 향후 다양한 논의가 요구된다.

하지만 현실에서는 이러한 기업가정신이 이미 우리 앞에 와 있다는 사실을 직시할 필요가 있다. 대표적으로 일론 머스크(Elon Musk)와 제프 베이조스(Jeff Bezos)를 통해 새로운 기업가정신을 살펴볼 수 있다. 또한 영국 서섹스대학교(University of Sussex) 과학기술정책대학원(SPRU)의 마리아나 마추카토(Mariana Mazzucato) 교수가 주창하고 있는 공공부문의 기업가정신, 즉 기업가형 국가도 그러한 부류에 속한다.

우리 앞에 와 있는 대표 혁신가들

21세기의 대표적 혁신가로 현재에도 왕성한 활동을 하고 있는 일론 머스크와 제프 베이조스는 우리가 과거에 경험하지 못했던 새로운 기업가정신을 제시하고 있다. 끊임없는 창조적 파괴와 새로운 가치실현이 그것이다.

먼저 일론 머스크는 기업을 통해 자신이 추구하고자 하는 가치를 구현하는 인물이다. 지구가 더 이상 인간이 살기 어려운 행성으로 전락하기 전에 우주선을 타고 다른 행성(화성)으로 이동해야 한다는 메시아 같은 메시지를 실천에 옮기고 있다. 민간 항공 우주기업 스페이스 X는 머스크가 구현하고자 하는 우주에 대한 그의 비전을 담고 있다.

아울러 전기자동차 기업 테슬러 모터스와 태양광 발전기업 솔라시티(Solar City), 그리고 배터리기업 기가팩토리(Giga Factory)를 통해 지구의 온실화를 최대한 막으면서 인류의 행성 간 이동이 가능한 기술적 해법을 구하고자 한다. 머스크는 자신이 만든 테슬러 전기자동차를 사용하게 되면 어느 시점에서는 자신이 설치한 충전소에서 태양광을 활용한 전기를 무료로 공급받아 지구촌 어디든지 이동이 가능하게 할 것이라고 밝히고 있다.

머스크가 가진 기업가정신이 더욱 빛나는 점은 그가 꿈을 구현하기 위해 추구해온 끊임없는 도전정신이다. 1971년 남아공 출신으로 아메리칸 드림을 꿈꾸며 캐나다를 거쳐 미국으로 이주한 머스크는 불과 20대에 백만장자가 되었지만 도전을 멈추지 않았다. 곧 세계 최초의 인터넷은행 엑스닷컴(x.com)을 설립하여 이를 페이팔(Paypal)에 팔아 30대 초반에 천만장자가 되었다.

그는 여기에 그치지 않고 그의 자산을 거의 투자하여 민간 항공우주 회사인 스페이스 X를 설립하였다. 스페이스 X가 개발한 팔콘 로켓이 성공을 거두지 못한 상황에서 그는 다시 전기자동차 회사 테슬러에 투자하였고 결국에는 이를 인수하였다. 또한 전기자동차 관련 제조업 생태계를 구축하기 위해 태양광 발전소인 솔라시티를 설립하였고 전기자동차 제작에서 얻은 경험을 기반으로 배터리회사인 기가 팩토리를 설립하였다. 2013년 8월에는 초고속 진공열차 하이퍼루프(Hyperloop)를 구상하고 이를 실현에 나섰다. 하이퍼루프는 공기압 튜브를 통해 시간당 1,280km를 달릴 수 있는 지구상 가장 빠른 수송수단 중의 하나다.

최근 머스크는 또 다른 실험을 추구하고 있다. 2017년, 그는 인간의 뇌와 컴퓨터를 연결하겠다는 구상을 담은 뇌 연구 스타트업 뉴럴링크(Neuralink)를 100% 단독 투자하였다. 그가 이러한 스타트업 기업을 설립한 이유는 인간의 뇌 수준을 컴퓨터 이상으로 향상시키면 인공지능으로 인한 부작용을 선제적으로 해결할 수 있을 것이라는 믿음 때문이다. 그는 테크노 유토피아 클럽*의 일원으로 만약 방해만 받지 않는다면 인류가 고민하는 문제를 기술로 해결할 수 있다고 믿는다.

그가 벌린 사업들은 한때 사면초가에 몰린 적도 있었지만 그는 현재 전례 없는 사업들을 성공시키고 있다. 스페이스 X는 국제 우주정거장으로 물자를 실은 캡슐을 날려 보냈다가 지구로 무사히 돌아오게 했다. 테슬러 모터스는 상상을 초월하는 외관을 가진 전기스포츠자동차 로드스터와 모델 s를 만들어 자동차 산업계에 일대 바람을 일으켰다. 현재는 대중용 승용차인 모델 3을 3만 5,000달러 수준의 가격으로 책정하여 글로벌 고객을 대상으로 인터넷 주문을 받고 있다.

제프 베이조스는 다른 경로를 밟고 있지만 그가 추구하는 기업가정신은 머스크와 유사하다. 1964년 미국 뉴멕시코 주 앨버커키에서 17세인 재클린 베이조스가 낳은 그는 4세 때 생모가 쿠바 난민 미겔 베이조스와 재혼하면서 그의 양아들이 되었다. 그는 초등학교 때 영재 프로그램에서 상을 받았고, 고등학교를 1등으로 졸업하면서 졸업생 대표로 축사를 하기도 하였다. 당시 지역 일간지와의 인터뷰 때에는 '우주에 호텔과 놀이공원을 짓고 싶다'고 언급하였다.

● 기술 발전이 유토피아를 가져온다고 믿는 사람들의 모임.

〈표 3-2〉일론 머스크와 제프 베이조스의 비교

	일론 머스크(1971~현재)	제프 베이조스(1964~현재)
성장과정	• 남아공 출신(평범한 가정), 8세 때 부모 이혼 • 남아공(고교) → 캐나다 이민 → 미국 이주 • 퀸즈대학교(캐나다), 펜실베이니아대학교 (물리학 → 경제학 졸업)	• 미국 뉴멕시코 출신(어려운 가정), 양아버지(4세) • 텍사스 주(고교) • 프린스턴대학교 (이론물리학 → 전기공학 : 수석졸업)
	어릴 때부터 우주에 대한 꿈과 동경	
주요 경력	• 창업가, 엔젤리스트 • 자산가치 : 114억 달러 • 정보통신 → 제조업 확장 • 공상적 모험적 기업가	• 펀드회사 취업 후 창업가, 엔젤리스트 • 자산가치 : 669억 달러 • 정보통신 중심(제조업으로 항공우주회사 블루 오리진 설립) • 창의적 기업가
지향점	• 고용 창출, 신재생에너지 강조 • 운영기업 : 스페이스 X, 테슬라, 기가팩토리, 솔라시티, 하이퍼루프, 뉴럴링크 • 고객 주도형	• 4차 산업혁명 기술 선도 • 운영기업 : 클라우드 컴퓨팅 서비스, 아마존 고, 에코, 알렉사 등 • 고객 맞춤형
	공학과 금융부문에서 전문성 갖춤, 완벽주의자	

하지만 그의 삶은 넉넉하지 않아 고등학생 때부터 맥도날드 등에서 아르바이트를 해야 했다. 그는 프린스턴대학교에서 이론물리학을 전공했다가 전기공학으로 전공을 바꾸어 수석 졸업했다. 졸업 후 무명의 벤처기업 피텔(Fitel)에 취업하였다가 2년 후 뱅커스 트러스트(Bankers Trust)에 컴퓨터 관리자로 옮겨 입사 10개월 만에 최연소 부사장까지 승진하기도 하였다. 이후 다시 헤지펀드 디.이.쇼우(D. E. Shaw)의 펀드매니저로 전직하여 입사 1년 후인 26세 때 최연소 부사장 그리고 몇 년 후에 수석부회장 자리에 올랐다.

그는 인터넷이 1년 동안 2,300%나 성장하고 있다는 사실을 깨닫고는 수백만 달러 연봉의 직장을 그만두고 1995년 7월 시애틀 자신의 집 창고에서 워크스테이션 세 대를 가지고 인터넷 서점 아마존닷컴(Amazon.com)을 창업하였다. 창업 일주일 만에 아마존닷컴은 미국 전역과 전 세계 45개 도시에서 서적을 판매하기 시작하였고 1996년 5월에는 〈월스트리트〉의 일면에 대서특필되었다. 마침내 1997년 5월에 상장하게 되었고, 주당 18달러였던 주가는 향후 100달러까지 상승하게 된다.

하지만 아마존의 역사는 순탄하지 않았다. 리먼 브러더스의 아마존에 대한 부정적 보고서 발표에 이어 2001년 초 닷컴 버블 붕괴의 파장으로 아마존의 주가는 2002년 6달러 수준까지 추락하는 위기를 맞게 된다. 아마존은 2001년 직원 1,300명을 해고하는 동시에 사업의 다각화를 추구하는 결정적 계기를 가졌다. 종합쇼핑몰로서의 아마존 닷컴이 새로이 탄생한 것이다.

이후 전자책 단말기 킨들 시리즈와 킨들 파이어 그리고 파이어 폰 등 제품을 내놓았으며, 클라우드 컴퓨팅 서비스 부문에서도 세계 1위의 기업이 되었다. 특히 2014년 아마존이 출시한 인공지능 음성비서 서비스 알렉사(Alexa)는 2017년 세계 최대 가전박람회인 CES에서 자동차와 스마트폰, 냉장고, 세탁기, 진공청소기 등에 탑재되어 아마존이 박람회에 직접 참여하지 않았음에도 불구하고 숨은 승자라는 평가를 받았다. 이러한 성과로 아마존의 주가는 2018년 주당 1,200달러가 넘고 있다.

베이조스의 기업가적 정신의 발휘는 여기서 그치지 않았다. 1998년 구글의 창업 당시 25만 달러를 투자하여 현재의 가치는 약 1,000배가 넘는다고 한다. 그는 어린 시절 꿈을 실천하고자 아마존의 자회사인 '블루 오리진'을 2000년에 설립하여 우주선을 개발하고 있다. 블루오리진은 2015년에 최초로 로켓을 재활용하는 기술을 선보였다.

또한 2013년 8월에는 워싱턴 포스트를 인수하여 1년 사이에 순방문자 수가 70% 이상 늘어나는 성과를 거두었다. 아마존은 R&D 투자가 가장 높은 기업으로도 손꼽힌다. 베이조스는 아마존을 통해 또는 자신이 직접 다양한 스타트업과 회사를 인수하거나 투자하고 있다. 대표적 기업으로는 오가닉 프리미엄 식료품 체인인 홀푸드(Whole Foods), 홈그로서(HomeGrocer), 미국 워싱턴 D.C.에 소재한 교육 소프트웨어 스타트업인 에버파이(Everfi), 에어비앤비, 우버 등이 있다. 끊임없는 혁신가로 그의 마지막 행선지가 기대된다.

공공부문에서의 기업가정신

　개인 그리고 기업과 더불어 4차 산업혁명기에 요구되는 중요한 기업가정신의 새로운 형태는 공공부문에서의 기업가정신이다. 이는 정부를 포함한 공공부문에서 필요한 새로운 역할에 대한 논의와 맥을 함께 한다. 최근 국가는 전례 없는 새로운 기술혁신을 창출해야 하며 이를 위해 모험적이고 탐험적인 주체가 되어야 한다고 주장하고 있다. 바로 기업가적 혹은 창업가형 국가(Entrepreneurial State) 개념으로 서섹스대학교의 기술경제학자인 마추카토 교수의 주장이다.

　국가가 우선순위를 두어야 하는 역할 중의 하나가 창의적이고 모험적인 기술혁신의 창출이며, 이를 위해 공공부문이 기업가정신으로 무장해야 한다는 주장이다. 4차 산업혁명이 엄습하고 있는 시대에는 정부 등 공공부문이 새로운 가치창출을 위해 실패를 두려워하지 말고 과감하게 의사결정하고 투자한 후 성과가 나타나는 경우 이를 통해 신산업의 출현을 유도하여야 한다는 것이다.

지금까지 공공부문의 경우는 실패를 금기시하였기에 새로운 도전을 꺼렸다. 이제는 공공부문도 새로운 모험적이고 창의적 도전을 허용하는 규범과 함께 미래의 비전과 가치를 공유하고 실현하는 조직이 되어야 한다. 마추카토 교수는 기업가형 국가의 대표적 성공사례로 미국 국방고등연구계획국(Darpa)을 꼽고 있다. 주요 성과로는 인터넷, 인공지능 음성비서 Siri, GPS, 드론, 스텔스항공기 등을 들 수 있다.

4차 산업혁명 시기를 맞이하는 현재, 정부 등 공공부문은 기존에 없는 새로운 가치를 탐색하고 이를 위해 행동하고 실현하는 조직이 되어야 한다. 국가의 역할에 대해서는 8장에서 보다 자세히 다루기로 한다.

4차 산업혁명은 이미 우리 앞에 와 있다. 우리의 현주소를 되짚어보는 분석은 분명 필요한 일이다. 앞서 언급했던 혁신가들은 어쩌면 지금의 현실을 이미 몇 년 앞서 내다보았던 사람들일지 모른다. 아니, 나는 분명 그러하다고 생각한다.

인류 역사를 살펴보면 시대를 앞선 사람들이 존재한다. 누군가의 열혈팬이 될 필요는 없겠지만 그들의 말에 귀 기울이고 그들이 남긴 족적을 되짚어보는 것은 앞으로의 혼란을 피하고 찬란한 미래를 만들어가는 매우 귀중한 자산이다. 거대한 물결을 맞이하는 우리에게는 무엇보다 새로운 가치를 추구하고 이를 실천으로 옮길 수 있는 용기와 시도가 분명 필요하다. 이 또한 새로운 의미의 '기업가정신'이 아니겠는가?

〈그림 3-4〉 4차 산업혁명의 미래를 맞이하기 위한 지향점

민관 협력과 합의를 통한 국가전략 추구
- 우리의 핵심역량(제조업과 정보통신 분야 등) 기반 미래시스템 구축
  - 노동, 일자리, 교육, 의사결정 플랫폼 마련, 미래 거버넌스 설계, 사회적 자본 조성 등
- 4차 산업혁명 대응 인프라 구축을 통한 고용 창출
  - 신기술과 시스템에 대규모 국가적 투자 실현, 국가 잠재성장력 제고 추진
- 디지털 민주주의 모델 제시
  - 디지털 기반의 직접 민주주의 플랫폼 구축, 협업과 공유경제 및 관련 사회시스템 기반 마련

인재주의(talentism) 우선사회 구현
- 핵심역량을 가진 인재 양성과 교육, 직업교육, 관련 생태계 조성
- 기업가정신 제고, 기회 제공 문화
  - 창의력과 혁신 추구
  - 창의적 기업가(사내)(intrapreneur), 창의적 기업가(entrepreneur) 육성

녹색전력체계 대비
- 분산형 신재생 에너지 관련 투자 확대
  - 기술 개발과 고용 창출
  - 민간 투자 유인 방안 모색(새로운 조세제도 도입 등)

기업가정신이란 무엇인가?
우리가 사용하고 있는 기업가정신이란 번안을 고쳐야 할 시기가 되었다. 일반적으로 기업가정신이란 기업을 중심으로 한 생태계에서 나타나는 모험적이고 창의적인 '가치 추구와 태도'로 인식되고 있기 때문이다. 4차 산업혁명 시기는 공공 및 사회 부문에서도 기업가정신 같은 새로운 가치 추구와 태도가 절실하게 필요하다. 거대한 새로운 물결이 우리 사회의 모든 영역에 영향을 미치고 있는 시기에 이러한 정신은 기업이라는 영역을 훨씬 넘어서야 한다.
4차 산업혁명 시기의 기업가정신이란 '급변하는 기술혁신과 경제사회 패러다임 속에서 인류의 미래에 우선순위를 두는 문제의식을 가지고 새로운 기회를 탐색·발굴하고 이에 도전하여 사회적 가치와 재무적 가치를 추구하는 모험적, 창의적 정신과 태도'라 할 수 있다. 우리 사회 모든 분야에서 기업가정신이 풍성해지길 바라며, 이를 기반으로 인류 그리고 대한민국의 미래에 새로운 가치를 부여하는 창조적인 혁신가가 탄생하기를 기대한다.

– 이장재

4
주요국 창업생태계의 변화와 흐름

김성옥 박사 _ 정보통신정책연구원

보다 현실감 있게 미래를 보기 위해서는 우리의 시각을 '세계'로 돌릴 필요가 있다. 4차 산업혁명의 시대를 가장 주도적으로 움직이고 있는 기업은 바로 글로벌 스타트업들이다. 글로벌 차원에서 진행되는 혁신을 만들어내고, 최전선에서 받아들이고 변용하는 주체인 것이다. 변화무쌍한 변혁의 시대를 살아남기 위해 우리는 이런 스타트업과 감각과 기술을 겨뤄야 한다. 스타트업의 글로벌화는 이제는 시장 확대가 아닌 생존을 의미한다.

이 글을 쓴 김성옥은

정보통신정책연구원에서 중국을 중심으로 다양한 국가의 ICT 기업동향과 창업벤처 생태계를 연구하고 있다. 경력이 짧아 전문가라는 말은 어울리지 않으나, 4차 산업혁명으로 대변되는 ICT 기술 패러다임 변화와 신기술이 속속들이 등장하면서, 창업벤처기업이 우리에게 혁신의 단초를 제공할 수 있는 최전방 정예군이라 믿어 의심치 않는다. 우리 창업벤처의 혁신유전자를 발현할 수 있는 구조적 한계가 존재하여 답답하지만, 수평적이고 개방적이며, 마음껏 혁신활동에 전념할 수 있는 창업벤처 생태계로의 발전을 위해 분투 중이다. 이 분투의 결과물로는 '중국 인터넷서비스산업의 발전과 시사점', '4차 산업혁명을 선도하는 글로벌 벤처생태계 현황과 정책적 시사점', '우리나라 스타트업의 글로벌 혁신 모델 분석' 등이 있다.

유니콘기업을 중심으로 본 글로벌 스타트업의 발전

창업생태계 활성화에 대한 논의는 한국뿐 아니라 전 세계 주요국에서 끊임없이 진행 중이다. 인도·중국 등 후발 국가의 빠른 혁신, 선진국이 주도하던 글로벌 시장의 성장 정체, 그 가운데 찾아온 인공지능, 블록체인 등으로 대변되는 기술 패러다임의 변화가 주요한 논의 대상이다.

세계 주요국은 시대적 변화를 기회로 활용하기 위해 많은 노력을 기울이고 있다. 후발 국가는 기술선점자가 없는 시장 상황에서 빠르게 신기술을 흡수하여 기술격차를 축소하고, 선발 국가는 새로운 시장 창출의 기회를 얻는 한편 기술주도권을 놓치지 않기 위해 다양한 각축을 벌이고 있다. 그 가운데, 새로운 기술과 새로운 서비스를 가진 스타트업이 속속 출현하면서 업계의 판도가 바뀌는 일이 잦아지고 있다. 파괴적 혁신이 하루아침에 세상을 지배하는 시대가 온 것이다.

이러한 변화의 시대에 스타트업은 기존 중소기업, 대기업보다 훨씬 강한 기술개발유인으로 혁신을 거듭하고 있다. 파괴적 혁신에 대한 기술개발유인은 기업마다 다른데, 기존 기업은 기존의 시장과 고객에게서 창출되는 수익으로 인해 투자유인이 낮다. 반면에 신생기업은 혁신기술의 수익을 온전히 향유할 수 있기 때문에 스타트업의 기술개발에 유리한 환경이라 볼 수 있다.* 이 때문에 스타트업은 가장 빠르게, 그리고 온

● 조유리·김성옥(2017), 4차 산업혁명을 선도하는 글로벌 벤처생태계 현황과 시사점, 〈KISDI 프리미엄 리포트 17-05〉, 정보통신정책연구원

전하게 새로운 기술개발에 몰두하고 성과를 만들어낼 수 있는 주요한 주체로 등극하였다.

한 연구에 따르면, 2012~2015년에 설립된 회사들은 2000~2003년에 설립된 회사들보다 두 배 빨리 기준 시가총액에 도달했다. 이것은 오늘날의 스타트업이 10년 전에 설립된 스타트업보다 두 배 가량 빠르게 성장하고 있다는 뜻이다.*

CB INSIGHTS에서 선정한 유니콘기업**의 목록에는 2017년 12월 현재, 총 220개가 올라가 있다. 이는 7월의 204개에 비해서도 16개 이상 증가한 수치다. 새로운 기술과 서비스로 기업가치를 높이며 글로벌 영향력을 확대하는 유니콘기업이 빠르게 증가하고 있는 것이다.

또한 글로벌 유니콘기업을 배출할 토대와 역량을 보유한 창업생태계를 갖춘 국가가 점차 늘어나고 다변화되면서, 유니콘기업 배출 국가가 미국 중심에서 빠르게 탈피하고 있다는 점도 주목해야 할 흐름이다.

총 109개의 유니콘기업이 미국에서 탄생하며 주도적인 점유율을 가지고 있는 가운데, 중국이 빠르게 치고 올라오면서 국가의 수가 점차 다변화되고 있다. 220개의 유니콘기업 중 109개가 미국 기업이다. 유니콘기업 1위를 고수하고 있는 우버, 숙박공유 회사인 에어비앤비를 포함하여 빅데이터(8개), 이커머스(9개), 인터넷SW(23개), 오토테크(2개), 사이버보안(8개) 등 다양한 기술 분야에서 미국 스타트업들은 여전히 단단한 기반을 가지고 있다.

---

* 《Harvard Business Review Korea》(2016) 〈유니콘기업이 성장하는 방법〉, http://www.hbrkorea.com/magazine/article/view/1_1/article_no/676#, 2016 1-2월(합본)
** 기업가치 10억 달러 이상의 비상장기업

미국 다음으로 많은 유니콘기업을 보유한 국가는 총 59개를 기록한 중국이다. 우리에게도 이미 익숙한 샤오미, 차량공유업체 디디추싱(Didi Chuxing) 등의 기업 외에도 모바이크(Mobike), 오포(OfO) 등 공유자전거 업체 등도 포함되어 있다. 유니콘기업 중 두 개뿐인 인공지능 분야 기술스타트업(센스타임, face++)이 중국 기업이다.••• 특히 하드웨어 영역에서 중국의 영향력이 두드러졌다. 샤오미와 메이주 등 스마트폰 업체, 드론 업체인 DJI, 플렉서블 디바이스와 센서 등을 제조하는 로우위(Royole)가 그 대표적인 기업들이다.

중국과 미국 두 국가를 제외한 다른 나라의 유니콘기업 수는 모두 합쳐서 52개다. 유럽 지역의 26개의 스타트업 중 영국 기업이 14개로 압도적인 비중을 차지한다. 세 개의 독일 기업과 프랑스, 네덜란드, 스위스, 네덜란드, 룩셈부르크, 스웨덴 등 유럽 전역에서 소수지만 고르게 유니콘기업을 배출하고 있다. 핀테크와 인터넷SW의 비중이 매우 높은 편이다. 또한 빅데이터나 헬스케어, AR/VR 등 기술기반의 신산업에서도 강점을 보이고 있다.

싱가포르와 인도네시아, 인도, 아프리카 등 신흥지역에서도 유니콘기업이 속속 출현하고 있다. 인도의 전자상거래 플랫폼인 플립카트(Flipkart)를 비롯하여 싱가포르에 법인을 둔 온디맨드 차량업체 그랩(Grab), 인도네시아의 고젝(Go-Jek) 등 전자상거래와 O2O 분야의 기업들이 주도하는 가운데, 핀테크, SNS, 에너지 등 다양한 분야의 기업들도

••• 이는 CB INSIGHTS의 기준이며, 헬스케어, 핀테크 등 각 영역별 인공지능 기업은 인공지능으로 포함되어 있지 않다.

존재한다.

　인도·중국 등 대규모 시장을 보유한 국가에서는 전자상거래와 공유경제의 영역에서, 미국·유럽 등 선진국에서는 기술기반의 신산업에서 유니콘기업을 배출하고 있다. 거칠게 말하자면, 거대 시장을 보유하고 있거나 높은 기술력을 배후로 하는 국가에서 스타트업의 기업가치가 커질 가능성이 높다는 말이다.

로컬 서비스의 활성화

　유니콘기업을 들여다보면 제공하는 서비스가 비슷한 경우, 지역별로 로컬서비스의 활성화가 두드러지는 특징을 보인다. 예를 들면, 전 세계 유니콘기업 1위를 차지하고 있는 우버의 유사 서비스 영역에서 각국의 선두를 차지하는 것은 로컬 업체다. 중국의 디디추싱, 싱가포르와 말레이시아 지역에서 서비스하는 그랩, 인도네시아의 고젝, 인도의 올라캡스(Ola-cabs) 등이 대표적인 로컬 업체다.

　이는 각국의 시장과 규제 현황, 로컬 문화적 맥락에 따라 필요한 서비스의 형태가 조금씩 다르기 때문이다. 지역의 특성을 반영하여 서비스가 현지화되고, 그에 맞는 지역 시장이 창출되는 것이다. 중국의 디디추싱은 중국에 진출한 우버차이나를 2016년 8월 합병하면서 90%를 웃도는 시장점유율을 확보하고 있고, 싱가포르에 법인을 둔 그랩은 동남아시아 전역에서 개인 차량, 오토바이, 택시 및 카풀 서비스를 통해 기업

택시 호출의 95%, 개인 차량 호출의 72%에 달하는 점유율을 차지하고 있다.* 전 세계 유니콘기업 1위인 우버가 우버와 유사한 서비스를 제공하는 로컬 후발주자에게 로컬 시장에서만큼은 힘을 못 쓰고 있는 모양새다. 이는 로컬 기업이 현지에 대한 이해를 바탕으로, 글로벌 서비스가 찾지 못하는 차별화된 서비스를 제공하기 때문이다.

중국의 디디추싱 사례를 살펴보자. 중국에 진출한 우버가 약 20억 달러의 손실을 보고 결국 디디추싱에 회사를 넘기자 사람들은 진입장벽이 높은 중국시장에서 패배한 상처 입은 외자기업으로 우버를 바라보았다. 그러나 이는 어찌 보면 현지 사람만이 느낄 수 있는 미묘한 가려움을 더 시원하게 긁어주는 서비스의 결과다.

신용카드 기반의 우버와 모바일 결제 기반의 디디추싱. 신용카드 단계를 거치지 않고 현금에서 모바일결제 사회로 바로 넘어가게 된 중국에서 우버는 모바일 결제 기반이라는 현지의 맥락을 뛰어넘기에 역부족이었을 것이다. 이외에도 디디추싱은 현지의 수요를 반영하여 예약 호출, 송영서비스, 기사 딸린 차량 임대, 카풀서비스 등 우버와는 차별화된 기능을 제공하였다.

뚜렷한 기술 선점자가 없는 로컬 시장에서, 최신기술을 적용한 서비스와 시장이 빠르게 창출되고 있다. 이 과정에서 게임의 룰은 급변한다. 이러한 변화에 민첩하게 대응할 수 있는 기업 형태가 스타트업인 것이다. 스타트업은 첨단의 영역에서 혁신을 창출하고, 적용하고, 이를 연결

* 이주현(2017.11.7.), 차량 공유 서비스 '그랩(Grab)', 누적 승차 횟수 10억 건, http : //platum.kr/archives/90836

하여 새로운 수요를 만들어내는 주체가 되고 있다. 각 나라의 새로운 수요와 시장은 다행히도 기술선점자들(구글, 아마존, 페이스북, 애플 같은)에게 모든 부분을 지배당하지 않고, 로컬기업에게 새로운 기회를 만들어 준다. 글로벌업체가 제공하는 서비스와 비슷해 보이지만 미묘하게 다른 사회문화적 맥락의 로컬 서비스들로 풍성해지는 것이다.

4차 산업혁명이 도래하면서 기존 수직적 국제분업구조가 수평적 분권/분업구조로 변화할 것이라는 예측이 지배적이었다. 선진국과 신흥국 사이에서 대분기 현상(Great divergence)이 일어날 것이라는 예견도 다수다. 기술을 갖춘 선진국과 기존 체계 안에 머무는 신흥국 간 성장 격차가 심해질 것이라는 뜻이다.

플랫폼의 발전, 기술의 독점이 선진국 중심으로 진행되면서 선진국의 무형자산 및 지적재산과 개도국의 유형자산과 저숙련 노동력이 결합되는 역할분담 체제가 시작되고 있다. 이러한 체제 속에서 기존 수직적 분업구조의 특징인 국가 간 가치사슬 형성을 통한 기술과 노하우 전수는 사라질 것으로 보인다. 결국 선진국과 개도국의 혁신 인프라와 시장의 모습이 서로 상이해지면서, 기술체제의 양극화는 굳어질 것이라는 예상은 여전히 진행 중이다.

그런데 혁신적인 무형자산과 기술력을 가진 선진업체가 타 지역 시장에 진입하면서 무력화되는 현상을 어떻게 설명해야 할까? 이런 경우 기존 글로벌 가치사슬처럼 전 세계가 연결된 분업구조 체제가 아닌, 지역 단위의 아키텍처가 형성된 것일 가능성이 높다. 신흥국에서 해당 지역의 맥락을 담은 유사 서비스를 출시하면 대부분의 경우 글로벌 보편성을 지향하는 오리지널 서비스는 로컬에서 맥을 못 추는 상황이 발생하는 것이다. 그렇다고 해서 선진국의 기술·아이디어·서비스가 다른 나라로 전이되지 않는 것은 아니다. 높은 시장잠재력을 가지고 있는 곳에서 수익을 창출하기 위해 선진국의 기술대기업, 플랫폼, 스타트업은 신흥국의 스타트업에 투자하고, 법인을 세우고, 협업하고 연맹한다. 이렇게 멈출 것이라고 생각되었던 기술이전과 서비스의 융합은 국경을 넘어 합종연횡을 지속하게 된다.

창업생태계의 지역별 맥락

각국의 창업생태계는 국가의 맥락에 따라 서로 다른 모습으로 존재한다. 그렇기 때문에 국가별로 차이가 발생할 수밖에 없다. 시장과 기술 속도가 빠르게 변화하는 지금, 기회에 올라탈 수 있는 역량을 갖춘 창업기업이 존재하는가? 그리고 이를 지원할 수 있는 환경적 인프라와 정책적 시스템이 갖추어져 있는가? 이러한 질문들은 각국의 창업생태계가 비교적 건전한지를 판단할 수 있는 가장 기본적인 기준이다.

각국의 혁신수준과 소득수준을 기준으로 국가들을 분류해보면 〈표 4-1〉과 같이 정리할 수 있다. 혁신수준의 지표로는 글로벌 혁신지수(Global Innovation Index)를 사용하였다. 이 혁신지수는 세계지식재산권기구(WIPO)가 미국 코넬대학교, 유럽경영대학원(INSEAD)과 함께 국가의 혁신 데이터를 이용하여 혁신 투입, 성과, 효율성 등을 지표화 및 순위화한 점수다.

〈표 4-1〉 세계은행 소득수준과 혁신생태계 수준별 주요국 분류

소득별 국가 분류	GII Score/GSER 순위	
	High	Low
중저소득국 이하 ($4,035 이하)	인도 (3군)	인도네시아 (4군)
중상소득국 ($4,036 ~ $12,475)	중국, 태국, 말레이시아, 멕시코, 브라질 (2군)	
고소득국 ($12,476 이상)	이스라엘, 캐나다, 대한민국, 영국, 네덜란드, 미국, 핀란드, 프랑스, 뉴질랜드, 독일, 노르웨이, 싱가포르, 홍콩, 일본 (1군)	

출처 : 강하연 외(2016)

이를 기반으로 1) 소득수준이 고소득국 이상 – 혁신수준이 높은 국가, 2) 중상소득 이상 – 혁신수준이 높은 국가, 3) 중저소득 이하 – 혁신수준이 높은 국가, 4) 중저소득 이하 – 혁신수준이 낮은 국가 4개 국가군으로 구분이 가능하다. 1군에는 창업국가(startup nation)라 불릴 정도로 높은 수준의 스타트업 생태계를 보유한 이스라엘, 그리고 미국과 유럽 등의 기술선진국이 대거 포진해 있다. 2군은 중국, 태국, 말레이시아 등 기본적으로 내수규모가 크고 경제성장률이 높은 국가들이, 3군은 소득수준은 낮으나 각국 R&D센터를 보유하고 있는 나라들이 포진해 있다. 실리콘밸리 출신의 귀국창업으로, 발달된 혁신생태계를 보유한 인도가 3군에 속한다.

다시 한 번 유니콘기업으로 돌아가 보자. 220개의 다양한 나라, 다양한 기술, 다양한 서비스를 배경으로 하는 유니콘기업이 리스트를 채우고 있다. 이 유니콘기업 리스트에는 미국이나 유럽 등 소위 말하는 기술선진국에 국한된 것은 아니다. 중국, 인도, 동남아시아뿐만 아니라, 스타

트업을 떠올릴 때 생각하기 힘들었던 체코, 나이지리아, 아랍에미리트까지 유니콘기업을 보유하고 있다. 이들은 모두 자체적인 특징을 가진 창업생태계를 형성하고 있다. 2017년 기업가정신모니터링(GEM)의 순위를 보면 각 국가가 가진 특장점을 개략적으로나마 살펴볼 수 있다.

인도는 세계 최고의 자금 접근성을 가지고 있다. 기업가에 대한 자금 지원이 용이한 나라는 인도, 중국, 말레이시아, 레바논, 에스토니아 등이다. 미국은 7위에 머무른다. 기업가정신에 대한 공공정책이 가장 잘 되어 있는 나라 1위는 프랑스, 2위가 한국, 3위가 아랍에미리트, 4위가 인도다. 조지아나 아르헨티나, 카타르 등도 모두 수위권에 들어 있을 만큼, 우리가 생각하지 못한 많은 국가들이 기업가에 대한 공공지원을 강조한다. 정부 프로그램이 가장 잘 되어 있는 국가는 오스트리아, 스위스, 룩셈부르크, 독일, 네덜란드, 프랑스 등 유럽 국가이며, 아랍에미리트가 7위다.

유럽국가 대부분은 R&D 이전이 활발히 진행되며, 스타트업의 시장진입장벽도 낮다. 새로운 비즈니스 수단과 활동을 독려하는 사회문화적 분위기는 이스라엘, 미국 같은 혁신국가가 가장 우위에 있고, 에스토니아, 아랍에미리트, 스위스 등 유럽국가와 중국, 인도네시아 등 신흥국들도 높은 평가를 받는다. 시장역동성은 중국, 한국, 인도네시아, 말레이시아, 인도, 폴란드, 터키, 대만, 태국 등 신흥국가들이 높은 순위를 차지한다.

신흥국에 속하는 국가들은 대대적인 공공의 지원을 바탕으로, 새로운 비즈니스를 장려하며 역동적인 시장을 가지고 있다. R&D 이전, 시장역동성, 공공의 지원 중 두 가지 이상에 해당하는 국가는 중국, 한국, 아랍에미리트 등이다. 즉, 역동적인 시장을 토대로 창업에 공적 자원을 많이 투자함으로써 스타트업 생태계가 활성화되는 것이다. 그러나 R&D 이전에 있어서는 인도와 말레이시아를 제외한 신흥국의 모습을 찾아보기 힘들다.

신흥국 약진의 가장 큰 요인은 그 나라의 시장규모와 역동성이다. 규모 이상의 내수시장, 빠르게 변화하는 시장, 그리고 기존질서가 없는 시장을 가진 중국, 인도, 말레이시아 등은 약진의 요인을 가지고 있다. 이들은 규모가 큰 내수시장 (혹은 시장잠재력)을 배경으로 기업의 성장이 일정 정도 보장받을 수 있는 근간을 제공한다. 거대한 시장은 원천 기술 개발보다는 이를 '응용하는 혁신'만으로도 고성장할 수 있다.•

BCG가 중국과 미국의 유니콘기업 유형을 비교한 결과, 중국의 경우 응용 혁신을 내세운 유니콘기업이 전체 중국 유니콘기업의 90%를 차지하였다. 반면에 미국 유니콘기업의 경우 기술 주도 혁신에 기댄 비중이 39%에 달했다.•• 유니콘기업의 수가 적어 비중을 산출하기엔 부적합하지만 앞에서 언급한 플립카트나 그랩의 예처럼 인도나 말레이시아 역시 이와 유사한 패턴을 보인다. 기술기반형 스타트업보다는 서비스기반 스타트업이 서비스를 출시하고, 이를 플랫폼화하여 다양한 서비스를 부착해나가며 더욱 거대한 로컬플랫폼으로 성장하는 경우다.

이런 지역에서 가장 성공가능성이 높고 실제로 높은 기업가치를 보증하는 분야는 전자상거래와 공유경제, 온디맨드다. 즉 넓은 시장을 바탕으로 재화를 판매하거나 공유하고, 수요자에게 맞게 제공하는 형태의

• 오광진(2017.9.16.), 〈中 유니콘 탄생 평균 4년, 미국은 7년 왜?〉, 조선비즈, http : / / biz.chosun.com/site/data/html_dir/2017/09/16/2017091600248.html
•• 위와 같음

로컬서비스다. 이러한 로컬서비스를 제공하는 업체는 그 원활한 판매를 위한 유통, 결제, 마케팅 그리고 연관된 다른 재화나 서비스로의 다각화를 통해 더욱 견고한 독점적 기업으로 성장하게 되는 것이다.

이렇게 각 지역에서 독점적 위치를 차지하는 기업은 로컬의 입맛에 맞는 로컬 서비스라는 고립된 아키텍처를 읽어내는 것에만 그치지 않는다. 이들은 단순하고 모방적인 서비스를 통해 시장을 장악해나가는 과정에서 얻은 경험과 리소스를 활용하여 기술 패러다임의 변화에 적극적으로 대응하고 있다. 이는 주의깊이 살펴볼 지점이다.

신흥국 창업생태계의 성장 요인
: 중국·동남아시아·인도

이미 많은 연구와 기사에서 중국의 창업생태계가 크고 빠르게 성장하고 있다는 것을 알려준다. 정부의 대대적인 창업지원정책과 기존 질서와의 낮은 충돌관계, 새로운 산업에 대한 네거티브 규제 등 스타트업 형성에 유리한 환경이 조성되어 있다.

중관춘 등 기존의 산업클러스터들에 국가급 인큐베이터들이 들어서고 있다. 또한 처쿠카페 등 창업자와 투자자, 액셀러레이터가 자유롭게 교류하며 시너지를 형성할 수 있는 공간이 대거 형성되고 있다. 중국은 하루에 1만 개씩 스타트업이 생겨나는 창업국가로 성장했다. 또한 이들은 단순히 내수시장을 배경으로 한 양적성장만을 추구하는 것이 아니다. 기술적으로도 중국의 스타트업은 빠른 발전을 거듭하고 있는데, 중

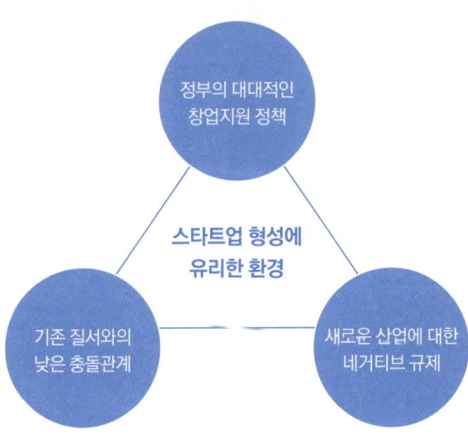

〈그림4-1〉 중국 창업생태계 환경

국의 유니콘기업의 수가 빠르게 증가하고, 기존 전자상거래나 O2O뿐 아니라 인공지능 등 신기술 분야에서도 존재감을 드러내고 있음이 그 증거라 할 수 있다.

여기에 중국 시장을 겨냥한 다국적 투자자들과 글로벌 수준으로 성장한 로컬 대기업들은 풍부한 자금으로 스타트업에 대한 대대적인 투자와 인수합병을 진행하면서, 중국의 창업생태계는 갈수록 풍성해지고 있다.

스타트업에 대한 투자와 인수합병을 바이두, 알리바바, 텐센트 등의 중국 주요 유니콘기업이 주도하고 있다. 이 세 업체는 첫 번째 알파벳을 따서 'BAT'라고 불리기도 한다. 'BAT'는 투자 전반의 불확실성이 커진 2016년에도 유니콘기업에 대한 투자를 확대했다. 이런 과정을 통해 BAT는 유니콘기업에 대한 영향력을 한층 더 강화하고 있다. CB INSIGHTS 기준 59개 중국 유니콘기업 중 25개 기업이 'BAT'로부터 투자를 유치하였고, 상위 20개 유니콘기업 중 10개가 'BAT'가 투자한 기업들이었다.(CB INSIGHTS, 2017. 12. 기준)

중국은 하드웨어와 공유경제, 전자상거래 분야뿐만 아니라 인공지능 등 신기술 분야에서도 무서운 속도로 성장 중이다. 중국의 인공지능 유니콘기업인 센스타임과 Face++는 모두 얼굴인식 분야의 최강자다. 이들은 각각 2017년 7월과 10월, 대규모 투자를 유치하면서 유니콘기업 리스트에 등재되었다. 유사 분야의 기업이 두 개나 급속도로 유니콘으로 성장할 수 있었던 배경에는 응용시장의 발전, 그리고 이들의 기술을 요하는 대기업과의 관계가 작용한다. 중국의 인증수단이 휴대전화 번호, QR코드를 넘어 얼굴인식 수단으로 급변하면서 얼굴인식 딥러닝 분야의 기술기업에 대한 수요가 대거 늘어났기 때문이다.

face++의 예를 보면, 주요 투자자가 알리바바의 금융자회사인 앤트 파이낸셜(Ant Financial, 그 자체가 금융 분야의 유니콘기업), 대만의 대형 제조업체인 폭스콘이 자리 잡고 있다. 이 회사는 우리에게도 잘 알려진 카메라 애플리케이션으로 카메라360의 얼굴인식, 디디추싱, 알리페이의 금융결제 등에 사용되면서 높은 기업가치를 확보할 수 있었다. 디디추싱은 얼굴비교 서비스를 통해 운전자가 범죄자인지를 미리 확인할 수 있게 해주고, 알리페이 등 결제수단에 얼굴인증 등을 광범위하게 채택하면서, 알리바바는 아예 face++에 대대적인 투자를 감행하여 이 기업의 기술을 자사의 각종 서비스에 활용하기 시작한 것이다.•

타 영역의 스타트업이 기존 서비스모델의 인공지능을 응용하고 독자적인 기술역량 제고까지 꾀하는 모습도 심심치 않게 볼 수 있다. 디디추싱은 아예 실리콘밸리에 인공지능 연구소를 설립하고, 자율주행 기술

• Face++ 홈페이지, https://www.faceplusplus.com/face-detection/

을 독자적으로 발전시킬 계획을 가지고 있다.

싱가포르의 그랩도 실리콘밸리의 자율주행차 스타트업인 드라이브.에이아이(Drive.ai)에 1,500만 달러를 투자했다. 드라이브.에이아이와 협력하여 인공지능 자율주행 기능을 그랩의 차량에 탑재했다. 높은 인구밀도로 빈번하게 일어나는 교통정체를 해결하기 위한 싱가포르 정부는 그랩과 협력하여 정부 및 기업용 차량을 중심으로 자율주행화를 시행하기로 하였다. 인도의 이마존이라 불리는 최대 전자상거래업체 플립카트 역시 소비자의 선택을 최적화할 수 있도록 플랩카트 플랫폼에 인공지능을 적용할 계획을 세우고, 프로젝트 미라(Project Mira)를 가동하였다. 플립카트의 인공지능 프로젝트는 인도의 소비자들에게 최적화된 데이터와 분석을 내세운다.* 거대한 인도시장에 눈독을 들인 애플, 아마존, MS, 구글 등 글로벌 기업들이 인도화된 데이터와 인도화된 영어(힝글리시) 분석을 위해 앞다투어 인도와 관련 스타트업을 인수하고, 힝글리시 데이터를 수집하는 데에 열을 올리고 있다.

이들은 모두 글로벌 시장에서 활용되는 인공지능 기술을 확보하고 적용하기 위해 노력한다. 이 인공지능 기술은 디디추싱의 예처럼 필요한 부분은 협업을 통해서, 그리고 핵심적인 부분은 독자적인 추격을 통해서 확보될 수도 있다. 그랩처럼 다른 기업의 인수를 통해 도달될 수도 있으며, 플립카트처럼 완전히 현지화된 서비스를 강점으로 이어질 수도

---

* The Economic Times(2017.4.7.), Flipkart plans to use artificial intelligence and make online purchase akin to offline buying experience, economictimes.indiatimes.com/articleshow/58055658.cms?utm_source=contentofinterest&utm_medium=text&utm_campaign=cppsteconomictimes.indiatimes.com/articleshow/58055658.cms?utm_source=contentofinterest&utm_medium=text&utm_campaign=cppst

있다. 또한 최고의 기술수준을 가진 글로벌 대기업들과의 협업과 투자 관계를 맺게 되면 기술이 이전되기도 한다.

신흥국의 창업생태계는 충돌하게 될 기존 질서가 없고, 새로운 산업에 대한 규제가 없어 새로운 기술과 서비스가 즉각 테스트되고 시장화될 수 있다. 이런 나라들은 GEM에서도 밝혔듯이 새로운 비즈니스를 독려하는 사회문화적 분위기가 강하다. 거대한 내수가 있기에 현지화된 서비스가 팔릴 수 있고, 공략할 가치가 있기에 글로벌 기업이 손을 내밀면서 적정 수준의 기술이전이 발생한다. 이렇게 현지정보·데이터와 기술 간의 교환이 발생하면서 자금이 활발하게 오고가고, 창업이 활성화되는 분위기가 형성될 수 있는 것이다. 내수 시장의 규모와 기대수익은 기업의 가치를 높이고, 자금을 끌어모은다.

갈라파고스에서 벗어나려면
: 고립탈피를 위한 제언

플립카트는 텐센트, 스냅딜은 알리바바, 소프트뱅크, 폭스콘에 투자를 받았다. 애플은 디디추싱에 투자하고, 디디추싱은 중국 공유자전거 업체 오포에 투자한다. 텐센트는 고젝에 투자하고, 알리바바는 이에 질세라 그랩에 투자한다. 소프트뱅크와 알리바바는 투자-피투자 관계다. 스타트업 생태계의 주요 주체들은 이렇게 서로 물고 물려 있다. 즉 기술력과 자금을 담보한 플랫폼 리더들이 해외에서까지 각축전을 벌이고 있는 양상이며, 로컬 스타트업에 대한 투자를 통해 현지 시장을 선점, 확보하려는 전략이다. 현재까지의 이런 흐름을 보면 '현지 수요체제'가 서비스와 기술을 끌어들이고, 플랫폼 리더들이 그 시장에 뛰어들어 로컬 업체의 성장을 오히려 지원하면서, 현지의 아키텍처가 공고해지는 모습이 보인다.

로컬에서 성장한 디디추싱은 실리콘밸리에 연구소를 설립하고, 그랩도 시카고에 우버를 넘겠다며 빅데이터 관련 연구소를 세웠다. 뿐만 아니다. 디디추싱과 그랩, 올라, 리프트는 아시아 지역에서 우버에 대항하기 위한 반(反) 우버 연맹을 결성했고, 서로 로밍과 기술지원을 진행하고, 서로의 현지 특수성을 지켜주면서 글로벌 선점자에 대항하는 네트워크를 형성하고 있다. 현지의 맥락에 맞는 서비스를 개발하고, 글로벌 차원에서의 기술 업그레이드를 통해 기술력과 서비스 역량을 동시에 제고하며, 역시 국경을 넘어 상호우위 간 시너지를 발생시킬 수 있는 글로벌 네트워크로 시장 경쟁력을 공고히 해나가는 모습이다.

아쉽게도 우리는 이런 연결망에서 한발 비켜서 있는 모양새다. 우리에겐 무엇이 있고 무엇이 없는가? 우리에게는 역동적이지만 내수시장이 작고 전반적으로 리스크 회피형 사회 분위기를 가지고 있다. 높은 기술력을 가진 글로벌 기업이 적극적인 구애의 손길을 내밀게 할 유인책이 부족하다. 기술성과의 이전이 활성화되지도 않았으며, 스타트업 간 그리고 다른 기존 기업 간의 협업도 미비하다. 이에 우리 스타트업은 좁은 내수시장으로 움츠러들게 되고, 활발한 기술적 도약이 이루어지지 못하고 있다. 고소득의 높은 혁신수준을 가진 나라이지만, 우리의 혁신을 아무도 알아주지 못하고, 그 혁신이 향후의 지속가능한 성장을 보장하지 못한다면 무슨 의미가 있을까?

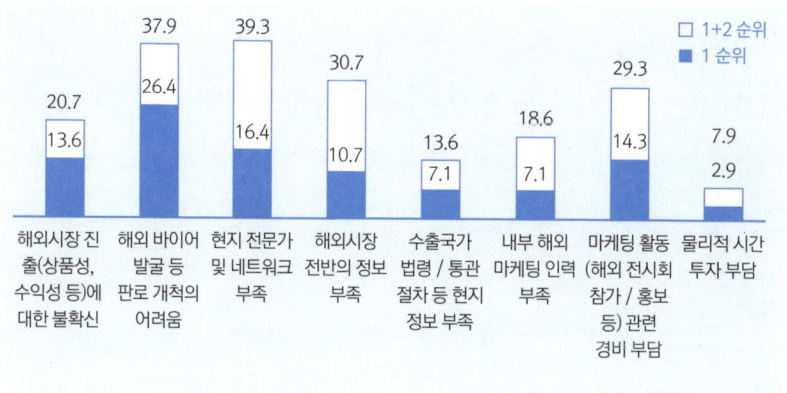

〈그림 4-2〉 해외 진출 시 겪었던 또는 예상되는 애로사항 및 장애요소

글로벌 전반의 창업생태계로 보았을 때, 우리는 어쩌면 고립된 섬일지 모른다. 우리 창업생태계 내 고질적인 문제로 지적받고 있는 점들을 극복하기 위해서는 어쩌면 제한된 시장규모, 굳어져버린 대기업 중심의 경제구조, 리스크에 대한 투자부족, 활발한 연구개발 환경, 도전에 대한 강한 규제 등에 대한 해결책을 글로벌 시장에서 찾아볼 필요가 있다.

우리는 유독 해외, 그리고 글로벌 시장에 대한 도전에 취약하다. 저자가 한 보고서에서 2017년에 실시했던 설문조사 결과, 스타트업이 해외진출 시 부딪힌, 혹은 예상되는 애로는 〈그림 4-2〉와 같이 나타났다.•

해외시장에 대한 두려움은 비단 해외시장에 대한 정보 부족이나 네트워킹 대상에 대한 적극성의 부족, 해외시장에서 판로개척의 어려움 등에만 기인한 것은 아닐 것이다. 본글로벌(Born Global)도 중요하지만

• 김성옥 외(2017), 〈창조경제 글로벌 역량 및 기업 해외진출 강화방안 연구〉

우리에게도 우리만이 가진 무기와 가치가 내재되어 있어야 해외에서도 소기의 성과를 달성할 수 있지 않을까라는 생각이 든다.

이미 우리의 기술은 실리콘밸리에 뒤쳐져 있고, 시장이 보장하는 기업가치는 중국이나 인도, 동남아 신흥국들에 밀린다. 신흥국의 유니콘 기업을 보면, 내부의 수요에 먼저 반응하여 영향력을 키우고, 이를 바탕으로 선진국의 자금과 기술을 흡수하는 양상이 보인다. 즉, 현지수요가 기술력 제고로 전환되는 과정을 밟고 있는 것이다.

초기 로컬시장에서 중요한 것은, 엄청난 기술력보다는 현지의 맥락을 읽어낼 수 있는 섬세함이다. 그 능력을 통해 시장에서 인정받는다는 것, 즉 아이디어와 기획 능력을 인정받는다는 것과 다르지 않다. 자그마한 규모의 한 기업이 자라날 수 있다는 가능성을 보여주는 것이다. 그러나 이 과정에서 우리에게 국경을 가리지 않는 합종연횡은 매우 중요하다. 구현하고 싶은 서비스 아이디어와 이를 실현 가능하게 하는 기술과 자금의 확보를 위해서 말이다.

결국은 현지의 미묘함을 긁어줄 수 있는 솔루션을 먼저 발견하고, 이를 해결할 수 있는 다른 요소들, 자금·인력·기술 등을 글로벌 차원에서 포획하여 우리만이 가진 특수한 무언가를 만들어낼 수 있는 능력, 그리고 우리의 시장수요와 기술수요 간의 상호작용을 끊임없이 일어날 수 있도록 하는, 글로벌과 연계된 생태계를 형성하는 것이 우리 스타트업이 가치를 올리고 성장할 수 있는 답이 될 것이다.

그러기 위해서는 먼저 내부적으로 도전할 수 있는, 그리고 우리에게 부족한 글로벌 자산들과 적극적으로 연계할 수 있도록 하는 기반이 필요하다. 또한 실패를 용인하는 분위기를 형성하고 도전을 독려하도록

〈그림 4-3〉 고립탈피를 위한 방안

규제의 유연함을 확보하면서, 인바운드의 약점을 보완하는 아웃바운드 네트워킹을 강화하는 방향으로 나아갔으면 하는 바람이다.

미래를 주도적으로 헤쳐나가는 우리의 노력은, 그 노력의 강도도 중요하겠지만 '방향성'이 큰 성패를 좌우할 수 있다고 나는 믿는다. 국내 시장은 너무 포화 상태이고 문제를 해결해야 하는 기업에게는 좁은 장소다. 외부로의 과감하고 현실감 있는 시도를 해야 할 시점이다. 그것은 보다 창의적인 기업가정신의 발로이며 우리가 처한 현실을 생동감 있게 펼쳐나갈 수 있는 또 다른 공간으로의 진출이라 할 수 있을 것이다.

기업가정신이란 무엇인가?

기업가정신은 급변하는 외부 변화를 빠르게 알아내고 그 안에서 기회를 창출할 수 있는 역량과 의지라고 표현할 수 있다. 또한 조금 더 생활을 편리하게 만드는, 조금 더 일상에 즐거움을 줄 수 있는 작은 당연함에 실행력을 보태어 비즈니스화할 수 있는 진취적인 마음이기도 하다.

다양한 수요가 존재하고, 그 수요를 충족시키는 다양한 아이디어가 펼쳐지며, 그 아이디어를 실현시킬 수 있는 기술력의 조합, 시장에서 호응받을 수 있는 감각이 우리의 삶을 풍부하게 만들어준다.

― 김성옥

5
스타트업 생태계에 뛰어들다

김영록 총괄책임자 _ 세대융합창업캠퍼스-르호봇

새로운 일을 시작하기가 힘들다고 생각하는가? 스타트업에게 현실의 벽이 너무 높다고 생각하는가? 과거 어느 때보다 지금처럼 우리에게 성공 기회의 문이 열려 있던 때는 없다. 동의하기 힘들다고? 일단 뛰어들어보라. 그리고 널려 있는 자원을 활용하라. 플러그만 꽂으면 작동되는 '스타트업 환경'이 존재한다는 사실에 놀랄 것이다.

🏃 이 글을 쓴 김영록은

비정형건축물과 곡선의 아름다움에 반해 건축가로서 커리어를 시작했다. 이후 국가의 미래는 '청년'에 있다는 생각에 교육자로 변신, 융합인재사관학교(TECHRIDER)를 설립해 지난 7년 동안 400명이 넘는 20대 청년들의 상상력과 기업가정신에 불을 지펴주었다. 잠재적 스타트업계 인재를 육성하는 교육자의 역할을 인정받아 한양대학교 글로벌 기업가센터의 특임교수와 산학협력단 교수를 지냈으며 국내 '비즈니스 인큐베이터'라는 개념의 효시격인 르호봇 비즈니스 인큐베이터 내에서 중소벤처기업부 세대융합창업캠퍼스 서울권역 총괄책임자로 있으며 여의도 블록큐브센터와 신촌 코워킹 스페이스 르호봇 G캠퍼스를 직접 기획, 메이킹했다. 또한 건축가 + 스타트업 + 교육에 대한 오랜 경험을 바탕으로 3요소의 교집합을 발굴해 국토벤처 도시재생의 방향점을 연구하고 있다. 매년 500여 개의 스타트업과 교류하고 액셀러레이팅 하는 과정에서 얻은 영감을 바탕으로 스타트업과 공공기관, 대기업 간의 상생관계 및 기존 기업들의 신사업 전략에 대해 자문을 하고 있으며 대표 강연 활동으로는 한국 스타트업 생태계를 전파하기 위해 미국 하버드대학교의 초대를 받아, MIT 공대 특강 외 국내 세바시, MBC TV특강, 석세스TV, 신문, 잡지 칼럼을 통해 많은 사람들과 공유하고 있다. 2017년 중소벤처기업부 개인부문 유공자 장관상을 수상했고 지은 책으로는 《더 스타트업 카르텔》《융합인재 우리는 함께 간다》를 포함하여 총 4권이 있다. '도발적 상상과 미친 실행력으로 인생을 살아간다'라는 모토 아래 끊임없이 새로운 도전을 꿈꾼다.

플러그만 꽂으면
작동되는 스타트업 환경

예전에는 스타트업이 유니콘기업이 되기까지 평균 20년이 걸렸다. 오늘날 신생 스타트업이 유니콘기업이 되는데 걸리는 시간은 얼마나 될까? 최근 '기하급수의 경제학'이 새롭게 조명받고 있다. 앞의 상수를 두고 증가되는 속도가 기하급수적으로 커지는 경제를 말한다. 예를 들어 산술급수적 방식에서는 2+2+2+2+… 식으로 비례 성장을 하는 반면 기하급수적 방식은 $1+10+10^2+10^3+\cdots$ 등, 단위 하나가 폭발적인 증가세를 나타낸다.

최근 10년 사이 등장한 신생 스타트업이 기하급수 경제의 주인공이다. 우버는 창업 7년 만에 기업가치 625억 달러(70조 원)로, 포드가 100년에 걸쳐 도달한 기업가치를 넘어섰다. 에어비앤비는 창업 10년 만에 현재 191개 나라, 3만 4,000개 도시에서 성업 중이며 기업가치 300억 달러(33조 원)에 달한다. 위워크는 창업 7년 만에 현재 18개국 40개 도시에 지점을 내고 기업가치 180억 달러(20조 원)에 육박한다. 우리가 매일 들어가 보는 유튜브는 20개월 만에 구글에서 1억 6,000만 달러(2조 원)에 인수했다. 꿈같은 얘기처럼 들리지만 이것이 오늘날 벌어지고 있는 스타트업계의 실제 모습이다. 이렇듯 최근 10년 사이에 스타트업은 전 세계에 파괴적 혁신을 이끄는 새로운 집단으로 등장하였다.

우리나라는 어떤가? 아직까지 우버, 에어비앤비, 위워크, 유튜브 규모의 기업은 없지만, 몇몇 유니콘기업이 나타나고 있다. 정부의 강력한 후원과 기업의 참여로 스타트업 환경이 우호적으로 조성되고 있다. 이전 정부에서 스타트업을 지원하기 위한 토대를 마련하였고 현 정부에서는 그 토대를 발판으로 기둥과 지붕을 세우는 단계에 접어들었다.

2013년 디캠프(D.CAMP)가 문을 열면서 우리나라의 스타트업 환경은 달라졌다. 이후 다양한 영역에서 스타트업 생태계가 형성되고 성장하고 있다. 지금은 다양한 '코워킹 스페이스'부터 대규모 투자자금을 받을 수 있는 '벤처캐피탈'까지 스타트업 생태계의 골격이 완성되었다고 볼 수 있다. 우리가 가정에서 플러그만 꽂으면 바로 가전제품을 사용할 수 있는 것처럼, 새로 창업하는 이들이 이미 형성되어 있는 스타트업 생태계를 이해하고 잘 활용한다면 시행착오를 최소화하면서 성공에 다가갈 수 있을 것이다. 스타트업을 시작하기 전에 가장 먼저 알아야 할 것은 스타트업 생태계가 어떻게 형성되어 있는지 제대로 이해하는 일이다.

유니콘기업을 꿈꾸는 창업자에게 여러 단계에게서 전문가의 적절한 조언과 지원을 받는 일은 필수적이다. 대부분의 영역을 자체적으로 처리할 수 있는 대기업과는 달리 스타트업은 뭉치고 연결하는 것 말고는 다른 대안이 없다. 각자의 전문영역을 기반으로 결사체라고 불릴 정도로 서로를 의지해야 한다. 이렇듯 유기적으로 끈끈한 연결과 연대를 통해 '파괴적 혁신을 이끄는 조직'으로 거듭날 수 있다. 스타트업의 발전이 위기에 빠져 있는 대한민국 경제를 건질 수 있는 유일한 탈출구(EXIT)가 될 것이다.

그렇다면 플러그만 꽂으면 작동이 가능한 스타트업을 어떻게 접근할 것인가? 경력단절 여성이 스타트업을 시작하려면 무엇을 해야 할까? 정부의 일부 지원을 제외하면 현재 경력단절 여성의 창업을 지원하는 곳은 그리 많지가 않다. 그러나 구글캠퍼스에서 이들을 지원하고 있다

(예, '엄마를 위한 캠퍼스'라는 프로그램). 따라서 일단 자신에게 필요한 정보부터 찾아봐야 할 것이다.

중요한 점은 시작하려는 영역에 따라 찾아가야 할 곳이 다르다는 것이다. 사물인터넷, 빅데이터, 유통 등 전문분야에 따라 스타트업을 지원을 하는 관련 기관이 다르다. 코워킹 스페이스 또한 각각 분위기와 지원 형식이 다르다. 좀 더 상세한 사항을 알고 싶다면 《더 스타트업 카르텔》(2017)을 참고하기 바란다. 이 글은 《더 스타트업 카르텔》의 내용 일부를 발췌하고 수정, 추가하여 재정리한 것이다.

스타트업 생태계의 멤버 8

먼저 스타트업 생태계를 이루는 주요 여덟 멤버를 소개한다.

스타트업

신생 IT 기업을 예전에는 '벤처'라고 불렸지만 최근에는 '스타트업'이라는 말이 더 자주 쓰인다. 일반적으로 ICT 기술 활용으로 고속 성장이 가능한 비즈니스를 스타트업이라 부른다. 우리가 주로 접하는 것은 스타트업이 만든 '서비스(앱, 웹, 제품)'이고 기업명은 따로 있다. 예를 들면 배달음식을 시킬 때 쓰는 앱, '배달의 민족'은 '우아한 형제들'이라는 스타트업이 만들고 운영하는 서비스다.

코워킹 스페이스

말 그대로 '함께 일하는 공간'이다. 누구든 커피 한 잔만 시키면 자리를 잡고 일할 수 있는 개방형 공간이 있고, 멤버십 등록을 위해 일정 비용을 지불한 후 자리 혹은 사무실을 빌리는 고정형 공간이 있다.

- 개방형 코워킹 스페이스 : 위워크, 창업허브, 르호봇 블록큐브, 카우앤독, 구글캠퍼스 등
- 고정형 코워킹 스페이스 : 위워크, 패스트파이브, 스파크플러스 등

스타트업 인큐베이터

스타트업에게 엄마와 같은 존재다. 자체적인 생존이 어려운 갓난아기가 혼자서 숨을 쉴 수 있을 때까지 양육되는 곳이 '인큐베이터'다. 마찬가지로 스타트업 인큐베이터는 설립한 지 얼마 되지 않은 스타트업이 입주한다. 강연, 멘토링 기회, 또한 함께 입주한 타 스타트업과의 네트워킹 등 소중한 자원을 얻는 곳이다. 보통 6개월에서 1년 사이의 입주 기간 동

안 사업을 성장시킨 스타트업은 독립된 사무실을 구한다.

- 디캠프, 마루180, 구글캠퍼스 서울, 본투글로벌, 스마일게이트 오렌지팜, 르호봇, 창조경제혁신센터 등

스타트업 액셀러레이터

스타트업에게 선생님 같은 존재다. 스타트업이 본격적인 성장 궤도에 오르면 전문적인 '액셀러레이팅'을 해줄 선생님 같은 존재가 필요하다. 일반적으로 스타트업 액셀러레이터는 창업 경험이 있는 벤처 1세대로 구성된다. 실질적인 전문가 집단인 스타트업 액셀러레이터는 스타트업 초기 단계(시드 단계)에서 재무적인 투자와 함께 일정한 지분을 취득하고 약 3~6개월에 걸쳐 스타트업의 성장을 돕는다.

- 프라이머, 매쉬업엔젤스, 스파크랩, 퓨처플레이, 패스트트랙아시아, N15, 롯데 액셀러레이터, 네이버 D2 스타트업 팩토리, 한화드림플러스, 101스타트업코리아, 네오플라이 액셀러레이터, ActnerLAB, 빅뱅엔젤스, ㈜블루포인트 파트너스, 디쓰리쥬빌리, ETRI 홀딩스, FT 엑셀러레이터, KIGA 액셀러레이터, GVC창업지원센터, 카이스트청년창업투자지주㈜, 카이트창업재단, 코이스라 시드 파너스, 한국과학기술지주, K-스타트업스, 미래과학기술지주, 오렌지팜 등

최근 들어 코워킹 스페이스, 인큐베이터, 액셀러레이터는 경계를 넘나들며 토탈지원하는 데가 늘어가고 있는 추세라 앞에서 언급한 기업들

이 꼭 하나만 국한한다고 말하기는 어렵다.

스타트업 미디어

스타트업계의 언론이라고 할 수 있다. 스타트업 미디어는 스타트업계의 소식을 전달하는 매체다. 테크 미디어와 스타트업 미디어를 구분해보자면, 테크 미디어는 테크 관련된 소식 전반을 다루는 좀더 큰 범주의 매체이고, 스타트업 미디어는 그중에서 스타트업 인터뷰, 스타트업 투자유치 소식 등을 중점적으로 전달하는 매체다.

- 플래텀, 벤처스퀘어, 모비인사이드, 아웃스탠딩, 비즈업

벤처캐피탈

대박 날 가능성도 크지만 망할 가능성도 큰 '벤처'에 투자하는 기업이다. 기업 중에서도 '벤처'는 모험이란 말 그대로 리스크가 큰 기업이다. 기술력이 있어 성장 가능성이 매우 크지만 초기 자본이 많이 투입돼야 한다. 이 때문에 벤처는 벤처캐피탈에 일부 지분을 주고 성장에 필요한 투자금을 유치한다. 벤처캐피탈의 투자는 초기 투자(Seed stage) - 시리즈 A(Series A) - 시리즈 B(Series B) - 시리즈 C(Series C)의 단계로 이어진다. 스타트업계에서는 보통 초기 투자 단계와 시리즈 A, 더 나아가 시리즈 C까지의 투자를 진행하는 벤처캐피탈을 만나게 된다.

- DSC 인베스트먼트, 캡스톤파트너스, 본엔젤스, 소프트뱅크벤처스, 케이큐브벤처스, LB인베스트먼트, DFJ Athena, 쿨리지코너 인베스

트먼트, IMM, 베스트먼트, 노폴리스파트너스, 케이큐브벤처스, 한국투자파트너스, KTB네트워크, 코그니티브인베스트먼트

스타트업 지원기관

스타트업 지원기관은 스타트업 생태계를 조성하는 데 일등 공신 역할을 한다. 바로 스타트업 얼라이언스다. 앞서 나열된 멤버들 간의 활발한 교류를 촉진하고 함께 상부상조하고 경험을 공유할 수 있도록 장을 만들어준다.

- 스타트업 얼라이언스, 팁스타운

스타트업의 기업가정신

스타트업의 정신적 버팀목이 되어주는 뿌리다. 아직은 우리나라 스타트업의 생존 확률이 사실 그다지 높지 않다. 그렇지만 성공 사례가 점점 늘어가고 창업생태계의 여건이 예전보다 훨씬 나아지고 있다. 그러다보니 청년 기업가들이 대거 스타트업에 뛰어들고 있다. 이들의 생존율을 높이기 위해 앞에서 언급한 일곱 멤버 외에 반드시 필요한 것이 있다. 그것은 바로 기업가정신이다.

이제 지금까지 열거한 여덟 가지 중 네 가지에 대해 조금 더 자세히 살펴보자.

어디서 시작할 것인가
: 함께 일하는 공간, 코워킹 스페이스

　스타트업을 할 때 제일 먼저 고려하는 사항은 세 가지다. 첫째 아이템, 둘째 팀원, 셋째 공간이다. 인간 생존의 필수 요소가 의식주라면 스타트업에게는 이 세 가지가 필수 요소다. 그렇기 때문에 코워킹 스페이스는 자금이 없는 스타트업에게는 중요한 곳이다. 코워킹 스페이스는 사무공간을 장기간 제공해주는 '비즈니스센터'와는 다소 차이가 있다. 보통 비즈니스센터는 한 층을 임대하여 1~6인실 정도 칸막이를 나눠 다시 재임대하는 방식으로 가격이 비싸다. 반면에 코워킹 스페이스는 카페나 도서관과 분위기가 비슷하다. 열람실처럼 큰 책상이 있는 공간을 함께 사용하면서 자연스럽게 옆 사람들과 네트워킹할 수 있는 구조다. 조용히 할 필요 없이 자유롭게 떠들어도 되는 곳이다. 코워킹 스페이스는 스타트업을 준비하는 사람들에게 인적 네트워킹, 정보공유, 팀 발굴 등과 다양한 기회가 숨어 있는 공간이다.

　어찌 보면 요즘의 스타트업은 행복하다고 할 수 있다. 최근 스타트업의 붐으로 예전에는 상상 못할 기회와 상황이 생기고 있다. 수천만 원의 보증금 없이도 사무실 공간을 얻을 수 있고, 커피 한 잔 또는 소액으로도 내 자리를 얻어 시설 좋은 곳의 쾌적한 환경에서 사업을 시작할 수도 있다. 모두 코워킹 스페이스(co-working space)가 많아진 덕분이다. 멤버십 형태로 노트북만 들고 언제든지 네트워크와 커뮤니티를 통해 다양한 정보를 얻고 창업할 수 있는 최적의 공간이다. 공유경제와 커뮤니티라는 키워드가 세계적으로 확대되고 있는 요즘, 코워킹 스페이스는 스타트업들에게 없어서는 안 될 매력적인 공간으로 진화되고 있다.

코워킹 스페이스는 업체별로 수익추구형과 사회공익형, 동시추구형 등 콘셉트가 다양하다. 가격과 서비스나 시설환경은 천차만별이다. 각기 약간씩 다른 서비스를 제공하거나 때로는 무료로 제공하는 곳도 많다. 하지만 대부분 멤버십의 특성을 가지고 있기 때문에 사무실보다는 저렴한 비용으로 개방형 공간에서 일하면서 네트워킹을 하기에 적합한 공간이다. 잘 살펴보고 자신에게 맞는 곳을 선택하는 지혜가 필요하다.

주요 코워킹 스페이스 7곳을 간략하게 정리해본다.

위워크

전 세계 코워킹 스페이스의 골리앗으로 불리는 데카콘(기업가치 10조 원 이상)이다. 모바일 플랫폼을 통해 '공간이 남는 사람'과 '그 공간이 필요한 사람'을 연결한다. 기존 코워킹 스페이스보다 가격이 비싸지만 위워크(WEWORK)에 입주하는 이유는 '네트워크' 때문이다. 또한 위워크에 입주하면 위워크 멤버십 홈페이지와 앱을 이용할 수 있는데, 공간과 관련된 모든 이슈는 홈페이지와 앱으로 논의가 가능해서 아주 편리하다. 더 중요한 건 온라인 플랫폼(홈페이지와 앱 포함)이 단순한 문의 정도의 기능을 넘어서는 서비스를 제공하고 있다는 점이다.

패스트파이브

패스트파이브(FASTFIVE)는 공간, 커뮤니티, 서비스에 최고의 퀄리티를 제공하고 다양한 분야의 입주자들 간의 활발한 네트워킹과 협업이 가능한 코워킹 스페이스다. 2015년 4월 한국 최초의 컴퍼니 빌더라 불리는 패스트트랙아시아에서 만든 오피스 공유 플랫폼이다. 패스트컴퍼스라는 다양한 콘텐츠를 심어 하드웨어와 소프트파워를 동시에 갖추고 있다. 멤버십 기반으로 기존의 딱딱한 오피스가 아닌 누구나 일하고 싶은 '아름다운 사무공간'이라는 새로운 패러다임을 제시한다.

르호봇 블록큐브

르호봇 블록큐브(BLOCK CUBE)는 'There is no limit to dreams!(꿈에는 한계가 없다)' 라는 슬로건의 의미처럼 스타트업을 지원하는 코워킹 스페이스다. 특히 여의도에 위치하여 고급스러운 빈티지 인테리어를 갖춘 최신환경을 갖췄으며 중소벤처기업부 세대융합창업캠퍼스 서울권역을 총괄하는 베이스캠프로도 사용되고 있어 시니어와 주니어가 함께 어울릴 수 있는 공간으로 특화되어 있다.

카우앤독

카우앤독(COW&DOG)은 'CoWork and DoGood'의 약자로 의미 있는 사회변화를 위해 서로 다른 개성을 가진 사람들이 경험을 나누고 협업하는 코워킹 스페이스다. 2014년 문을 열었는데 다음커뮤니케이션 창업자 이재웅 대표가 조성한 공간으로, '소셜 벤처를 위한 코워킹 스페이스'를 표방한다. '누구든지 와서 일할 수 있는 공간'이라는 취지 아래 소셜 벤처 액셀러레이터라고 볼 수 있는 '소풍'과 함께 협업하는 또 하나의 사회적 공간이다.

디캠프

D.CAMP의 'D'는 'Dream', 'Dynamic', 'Do it yourself'를 의미한다. '스타트업의 요람으로 대한민국 창업생태계 기반을 조성하는 마중물 역할을 했다고 해도 과언이 아닐 정도로 많은 노력을 하고 있다. 코워킹 스페이스를 만들 때 가장 중요한 요소가 '네트워크'와 '커뮤니티'라고 거듭 얘기했지만, 디캠프(D.CAMP)는 더 나아가 공간 전체의 하드웨어기능과 소프트웨어의 유기적 결합 그리고 창업 지원을 도와주는 파트너십 기업들이 함께하고 있다. 스타트업 생태계를 이해하고 있는 직원들이 매니저 역할을 수행하다 보니 입주기업 및 디캠프를 방문하는 창업자들에게 정확하고 신속한 대응이 가능하다.

잭팟

잭팟(ZACPOT)은 공간에 대한 깊이 있는 고민 끝에 탄생했다. '펀Fun'하고 '놀이공간' 같은 스페이스를 통해 스타트업에게 '즐거움'과 미래의 '기대감'을 제공함으로써 다양한 분야에서 독립적인 활동을 하는 사람들이 서로의 아이디어를 공유하고 의견을 나누는 협업 공간이다.

르호봇 G캠퍼스

개방, 공유, 연결, 참여의 융합이 있는 곳으로 청년 창업활성화를 위해 2016년 5월 신촌로터리 근처에 조성된 공간이다. 대학가에 위치한 만큼 청년들과 대학과의 거점 산학협력플랫폼으로 기획하고 설계되었다. 코워킹 스페이스를 만들 때 가장 중요한 것은 커뮤니티, 네트워크와 더불어 '접근성'이라고 본다. 르호봇 G캠퍼스(REHOBOTH G CAMPUS)는 인근 대학을 중심으로 연세대, 서강대, 이화여대, 포항공대, 한양대, 서울과기대, 전남대, 한국항공대, 동국대, 국민대 등 많은 대학과 산학협력 및 정부지원 프로그램을 통해 적절히 수익을 창출하고 있다. 공간은 커피 한 잔 값으로 누구나 부담 없이 이용하게 해서 젊음의 거리 신촌에 있는 만큼 취업을 생각하는 대학생들에게도 이곳을 방문하면 자연스레 창업 마인드가 형성하는 데 도움을 준다.

초기에 도움을 받으려면
: 부모와 같은 존재, 인큐베이터

스타트업에게 인큐베이터란 제대로 된 회사의 모습이 되도록 제품이나 서비스가 제 모양을 갖출 때까지 보육해주는 기관이다. 사업 아이템이 구체화되어 누구에게나 아이템을 피칭할 수 있을 정도가 되면 스타트업 인큐베이터의 문을 두드려볼 수 있다. 스타트업 인큐베이터는 매년 1회나 2회 정도 공모를 통해 입주할 스타트업을 모집한다.

이 과정을 통과하여 스타트업 인큐베이터에 입성했다는 것은 아이템의 사업성이나 준비에 있어 '검증'을 받았다는 의미이기도 하다. 홍보 측면에서도 이롭다. 인큐베이터에 입주한 스타트업이 미디어의 우선순위 취재 대상이 되기 때문이다. 또한 투자자도 인큐베이팅을 통해 한 번 검증된 스타트업을 좀 더 적극적으로 검토한다. 스타트업 인큐베이터에서는 입주할 수 있는 오피스 공간을 제공한다. 이곳에는 여러 스타트업이 입주해 있으며 초기 기업에 투자하는 벤처캐피탈과 스타트업 미디

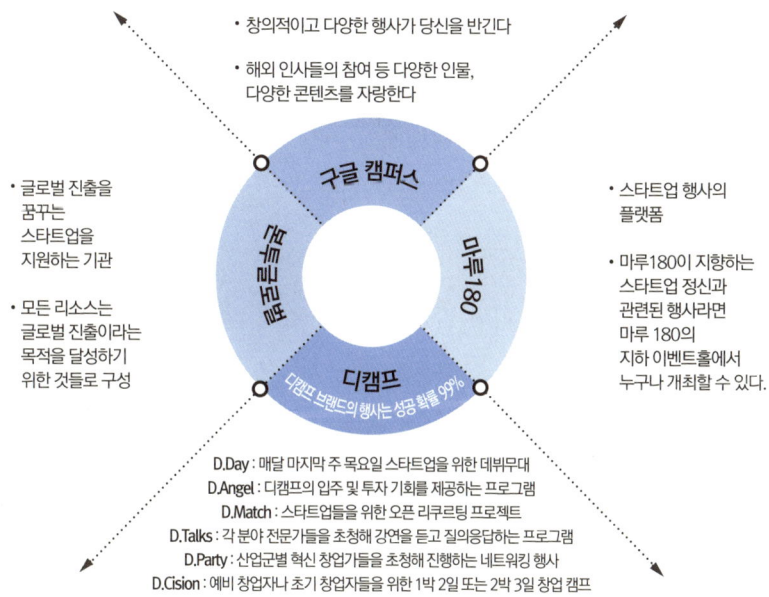

〈그림 5-1〉 주요 인큐베이터의 특징

어 등 주변기관이 이 공간에 함께 입주해 있는 경우가 많다. 창업자, 투자자, 기자와 창업지원기관 사람들이 만나는 허브인 것이다. 스타트업 인큐베이터는 작은 규모의 스타트업 생태계라 볼 수 있다.

여러 스타트업들이 모여서 하나의 큰 공동체가 형성되어 있어 시너지 효과가 있다. 초기 스타트업은 대다수 비슷한 고충을 겪는다. 그래서 같은 인큐베이터 안의 스타트업들 사이에는 자연스레 '상부상조'의 관계가 형성된다. 옆 사무실에서 긍정적 자극을 받기도 하고 서로 힘을 돋우고 위로를 건네기도 한다. 또한 서로 필요한 부분을 채워주기도 한다. 어떤 스타트업이 개발 과정에서 문제를 풀지 못하고 있으면, 옆의 스타트업 개발자가 와서 개발을 돕고 같이 문제를 해결하는 경우도 종종 볼 수 있다.

누군가가 한국 스타트업계의 분위기를 느껴보고 싶다고 한다면 딱 한마디만 할 것이다. "일주일만 디캠프나 마루180, 구글캠퍼스에 있어 보라. 그러면 한국 스타트업 생태계가 어떻게 돌아가는지 대략적인 그림을 그릴 수 있을 것이다."

그만큼 스타트업 인큐베이터가 업계의 허브 역할을 하고 있기 때문이다. 공간이 있는 사람이 사람을 모을 수 있지 않겠는가? 스타트업 행사의 절반 이상이 디캠프, 마루180, 구글캠퍼스, 본투글로벌 등의 스타트업 인큐베이터에서 열린다. 스타트업에서 일하지 않는 필자조차도 일주일에 한두 번은 디캠프와 마루180에 들른다. 창업과 관련된 또는 데이터, 코딩 등의 주변 기술에 대한 강연을 듣기 위해서다. 그런데 스타트업 인큐베이터에서 열리는 행사에 계속 다니다 보니, 인큐베이터마다 기획하는 행사의 성격이 약간씩 다르다는 점을 알 수 있었다. 흥미롭게도 모두가 스타트업 관련 행사인 건 맞지만, 디캠프에 갈 때와 마루180에 갈 때의 느낌이 살짝 달랐다. 인큐베이터의 특징을 안다면 자신에게 필요한 것을 찾는데 도움이 될 것이다.

시행착오 없이 제대로 성장하고 싶다면
: 선생님 같은 액셀러레이터

'코워킹 스페이스는 기업을 탄생시키고, 인큐베이터는 기업을 걸을 수 있게 만들어준다면, 액셀러레이터는 본격적으로 뛸 수 있도록 만들어준다'는 말이 있다. 인큐베이터는 신생아의 호흡을 유지시켜 '성장의 발판'을 마련해주는 공간으로 스타트업 초기의 동반자다. 액셀러레이터는 '가속도를 낸다'는 말 그대로 스타트업이 '성장 궤도에 진입'할 수 있게 도와주는 훈련장과 같다.

혹자는 액셀러레이터를 스타트업의 'PT 트레이너'라고 표현한다. 혼자서도 운동을 할 수 있지만, 트레이너와 함께하면 더 '잘' 할 수 있다. 스타트업도 마찬가지다. 본래 스타트업은 팀이 운영하지만 창업 선배나 전문가로 이루어진 조직, 액셀러레이터와 함께하면 경영상의 시행착오를 줄일 수 있다. PT를 받아본 사람은 공감하겠지만 PT 트레이너의 입에서 나오는 말의 반은 잔소리이고 반은 격려의 말이다. 운동하는 당사자는 PT 트레이너의 지속적인 자극을 통해 긴장의 끈을 놓지 않는다. 운동을 코치 받으면서 더 효과적인 운동법을 터득한다. 스타트업 액셀러레이터 또한 스타트업과의 멘토링을 통해 필요할 때마다 정기적으로 자극과 지식 리소스를 준다. 동시에 근본적으로 "이 제품을 왜 만들어야 하는가?"라는 물음에 스스로 깊이 사고하게끔 만들어준다.

같은 기간, 같은 공간에서 지원 받는 스타트업을 '배치(Batch)'라고 부르는데, 공개 모집이나 관계자의 추천을 통해 한 배치에 몇 개의 스타트업이 선정된다. 프로그램(배치, 기수)에 뽑힌 스타트업은 액셀러레이터 파트너와의 멘토링을 거쳐 사업 방향을 설정하는 데 도움을 받고, 초기 투자자금을 지원받는다. 또한 대중과 투자자를 대상으로 한 피칭 기술을 훈련받는다.

액셀러레이터는 덧셈을 해주는 것이 아니다. 곱셈을 해준다. 즉,

"액셀러레이터로부터 없던 것을 새로 얻을 수 있으리라 기대하면 안 된다. 이미 있는 것을 더 잘하게, 더 완벽하게 만들어주는 것이 바로 액셀러레이터다. 따라서 액셀러레이터는 초기 단계의 스타트업에게만 해당되지 않는다. 이미 10억의 매출을 내고 있는 기업에게도 '액셀러레이팅'은 효과가 있다."

- 영국 런던의 테크스타(TechStars)와 실리콘밸리의 와이콤비네이터를 거친 샌드버드(SendBird)의 김동신 대표

인큐베이터와 액셀러레이터를 구분 짓기란 사실상 어렵다. 실제로 많은 사람들이 헷갈려 한다. 이 둘을 구별하기 좋은 두 가지 기준은 멘토링 여부와 투자 여부다.

첫째, 전문적 멘토링 여부다. 인큐베이터는 법인 설립이나 세무적인 부분에 있어 도움은 줄 수 있지만 직접적으로 전문적인 비즈니스 멘토링을 제공하지 않는다 반면에 액셀러레이터는 파트너들 자체가 멘토링을 줄 수 있을 정도의 창업 경험이 있는 사람들로 구성되어 있다. '학교'나 다름없는 액셀러레이터에서 '학생'인 스타트업이 얼마만큼 얻어 가는지는 '선생님'인 멘토와 파트너의 실력과 경험의 폭에 달려 있다. 대다수 액셀러레이터는 투자한 창업팀과 매주 온라인, 오프라인 만남을 통해 비즈니스 모델에 대한 피드백을 준다. 정리하면 인큐베이터가 공간이나 설비, 업무 보조 등 하드웨어 중심의 지원에 무게중심을 둔다면, 액셀러레이터는 창업의 지식과 경험, 비즈니스 인사이트를 알려주는 등 소프트웨어 중심의 지원을 한다는 점에서 약간의 차이가 있다.

스타트업 창업자는 첫 창업인 경우가 대다수다. 멘토는 이미 창업

한 지 몇 십 년이 되었거나 성공적으로 매각한 사람들이다. 멘토는 팀에게 창업 직후 1~2년 안에 벌어질 일들에 대해서 미리 알려준다. 예를 들면, 공동창업자의 경우 주주 간 계약서를 무조건 쓰게 한다. 처음에는 공동창업자들끼리 '의리'를 논하며 이런 계약서를 쓰기를 꺼리지만, 공동창업자와의 갈등으로 스타트업이 분해되는 사례를 많이 봐온 선배들의 조언을 따라 창업 초기에 제대로 된 절차를 밟도록 지도한다.
- 프라이머 이정훈 팀장

둘째, 투자 여부다. 인큐베이터는 대부분 스타트업에게 입주 공간을 제공해준다. 디캠프와 마루180의 건물에 사무공간을 마련하듯 말이다. 하지만 일반적으로 금전적 투자는 하지 않는다. 반면 액셀러레이터의 경우에는 배치에 선정됨과 동시에 그 스타트업의 초기 단계의 초기 펀딩에도 참여해 소규모 지분을 취득한다. 액셀러레이터는 투자자인 동시에 지분을 가진 지주이기도 하기 때문에 조금 더 애착을 갖고 스타트업의 더 나은 성과를 위해 적극적으로 돕는다.

이렇듯 인큐베이터와 액셀러레이터는 스타트업을 지원한다는 점에서는 비슷한 역할을 하지만 어떤 부분에 방점을 찍고 있는지는 분명 다르다. 대표적인 인큐베이터인 디캠프의 김광현 전 센터장은 디캠프에 대해 이렇게 말했다. "디캠프는 월례 데모데이('디데이')를 통해 선발된 우수 스타트업에게 최장 1년간 일할 공간을 제공하고 최대 1억 원을 투자한다. 투자까지 한다는 점에서는 '액셀러레이터'로 볼 수도 있지만 직접 멘토링을 하지는 않으니 인큐베이터로 보는 게 맞다." 이처럼 인큐베이팅과 액셀러레이팅, 이 둘은 서로 상충하지 않는다. 인큐베이터에 입주해 있으면서 같은 기간 액셀러레이터 배치에 참여할 수 있다. 예를 들면, 본투글로벌의 판교 스타트업 캠퍼스에 입주해 있는 동안 스파크랩의 배치에 지원하여 3개월간 액셀러레이팅을 받는 식이다.

다만 최근에는 앞에서도 언급했듯이 인큐베이터와 엑설러레이터의 구분이 사라지고 있는 추세이고 국내에서는 엑설러레이터는 등록제가 시행되고 있어 엄밀히 말하면 등록하면 제노권에서 인증된 기관이라고 생각하면 된다.

잊지 말아야 할 근본
: 스타트업 기업가정신

스타트업의 탄생을 논함에 있어서 꼭 짚고 넘어가야 하는 것이 무엇일까? 오랜 시간 고민을 해보았다. 결론은 기업가정신이다. 스타트업 창업자의 머릿속에 들어 있는 생각이 가장 중요하다.

기업가정신을 함부로 정의하고 싶지 않다. 다양한 관점, 여러 각도의 정의가 있기 때문이다. 하지만 기업가정신에 대해 연구하는 가장 좋은 방법은 직접 기업가를 찾아가 대화하는 것이라고 확신한다. 그래서 실제 기업을 탄생시키고 운영하고 있는 기업가를 만나 그들의 기업가정신을 물어보았다.

직접 인터뷰한 여러 스타트업 창업자가 공통적으로 하는 말이 있었다. "처음부터 기업을 만들려고 했던 것은 아니었는데…"라며 첫째, 나를, 혹은 나의 주변사람을 괴롭히는 것이 있다. 꼭 해결되어야 하는 문제다. 둘째, 그 문제를 풀고 있는 사람이나 조직이 존재하지 않거나 잘못하고 있다. 셋째, 내가 직접 나서야겠다는 결심이 생겼다.

이들은 주로 세 가지 언급한 동기부여와 흐름으로 스타트업을 시작하게 되었다고 한다.

> 시지온은 악성 댓글을 없애겠다는 목표를 가지고 만든 기업입니다.
> - 시지온 김미균 대표.

김 대표는 자신이 관심 갖고 있던 문제해결하기 위해 기업을 만들었다고 한다. 이처럼 목표로서의 창업과 수단으로서의 창업을 구분해야 한다. "창사(기업을 만드는 것)가 아니라 창업(일을 만드는 것)이다"

타인의 문제가 아닌 나의 문제, 내가 중요하게 생각하는 문제의 해결에서 시작하는 것이 좋다. 내가 몸소 느낀 불편을 해소하고, 나의 니즈를 충족하기 위한 치열한 고민을 시작으로 성공한 창업자들이 많다. 자신이 느끼는 문제를 특정집단, 더 나아가 사회 전체가 느끼는 문제로 확장하면서 비즈니스를 만들어간 것이다.

스타트업을 혼자서 성공으로 이끄는 일은 매우 어렵다. 누군가와 함께해야 한다. 그러나 본인이 꿈꾸는 기업의 정체성, 즉 기업가정신을 깊이 공유하지 않고 함께 하다 보면 방향성이 다르고 창업 전과 후의 생각과 행동이 달라진다. 이 때문에 결국 배가 침몰한 가능성이 크다. 기업의 정체성, 방향성이 같은 이들과 함께 하는 것이 바람직하다. "스타트업을 시작할 때 함께할 공동창업자를 찾는 것은 비즈니스 성패의 50%를 결정짓는 것과 같다"는 말이 있다. 그래도 서두를 것인가?

스타트업에 있어서 인재발굴은 성장으로 가는 보증수표다. 스타트업 자체가 워낙 빈약하고 소수라서 1인 3역을 해야 하는 상황이 부지기수다. 그럴 때 조직의 능력을 극대화하는 가장 빠른 방법은 조직구성원이 최선을 다할 수 있도록 동기부여 하는 것이다. 구성원에게 임파워링 해주는 것, 이것이야말로 죽음의 계곡(Death-valley)을 극복하는 유일한 길이다. CEO의 임무는 또 다른 리더를 발굴하고, 끌어들이고, 훈련시키는 것이다. 이것만 할 수 있다면 비즈니스는 저절로 성장한다.

브라이언 트레이시가 쓴 《위대한 기업의 7가지 경영습관》에 따르면, 뚜렷한 비전과 계획을 갖고 있는 스타트업은 경쟁자보다 더 많은 것을 더 빨리 이루어낸다. 스타트업의 모든 구성원이 창업자가 제시하는 미래상을 실현하기 위해 뚜렷한 전략적 비전을 중심으로 뭉칠 때 기업은 목표를 향해 나아가고 목표는 기업을 향해 다가오는 강력한 정신적 시너지 효과를 만들어낼 수 있다. 이를 뒷받침하는 기업의 분명한 철학과 정체성이 바로 기업가정신이다.

> 사업화하려는 생각을 구체화하고, 특히 나 혼자가 아니라 여러 사람과 함께 움직이며 하나의 방향으로 나아갈 수 있는 힘을 구축해야 한다. 나 혼자 행동하는 것은 쉬운 일이지만, 전혀 다른 타인을 함께 같은 방향으로 행동하도록 독려하기 위해서는 위대한 사상이 준비되어야 한다. 그 힘을 보여줄 수 있고, 남이 나처럼 움직일 수 있는 원동력을 제공할 수 있는 힘이 기업가정신이라고 생각한다. 나와 함께하는 동료들에게 신뢰와 믿음을 줄 수 있는 구체

적인 행동이 중요하며, 하나씩 실행할수록 목표를 현실화시킬 수 있다. 마지막으로는 아이러니하게도 결과가 나와야 기업가정신이 완성되는 것 같다. 결과는 매출이 될 수도 있으며, 함께하는 수많은 동료들의 하루가 될 수도 있다. 중요한 것은 사고하고 실행하며 결과도 만들어야 한다는 점이다. 시장과 기회에 대한 정확한 사고와, 해결책을 바탕으로 하는 도전정신, 그리고 크든 작든 성공하여 지속 가능한 상태로 만들어내는 전체 과정의 리더십이 기업가정신이라고 생각한다.

- 레코벨(RECOBELL) 박성혁 대표

기업가정신의 핵심 요소에 대한 앞선 창업가의 인터뷰를 종합해보면 결국 《위대한 기업의 7가지 경영습관》에서 말한 목표, 열정, 성과와 동일하다. 브라이언 트레이시가 말한 CEO의 역할은 자신의 목표와 열정 사이에 균형을 잡는 것이고, 이 둘을 얻었을 때 비로소 팀은 움직인다. 팀원들 역시 기업의 목표와 열정을 동시에 발견할 때 최고의 성과를 올릴 수 있다. 팀원들이 업무에 흥미와 열정을 느끼도록 만들기 위해서는 박성혁 대표의 말처럼 먼저 창업자 스스로 많은 흥미와 열정을 갖고 행동으로 보여줘야 한다. 그로인해 팀원이 동기부여를 받게 되면 기존의 성과를 훌쩍 뛰어넘을 수 있다. 그리고 외적 자질은 '진정성'을 만드는 일이다. 쉽진 않지만 자신이 완벽한 존재가 아니라는 사실을 솔직히 인정할 때 진정성은 드러난다고 한다. 진정성을 제품과 서비스에 담을 수 있다면 그 어떤 마케팅보다 강력한 힘을 지니게 될 것이다.

운둔근(運鈍根)
운(運)을 잘 타고 나가려면 역시 운이 다가오기를 기다리는 일종의 둔한 맛(鈍)이 있어야 하고, 운이 트일 때까지 버텨내는 끈기와 근(根)성이 있어야 한다.

- 고 호암 이병철

'운둔근'은 삼성을 창업한 고 이병철 회장의 자서전에도 언급된 글귀로 '운은 우둔하면서도 끈기 있게 기다리는 사람에게 온다'라는 뜻이다. 삼성도 처음엔 창고에서 창업한 소위 자영업 스타트업이었다. 그럼에도 오늘날 300조 원(2016년 기준)의 매출을 올리는 글로벌 삼성이 될 수 있었던 핵심은 창업자의 기업가정신 때문이 아닐까?

기업가정신은 현란한 테크닉과 스킬이 아니라 인문학(문학, 사학, 철학)과 수많은 경험이 모자이크처럼 합쳐져 나오는 정신이다. 제아무리 학벌이 뛰어나고 스펙이 탁월하고 창업환경이 잘 갖춰져 있다고 해도 창업자의 정체성과 철학 없이 지속 가능한 기업을 만들어낼 수 없다. 창업자들을 인터뷰하면서 얻은 소중한 결론이다.

많은 CEO들의 좌우명 중에 가장 많이 언급되는 것 중 하나가 초심으로 세운 정체성을 지키기 위한 '우공이산'(愚公移山, 어리석은 영감이 산을 옮긴다는 뜻으로 어떤 일이든 꾸준하게 열심히 하면 반드시 이룰 수 있음을 이르는 말)이다. 남들이 어리석다고 해도 우직하게 꾸준히 하면 언젠가는 열매를 거둘 수 있다는 얘기를 많이 들었다. 혹시 '어리석은 새가 멀리 난다'라는 말을 들어본 적 있는가? 지나친 계산과 똑똑함이 일을 그르치는 경우를 비즈니스 현장에서 종종 본다.

끝으로 기업가정신은 창업자에게만 필요한 것이 아니라고 생각한다. 인생을 살아가면서 우리도 '기업가정신'과 '운둔근'으로 무장해야 한다. 불안정한 일자리와 열악한 사회복지 시스템으로 연애·결혼·출산을 포기하거나 미루는 삼포 세대의 청년들! 그들에게 스타트업은 인생의 또 하나의 출구가 될 수 있다고 믿는다.

기업가정신이란 무엇인가?
스타트업의 모든 구성원이 창업자가 제시하는 미래상을 실현하기 위해 뚜렷한 전략적 비전을 중심으로 뭉칠 때 기업은 목표를 향해 나아가고, 목표는 기업을 향해 다가오는 강력한 정신적 시너지 효과를 만들어낼 수 있다. 이를 뒷받침하는 기업의 분명한 철학과 정체성이 바로 기업가정신이다.

– 김영록

6 글로벌 기업가정신

김종갑 센터장 _ K-ICT 본투글로벌센터

기업을 한다고 '기업가정신'이 저절로 생겨나진 않는다. 글로벌 기업가도 마찬가지다. 해외에 진출한다고 저절로 '글로벌 기업가정신'이 생기는 것은 아니다. 또한 글로벌 기업이 아니어도 '글로벌 기업가정신'이 필요하다. 가진 자원을 제대로 활용할 글로벌적 지혜가 필요하다. 우리에겐 무한의 가능성 있으니까!

이 글을 쓴 김종갑은

변화와 도전을 좋아한다. 고등학교 때 법사철경(法史哲經)을 인생의 학업목표로 정했으나 대학 전공은 거꾸로 경제학을 선택했고 대학원에서는 환경과 재무를 전공으로 했다. 세운상가와 용산전자상가에서 취미로 시작한 컴퓨터 프로그래밍과 PC 조립 경험을 바탕으로 1997년 첫 스타트업을 시작했으며 그 뒤로는 실리콘밸리에서 우리 스타트업기업의 글로벌 진출 지원을 해왔다. 실리콘밸리에서의 경험을 토대로 우리기업의 무한한 가능성을 보여주고자 최근에는 국내에 들어와 글로벌화 전도사 역할을 자임하고 있다. 1년에도 지구를 몇 바퀴씩 돌며 세계 구석구석에 우리기업을 알리고 이식하는 일을 천직으로 여기며 즐기고 있다.

1,500여 개가 넘는 벤처기업과 해외에서 기획부터 개발 영업까지 실전을 함께 치루며 체득한 경험과 노하우를 하나라도 더 전달하고자 지금도 매일 기업을 만나 고민을 함께 하고 있으며, 맹목적 노력에서 전략적 노력, 기술강국에서 브랜드 강국으로의 우리기업 질적 성장을 통해 글로벌 유니콘기업 창출을 귀국 목표로 삼고 있다.

당신의 제품은
무엇입니까?

　스타트업의 사업계획서를 검토하거나 사업계획을 듣고 난 후 '그래서 당신의 제품은 무엇입니까?'라고 질문을 한다. 그러면 대부분 당황한다. 나를 이상한 눈으로 쳐다보는 경우가 많다. 지금까지 한 시간이나 사업에 대해 열심히 얘기했는데 왜 저런 엉뚱한 질문을 하지? 그런 느낌으로 다시 장황하게 설명한다. 듣고 난 후 '그래서 당신의 제품은 무엇입니까?'라고 다시 질문해도 제대로 설명하지 못한다.

　가전제품에 속할 수 있는 사업이라고 가정하자. 예를 들어 '하이마트의 가전 코너, 오디오 코너 중에 이 제품은 어디에 들어갑니까? 어디에 진열됩니까?'라고 물어본다. 돌아오는 답은 '해당되는 코너가 없는데요' 또는 '글쎄요, 잘 모르겠는데요'다. 그러면 당신 회사는 아직 제품이 없다고 말해준다. 제품은 시장, 백화점 어느 구역에 들어가는지가 딱 정해져야 한다. 테크놀로지를 장황하게 얘기할 뿐 제품이 없다.

　해외에서 투자를 하거나 물건을 팔아주려면 제품이 분명해야 한다. 사장 본인도 이 핵심을 모르고 열심히 개발하는 것이다. 아이패드는 제품이다. 와이파이는 어떻게 되고, 블루투스를 지원하고, 칩은 뭘 사용했는지 등은 기술이다. 아이패드라는 제품 하나에 오만 가지 기술을 집어넣어서 만든 것이다. 사업 가능성을 포착하는 우리들은 이 기술을 몰라도 된다. 그런데 계속 테크놀로지만 이야기하는 것이다.

　제품이 나와야 롯데마트에서 팔지 이마트에서 팔지 전략이 나온다. 기술만 가지고는 전략을 구상할 수 없다. 제품으로 명확히 포지셔닝해야 시장 사이즈가 나온다. 그 다음에 누구를 만나야 팔 수 있는지, 가전 유통업체 구매담당자를 만나야 할지 결정이 된다. 결정이 되고 나면 비즈니스 모델이 나온다. 니즈로 접근할지, 단품으로 팔지, 가격을 어떻게 할지, 그런 것에 대한 세부사항을 예측할 수 있다. 그래서 3년 후에 우리 회사는 매출이 얼마가 되고 비즈니스 모델이 확실하니까 투자를 해달라고 말할 수 있다. 하지만 대한민국 스타트업 기업의 대부분이 비즈니스 모델이 없다. 물건만 잘 만들면 저절로 팔릴 것이라고 생각한다.

이러한 접근도 국내에서는 그런 대로 통용된다. 시장이 작고 자기들끼리 빤히 알기 때문이다. 하지만 글로벌 시장에서는 다르다. 내가 보여줘야 한다. 만일 "내 물건을 B2B 방식으로 접근해서 팔 계획입니다."라고 한다면 비즈니스 모델이 명확해야 구매자가 관심을 가진다. 혁신기술 제품의 경우 국경선이 사라졌다. 전 세계 최고의 회사와 경쟁해야 한다.

"전 세계 최고 회사와 경쟁을요? 직원 둘이서 어떻게 애플하고 싸웁니까?" 물론 맞는 말이다. 그런데 애플도 밑에 벤더가 5차까지 있다. 내 제품이 어디로 들어가는지 알아야 한다. 3차 벤더에 납품해야 하는 제품이라는 것을 알아야 3차 벤더에 납품하는 사람들과 경쟁을 할 수 있다. 그들이 얼마에 납품을 하는지 알아야 경쟁에 들어갈 수 있다. 하지만 대부분 이 정보가 없다. 정보가 없는 이유는 비즈니스 모델이 없기 때문이다. 내 제품을 어디에 꽂아야 할지 모르기 때문이다. 실현 가능성 없는 사업계획서가 넘쳐나고, 그 사업계획서를 바탕으로 정부 지원이 이루어진다. 이러한 왜곡된 현실을 끊어야 한다. 스타트업이 사업계획서를 제대로 작성할 수 있도록, 본인이 이 사업을 해도 되는지 안 되는지 냉정하게 판단할 수 있는 디테일부터 알려주고 가르쳐줘야 한다.

비즈니스 모델은
무엇입니까?

- 비즈니스 모델이 무엇인가?
- 가치제안(Value Proposition)은 무엇인가?
- 고객은 누구인가? 레퍼런스 고객은 있는가?
- 제품 또는 서비스를 적용해본 적은 있는가?
- 가격은 얼마인가?

전형적이고 대표적인 실리콘밸리 투자가의 질문들이다. 투자를 받으려면 이런 질문에 명확하게 답할 수 있어야 한다. 그러나 이러한 질문에 답하기 쉽지 않은 것이 우리의 안타까운 실상이다.

나는 1999년부터 2015년까지 16년 동안 미국 캘리포니아 실리콘밸리에서 소위 벤처기업, 요즘 표현으로 스타트업 인큐베이션을 업으로 했다. 벤처의 과열과 닷컴버블을 지켜봤고, 인큐베이션에서 액셀러레이터로의 변화와 또 다시 찾아온 금융버블 이후 대두된 린 스타트업 방식 등 실리콘밸리의 흥망성쇠와 변화를 직접 경험하고 목도했다. 구글이 성장하는 모습을 보았고, 야후가 몰락해가는 과정을 직접 겪었다. 한국에서 유명한 플러그앤플레이(Plug and Play)의 시작부터 함께하며 성장을 지켜봤다. 하루가 다르게 변화하는 곳이 실리콘밸리라고 말할 수 있다. 전 세계의 내로라하는 창업가와 투자가가 하루가 멀다 하고 이곳으로 밀려들어왔다. 평균 엔지니어 연봉이 10만 달러가 넘는데도 사람 구하기가 힘들고 집값은 매년 기록을 갱신하고 있다.

후발 국가인 대한민국은 또 한 번의 한강의 기적을 이곳 실리콘밸리에서 이루기 위해 1999년 이후 끊임없이 수년간 수백 개의 기업을 직간접적으로 국내에서 선발하여 실리콘밸리로 보내고 있다. 이들을 받아 성공시키는 것이 나의 업무였는데 매일의 업무 속에서 늘 생기던 질문이 있었다. 왜 실리콘밸리에서 찾는 기업이 오지 않고 무작위의 기업이 올까? 왜 이렇게 묻는 질문에 답을 하지 않고 엉뚱한 답을 할까? 왜 수요자가 원하는 말을 하지 않고 일방적인 주장만을 할까?

국내에서 뽑고 뽑아서 왔다는 벤처기업이 전혀 현지 사정을 고려하지 않고 그저 좋은 물건 만들어왔으니 사달라, 투자해달라 조르는지 알 수가 없었다. 열심히 교육을 시켜보지만 도대체 변화할 기미가 보이지 않았다. 그저 내 눈에는 '벤처 유람단'처럼 보였다. 이 모든 것은 기업을 선발하는 사람의 문제라 판단했다. 그래서 내가 직접 선발하여 글로벌시장에 보내기로 마음먹고 2015년 9월 한국에 들어왔다. 그리고 우리나라의 창업기업을 선발하고 보육시키고 글로벌시장에 진출시키는 업무를 맡았다. 2년 넘는 시간을 보내면서 단순히 선발하는 사람의 문제가 아닌 우리의 전반적인 문제라는 생각이 들었다.

잘 되는 나라는
어떻게 하고 있을까?

일의 실마리를 푸는 방법 중 하나는 지금 잘 하는 사람이 어떻게 하고 있는지 살펴보는 것이다. 전 세계의 혁신을 선도하는 미국과 창업국가를 선도하는 이스라엘에 대해 알아보자.

　이스라엘은 창업국가를 표방하며 일찌감치 혁신기술기반 글로벌 창업을 추진해온 국가다. 우리보다 영토도 작고 인구도 적다. 하지만 이러한 열악한 환경을 미국과 유럽의 강국을 활용한 '호랑이 등 타기'(Riding Tiger) 전략으로 세계를 선도하는 창업국가로 발돋움했다. 전략적으로 소프트웨어 교육을 강화하여 창업의 인적 인프라와 기술경쟁력을 갖추고 있다. 군복무 시기조차 창업교육의 일환으로 연계하여 적은 인구이지만 최대한의 창업 밀도를 추구하고 있다. 전 세계 대기업 연구소를 대부분 유치하여 이스라엘 내 창업기업과의 연계를 주된 전략으로 하고 있다. 글로벌 대기업과 연계하여 해외 진출을 진행하고 있다.

　이스라엘 정부에서 지원하는 보조금 성격의 창업직접 지원은 미미한 편이다. 그 대신 정부는 고위험 혁신기술을 대상으로 지분투자 형태의 지원과 기술검증을 지원한다. 고위험 기술의 검증을 통해 민간 자본의 안정적 후속투자를 유도하고 있다. 민간 자본은 창업초기에 주로 투자된다. 투자받은 스타트업이 생존하는 경우, 대규모 후기 투자는 주로 해외 투자자에게 개방되어 있는 구조다. 즉 초기 위험이 높은 경우는 정부가 맡아 이스라엘 민간 자본이 개입을 한다. 어느 정도의 위험이 제거되어 안정화된 이후에는 글로벌 기업이나 자본이 그 해당 기업을 키우도록 유도하고 있는 것이다.

　미국은 모험자본 100년의 역사와 국방부, NASA, 대학의 기초연구 민간 기술이전을 통한 시장의 실패 보완이 절묘하게 어우러져 있다. 또한 민간 중심의 생태계가 가장 잘 형성되어 있는 대표 국가다. 특히 다민족 국가의 특성을 최대한 활용하여 출시되는 제품을 가장 빨리 세계화하는 저력이 있다. 풍부한 자금과 전 세계에서 몰려온 최우수 인적자원, 글로벌을 선도하는 마케팅 파워가 결합되어 명실상부 창업의 메카다. 생태계 구축이 역할별로 매우 정교하게 구축되어 있어 누구나 아이디어만 있으면 창업하는데 문제가 없다. 특히 창업으로 글로벌 대기업으로 성장한 기업을 중심으로 강력한 M&A 시장을 형성하여 유일하게 창업의 시작부터 매각까지의 선순환 시스템을 민간에서 자율적으로 구축했다.

우리의 글로벌 창업이 성공하려면?

글로벌 창업의 성공을 논하기에 앞서 글로벌 창업이 무엇인지 정리

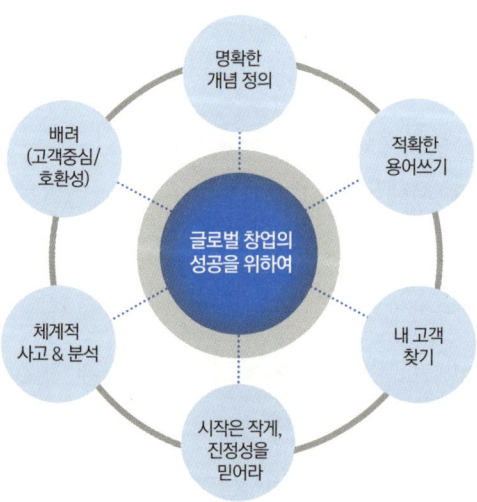

〈그림 6-1〉 글로벌 창업 성공을 위한 6가지 요소

해보자. 국내에서 성공한 사업을 글로벌 시장에 진출시키는 것이 아니라 처음부터 글로벌 시장을 대상으로 시작한 창업이 글로벌 창업이라는 접근방식이 필요하다. 전자는 1970~80년대 수출드라이브 프레임으로 하드웨어 중심의 국내 산업에 초점을 맞춘 표현이다. 후자는 4차 산업혁명의 새로운 패러다임에 적합한 개념이라 할 것이다. 새로운 형태의 글로벌 창업은 창업을 기획하고 실행하는 주체에게는 물론이고 생태계의 모든 관련자들에게도 생각의 전환 및 지원의 전환이 필요한 창업 체계다.

글로벌 창업에 성공하기 위해 크게 자본, 기술, 인력의 3대 대표요소를 들 수 있다. 그러나 중요한 것들 중 우리가 놓치고 있는 것들 위주로 실전적 성공요인 6가지를 정리해보았다.

명확한 개념정의

다소 동떨어진 이야기일지도 모른다. 그렇지만 우리가 글로벌 창업을 하기 위해 극복해야 할 문화 또는 습관이 있다. 미국생활에서 힘든 것 중에 하나가 글쓰기였다. 간결하면서 핵심 중심의 미국 글쓰기 문화와 내가 배워온 만연체 스타일의 글쓰기는 간극이 심했다. 아이 둘을 미국에서 키우면서 학교에서의 글쓰기 교육을 지켜보았다. 그들은 주어진 글자 수 안에 자신의 이야기를 담아내도록 교육했다. 즉 선생님이 원하는 글을 쓰는 것이 아니라, 자신의 생각을 풀어내는 것이 핵심이다. 이러한 글쓰기 문화는 제한된 글쓰기로 커뮤니케이션하는 '트위터'가 탄생한 배경이 되었다고 볼 수 있다. 이러한 문화 속에서 스토리텔링에 강한 아이로 성장하는 것을 볼 수 있었다.

한국에 사는 우리 대부분은 행간을 읽는 능력을 필요로 한다. 그래서 문서 보고 이후에도 대면보고를 통해 그 의미를 다시 확인하는 절차가 있는 것이 다반사다. 정확한 답을 내기보다 모두가 반론할 수 없는 두리뭉실한 답을 내놓는 경향이 있다. 그러다 보니 글이 길어지고 결론은 식상하게 된다.

내가 하고자 하는 것이 정확히 무엇인지 세분화하여 명확하게 표현하는 대신에 시류의 대의명분에 편승하는 경향이 많다. 구체적으로 어떠한 환경에 처한 사람을 대상으로 그 사람이 겪는 불편함을 해결하여 매출을 확보하겠다는 계획이 아닌, 세상이 원하는 모든 것을 해결해주는 만능 공익기업을 말하는 기업가를 자주 본다.

이들에게 자신의 사업을 한 문장으로 표현해보라고 한다. 여기서 한 문장이란 주어와 동사가 하나라고 알려준다. 대부분 자신의 사업을 한 문장으로 정의하지 못했다. 내가 무엇을 할 것인가에 대한 명확한 개념을 글로 표현하는 것은 글로벌 창업을 꿈꾸는 이들에게 필수적이다. 간결하고 명확한 글쓰기와 마찬가지로 사업에서도 본류가 아닌 것은 과감히 지워나가는 훈련이 필요하다.

적확한 용어쓰기

대한민국 정부에서 창업을 활성화하기 위해 전 세계 유래 없는 다양한 지원을 적극적이고 지속적으로 제공하고 있다. 지방정부까지 합하면 연간 몇 백 개의 다양한 프로그램이 진행되고 있다. 그러나 이러한 다양한 지원 프로그램 중에 정작 자신에게 맞는 프로그램을 찾기 쉽지 않다. 제목만 봐가지고는 다들 비슷해 보이기 때문이다.

글로벌 창업지원의 경우를 살펴보자. 많은 기관들이 글로벌 지원이라는 이름하에 사업을 진행하고 있다. 세부내용을 보면 글로벌 경험 지원, 글로벌 사업에 대한 교육, 글로벌 수출상담회 등으로 실질적 창업지원과는 직접적 연관관계가 없다. 그럼에도 이 프로그램이 글로벌 창업지원의 범주로 들어와 있는 것이다. 아직 제품이나 시장이 형성되지도 않았는데 무슨 수출 상담회란 말인가? 물론 이러한 프로그램이 필요 없다는 것은 아니다. 다만 프로그램의 성격과 목적이 명확해야 정부지원금이 제대로 쓰일 수 있는 것이다.

전체 규모로 보면 글로벌 창업지원에 많은 예산이 배정되는 것처럼 보이지만, 자세히 들여다보면 그리 비중이 많지 않다. 용어를 구별하여 사용하지 않으니 정부 기획자나 집행기구뿐만 아니라 지원을 받고자 하는 스타트업 또한 혼란스러워 하고 있다. 이렇게 용어가 정확하지 않으니 정책을 제대로 된 방향으로 세우기 어렵다.

정부뿐 아니라 기업도 마찬가지다. 산업계에서 말하는 시장과 내 사업에서의 시장에 대한 용어 혼재로 인해 명확한 목표를 설정하지 못하는 경우가 많다. 기업이 보유하고 있는 기술을 제품으로 착각하고 있는 것 등이 대표적인 예다. 기술은 제품을 구현하기 위한 수단이다.

전자제품을 만드는 기업에게는 자사의 제품을 하이마트와 같이 여러 브랜드와 다양한 제품을 판매하는 매장에 판매할 경우에 어느 열의 선반에 올릴 것인가 고민해보라고 조언한다. 그것이 제품이다. 제품 박스의 코너나 사용설명서에 써 있는 것은 기술이다. 제품과 기술의 개념을 명확하게 구분해야 한다. 정확한 제품이 있어야 목표 시장을 설정할 수 있다. 그래야 고객도 찾을 수 있다.

창업기업에게 중요한 또 하나의 요소는 창업팀 구성원이다. 해외에서는 팀 스토리를 들려달라는 요구를 자주 받는다. 그 반면에 우리 기업들은 팀 구성원의 이력을 보는 경향이 있다. 듣고자 하는 답은 이력이 아니라 서로 어떻게 만났고(어느 정도 서로를 알고 있고), 각자 어떤 분야의 전문성을 가지고 있는 것에 관한 것이다. 또한 팀에 어떤 리스크가 있는지 확인해보려는 것이다.

이렇게 같은 용어를 가지고 서로 다르게 해석할 가능성이 높은 환경에 놓여 있다. 이러한 환경에 놓여 있기에 전반적으로 글로벌 경쟁력이 낮아지는 것이다. 용어 하나, 하나를 시간과 정성을 들여 명확히 구별하고 그에 따른 전략과 기획을 하는 문화를 조성하자. 그렇게 된다면 정부 사업은 물론 창업기업에 이르기까지 글로벌 환경에 근접할 수 있게 될 것이다.

내 고객 찾기

우수한 기술을 보유하고 이를 제품화에 성공하여 목표시장에 진입하는 과정에서, 개발한 제품이 과연 시장이 원하는 제품인지를 검증하는 단계가 반드시 필요하다. 이 검증 단계가 가장 어렵다. 이 단계가 창업기업을 성공의 가도에 올려놓느냐 아니냐를 결정하는 것이다. 적절한 고객을 찾아내어 그 고객들의 검증을 통과하는 것이 관건이다.

그러나 우리 기업들은 '국내에서 성공했으니 글로벌 시장에서도 고객이 내 제품을 구매할 것'이라는 자신감으로 밀어붙인다. 아니면 '훌륭한 기술로 만든 제품이니 고객들이 무조건 구매할 것'이라는 믿음으로 글로벌 시장에 접근하곤 한다. 각기 다른 문화와 역사의 배경을 가진 글로벌 고객에게는 통용되지 않는 접근 방법이다.

내가 현재 보유하고 있는 또는 개발한 제품은 일종의 가설 제품이라는 가정 하에, 직접 글로벌 고객을 만나 그들의 수요에 부합하는지 확인해야 한다. 내 제품을 홍보하는 것이 아니라 고객의 의견을 들으라는 것이다. 부단히 반복적으로 고객의 의견을 들어 제품을 업그레이드해야 한다. 물론 이때의 고객은 그저 막연한 일반 고객이 아니라 사전에 충분한 연구를 바탕으로 선정된 고객이다.

국내의 많은 스타트업은 기술 중심의 인력이 대다수다. 때로는 기술 외에는 모르는 것을 마치 자랑처럼 여기는 분들도 있다. '창업자가 판단한 것이 옳다'라는 강한 신념하에 고객을 고려하지 않는 행동은 글로벌 사업을 수행하는데 방해가 된다. 시장과 고객을 무시하고 기술의 우수성만을 주장할 것이라면 창업을 하지 말고 연구소에서 계속 기술개발에 매진하는 것이 맞다. 시장이나 고객을 잘 모르겠거든 잘 아는 분을 창업 멤버로 유치하여 사업하는 게 바람직하다. 내 제품에 맞는 글로벌 고객을 찾고 수요를 확인하는 작업은 힘들지만 반드시 필요한 과정이다.

시작은 작게 그러나 그 진정성을 믿어라

글로벌 시장에서 첫 매출, 첫 고객확보는 의미하는 바가 매우 크다. 비록 그 숫자가 크지 않다 하더라도 제품의 수요자가 있다는 반증이기 때문이다. 그러나 많은 우리 기업의 경우 이를 간과하고 한방에 큰 매출로 가려는 경향이 있다.

인터넷의 보급과 지식의 홍수로 인해 더 이상 소비자는 기업이 보여주는 마케팅을 보고 소비하지 않는다. 체험 마케팅, 감성 마케팅, 바이럴 마케팅 등을 들어봤을 것이다. 특히 바이럴 마케팅은 가장 강력한 수단으로 부각되고 있다. 반복적인 구매로 이어지는 충성고객의 바이럴 마케팅은 창업기업에게 최고의 마케팅 방안이다. 비록 숫자는 적더라도 내 고객에게 집중하고 적극적으로 피드백을 받아 지속적으로 제품이나 서비스를 맞춰주는 노력이야말로 글로벌 창업의 성공 지름길이다.

많은 이들이 애플의 고객을 충성고객이라고 한다. 애플이 이들 충성고객에게 하는 것을 보면 가히 모험적이다. 그 어떤 유혹이 오더라도(제조단가가 올라가거나, 구현이 어렵다 하더라도) 충성고객이 원하는 바를 꾸준히 제공해왔기에 그들을 유지할 수 있는 것이다. 새로운 고객군을 발견하고 이들을 우리 고객으로 만들어야 한다. 그것에 그치지 않고 충성고객을 확보해야 글로벌 성공기업에 한 발 더 다가갈 수 있을 것이다.

체계적으로 사고하고 분석하는 훈련이 필요

우리가 개발도상국가 시절에는 산업을 선도하기보다는 따라잡는 것에 주력하였다. 그렇기 때문에 '하면 된다'라는 슬로건이 적절했다. 다른 국가도 했는데 '우리도 할 수 있다'는 마인드로 많은 성과를 이루어냈다. 이미 누군가가 만들어놓은 시장에서 그들보다 더 싸고 좋은 품질을 만들기만 하는 시장에서는 통하는 말이었다.

그러나 4차 산업혁명의 선도 주자로서의 지금은 '하면 된다'만 가지고는 어렵다. 자칫 비효율적인 생산성만을 양산할 위험성이 있다. 우리가 남들이 1개 개발할 때 잠도 자지 않으면서 10개, 20개를 개발하고는 있지만 글로벌 시장에서 경쟁우위를 차지하는 제품이나 서비스는 많지 않다. 열심히 하는 방식에서 경쟁력 있는 상품이나 서비스를 출시하는 방향으로 일하는 방식이 바뀌어야 한다.

글로벌 고객이 필요로 하는 제품, 사용할 수밖에 없는 제품을 생산해야 한다는 말이다. 그러기 위해서는 고객을 구분하고, 수요를 찾아내고, 적절한 기술을 배합하여 제품화하는 노력이 기술개발보다 더 시급하다는 말이다. 이러한 인식의 변화 없이는 글로벌 창업의 꿈은 요원하다.

배려(고객중심, 호환성)

스티브 잡스가 신제품을 소개할 때 복잡한 기술을 이야기 하는가? 누구나 공감할 수 있는 느낌으로 애플의 제품과 서비스를 소개했다. 소비자가 직관적으로 선택할 수 있도록 제품을 만들고 소개하였다. 물론 제품 안에는 첨단 기술이 끊임없이 적용되고, 높은 퀄리티의 제품을 제공해 고객을 열광시켰다. 그렇지만 혁신기술의 연구개발 제품이라 하더라도 사용자의 눈높이에 맞는 제품과 소개 방식이 필요하다.

최근 급부상하는 인공지능 기술을 예를 들어보자. 인공지능기술은 말 그대로 4차 산업혁명의 주요 동력 가운데 하나다. 향후 우리 생활의 구석구석 적용되지 않는 곳이 없을 기술이다. 그만큼 적용 분야가 많다는 이야기다. 우주, 항공, 국방부터 농업, 의료, 교육, 쇼핑에 이르기까지 무궁무진한 제품이 기대되는 분야다. 우리가 원천기술을 개발하지 않는 한 이중 어느 한 분야에 적용되는 응용 제품을 개발할 수밖에 없다. 그러나 많은 경우 인공지능 관련 창업자의 사업소개를 들으면, 딥러닝 또는 머신러닝과 같은 인공지능 관련 기술 이야기가 대부분이다. 정작 적용될 농업이나 의료 또는 쇼핑 분야에서 어떤 편리성과 효용을 주는지는 설명이 부족하다. 만일 농업용 제품이라면 과연 이러한 설명을 농부가 이해할 수 있을까? 그리고 농부가 이러한 기술의 상세 원리를 알 필요가 있을까 하는 의문이 든다. 고객을 배려하지 않는 접근 방법이다. 글로벌 시장에서는 더 더욱 먹히지 않을 접근 방식이다.

비슷한 예로 고객이 현재 사용하고 있는 기술체계와의 호환성을 고려하지 않은 제품 개발이 있다. 개발자 본인의 주관적인 관점으로 성능이 더 좋은 제품을 만들었다. 그런데 이 제품이 고객의 기존 시스템과 호환되지 않거나, 호환되더라도 설치나 유지보수가 복잡하다면 제 아무리 성능이 뛰어나더라도 외면 받을 것이다.

그럼에도 어떤 창업자들은 기존에 사용하던 시스템을 버리고 본인이 개발한 제품으로 교체하라고 주장한다. 고객의 입장에서는 성능도 중요하지만 시스템 전체를 교체하는 것은 리스크가 큰 의사결정이므로 쉽게 받아들이지 못한다. 실리콘밸리의 창업제품은 늘 기존 제품과의 호환성을 장점으로 제시하면서 시장을 넓혀간다. 기술과 성능을 탁월성을 앞세우기 전에 고객이 최대한 쉽고 간편하게 사용할 수 있게 배려해야 한다.

글로벌 시장에서 경쟁이 치열한 만큼 최대한 섬세하게 고객 중심으로 접근해야 한다. 제품 디자인에서부터 기능, 매뉴얼에 이르기까지 소비자가 필요로 하는 최소한의 것만 적용하는 것이 바람직하다. 인스타그램이 고객의 편리를 위해 클릭 한 번을 줄이기 위해, 제품 출시를 미루고 반년 이상을 제품개발에 매진했던 이야기는 유명하다. 악마는 디테일에 있다는 말이 잘 어울리는 사례다. 우리 기업들이 글로벌 시장에서 성공하기 위해서는 이러한 세심함에 익숙해져 있는 글로벌 고객의 눈높이를 맞추어야 한다. 고객을 배려한 디테일에 충실한 기획과 제품 개발이 절실히 요구된다.

우리가 가진 자원을
제대로 활용할 수 있다면?

　글로벌 혁신 가능성에 대한 정부지원 심사는 10여 분 발표하고 5분 질의응답하는 방식이다. 막상 참석해보니 질의응답은 거의 하지 않는다. 보통 발표로만 끝난다. 심사위원 대부분은 교수나 전문가다. 사업 경험이 없는 분들이 어떻게 판단하느냐고 질문했다. 심사가 하루 종일 걸리기 때문에 현장에 있는 분들은 바빠서 참석 못하는 경우가 많다고 한다. 다른 직종에 비해 교수는 시간적 여력이 있기 때문에 참석한다고 한다.

　정부 사업을 수행하는 사람이 심사하면 오히려 더 나을 것 같은데 본인들이 하면 이해관계의 충돌 때문에 선발과 관련 없는 제3자를 부른다는 것이다. 그렇게 선발하고 지원하는 것이다. 하지만 지원 후 1년이 지나면 아무도 성과에 대해서는 관심을 갖지 않는다. 작년에도 내년에도 이런 문제점을 안고 있는 선발 과정이 반복된다. 세금이 들어가고 선발하는데 많은 리소스가 들어간다. 선진국 프로그램을 도입했지만 실제 운영에 사용되는 상세 매뉴얼은 제대로 작동되지 못하고 있다.

　스타트업을 선발할 때 제일 고민되는 것은 기술 평가다. 시장 가능성만 있을 뿐 특허도 없고 엔지니어도 아닌 팀의 개발 능력을 어떻게 판단할 수 있을까? 관상을 보면 알 수 있을까? 어떻게 하면 좋을까? 우리가 가지고 있는 자원을 효율적으로 활용할 수만 있다면 조금은 해결할 수 있지 않을까 한다.

　예를 들어, 정부가 보유하고 있는 수십 개의 출연연구소에는 다양한 과학기술 분야의 수만 명의 박사가 한해 수십조의 예산을 사용하여 연구를 한다. 이런 사람을 기술평가 심사위원으로 선정한다면 평가 과정의 리스크를 현저히 줄일 수 있을 것이다. 기술전문가가 각 분야별로 있는 것이다. 엄청난 잠재 리소스인 셈이다. 많은 시간을 낼 필요도 없다. 이 분들이 1년에 딱 30시간 정도만 할애하면 된다.

세계 무대에 진출하려는 스타트업의 기술평가를 이 분들이 담당한다. 그러면 우리는 사업성평가에 더 집중할 것이다. 결과에 대해 100% 확신할 수 없지만, 그 과정에서 새로운 변화가 일어나지 않을까? 이렇게 뽑은 기업이라면 지금 매출이 있건 없건, 팀이 한 명이던 열 명이던 좀 더 자신감을 가지고 지원할 수 있을 것 같다.

현실 가능성 없는 아이디어에 불과할까? 그렇지 않다. 이스라엘이 앞의 과정과 비슷한 형태로 기술평가를 하고 있다. 연구소에 근무하고 있는 전문가도 현장의 치열함에 자극을 받을 것이며, 자신의 전문지식이 단순히 보고서에만 그치지 않고 사회에 직접 기여할 수 있는 보람 또한 얻을 수 있을 것이다.

우리가 가진 질적 자원은 생각보다 풍부하고 우수하다. 이러한 소중한 자원을 적재적소에 활용할 수 있다면 우리의 글로벌 경쟁력이 한 단계 업그레이드 될 것이다.

그럼에도
가능성은 있다!

매년 블룸버그에서 전 세계 혁신지수를 발표하는데 대한민국이

2016년, 2017년 연속해서 1위에 선정되었다. 생산성을 제외한 모든 평가항목에서 최고점을 받아 2위와 압도적인 점수차로 1위의 자리를 지키고 있다. 해석해보면 우리나라는 열심히 하는 것과 기술개발 능력면에서 세계 최고임을 인정받은 것이다. 그러나 사업화 또는 브랜드 영역에서 삼성을 제외하고는 등수 안에 드는 기업이 없다. 이젠 균형적 시각과 감각이 필요하다.

세계적인 시장조사 기관인 CB Insight에서 발표한 '스타트업이 실패하는 20가지 이유'를 보면 1위가(42%) '시장이 원하지 않는 제품 출시'이며 다른 이유도 시장의 무지 또는 불일치에서 오는 위험관리의 실패에 기인한다. 흔히들 투자자가 매출 또는 이익이 높은 사업을 선호할 것이라는 편견을 가지고 있다. 그러나 나의 실리콘밸리 경험으로 보면 리스크가 적은 사업에 투자하는 경우가 압도적으로 많았다. 창업자는 기술개발, 재무, 조직, 회계, 법률, 영업, 마케팅 등 사업전반의 리스크를 관리할 수 있어야 한다. 투자유치의 핵심이며 글로벌 시장에서는 이러한 창업기업을 지금도 찾고 있다. 이러한 위험관리를 위해서는 글로벌 고객이 원하는 것이 무엇인지 정확히 파악하고 이를 충족시키는데 모든 리소스를 집중하는 전략이 필요하다.

정부도 막연한 지원중심에서 탈피하여 단계적으로 구체화된 명확한 목표를 설정해야 한다. 그리고 미래 창업가가 역량을 갖출 수 있도록 체계적인 지원 시스템을 구축하는 방향으로 나아가야 한다. 혁신기술 개발과 투자자의 요구가 충돌하는 시장의 실패를 극복하는 데 집중하여야 한다. 혁신기술 검증을 통한 리스크 분산을 통해 활발한 투자유치를 도모하고, 검증되지 않은 기업은 도태될 수 있는 환경을 조성하여야 한다.

이러한 변화를 통해 성공한 기업이 자본이득을 생태계에 환원할 수 있게 선순환 구조를 구축하여야 한다. 이렇게 함으로써 글로벌 창업경쟁력 있는 국가로 변모해야 할 것이다.

궁극의 글로벌 창업전략은 우리 대한민국이 글로벌 시장의 중심에 서는 것이다. 전 세계 창업인이 우리나라에 와서 창업을 하고 글로벌 투자자금이 우리나라에 몰리는 것이 진정한 글로벌 창업전략이다. 우리가 비록 출발은 늦었지만 원정경기가 아닌 홈경기로서 글로벌 전략을 세운다면 충분히 가능한 일이라 생각한다. 우리는 이미 그 자질을 보유하고 있고 검증받았다고 생각한다.

여러 가지 면에서, 4차 산업혁명을 대면하고 있는 이 순간은 기업인으로서나 개인에게 매우 중요한 시기라 생각된다. 이 시점, 너무 잰걸음으로 신중하기만 해서도 안 되고 너무 섣불리 뛰어들고 보자는 식이 되어서도 안 될 것이다. 분명한 점은 국내 기업이 외부로 눈을 돌릴 수 있다면 그 순간 도전은 '기회'로 바뀔 수 있다는 사실이다. 글로벌 고객이 원하는 것이 무엇인지 정확히 파악하려는 안목이 필요하다. 그리고 여러 조사를 통해 발견된 필요충분조건을 채워나가려는 끊임없는 투지도 필요할 것이다. 보다 넓고 높은 안목으로 준비하다 보면, 미래는 우리에게 비관적인 답을 주지는 않을 것이다. '미리 준비'하는 글로벌적 기업가 정신이 우리에게 필요한 시점이다.

기업가정신이란 무엇인가?

불확실한 미래의 성공을 추구하며 치밀한 준비와 통찰력으로 도전 경로에 마주하게 될 위험요소를 찾아내고 제거하면서 그 모험의 끝이 결국은 인류에 이로움을 주는 탐험가의 도전정신이라 비유해볼 수 있겠다. 탐험가는 사전의 충분한 준비 없이 도전하지 않는다는 면에서 무모한 도전자와 구별되며, 목표에 대한 분명한 자기확신이 있기에 막연한 여행자와 구별되고, 탐험의 결과가 성공이든 실패든 과정 자체가 타인에게 유익하므로 기업가정신과 부합하다 하겠다.

탐험가와 같이 세심한 배려와 통찰력으로 시장을 살피고, 새로운 길을 개척하듯이 새로운 제품과 서비스를 개발하며, 궁극적으로 사람들에게 새로운 세계를 보여줄 수 있는 추진력과 도전정신이 기업가정신이라고 생각한다.

― 김종갑

7

'사람중심' 기업가정신

배종태 교수 _ 한국과학기술원

요즘 '사람이 먼저다' '사람이 답이다'라는 말이 많이 들린다. 4차 산업혁명 시대를 헤쳐 나가려는 기업가에게도 꼭 필요한 말이다. 모든 것의 중심에는 '사람'이라는 가치가 우선 되어야 한다. 말뿐이 아닌 '실용적'이고 '실질적' 의미에서의 '사람중심'이 필요하다.

이 글을 쓴 배종태는

KAIST 경영대학의 교수이자 혁신및기업가정신연구센터장을 맡고 있다. 한국의 기술발전과정을 《글로벌 기술혁신모형》으로 설명하여 박사학위를 받았고 이 논문을 《R&D Management》에 게재하여 최우수논문상을 받았다. KIST 재직 중 태국 AIT 교수로 파견되어 기술경영대학원 설립을 주도하였고, 우리나라 최초의 정부주도 대형연구개발사업인 'G7 프로젝트'의 총괄기획업무를 맡기도 했다. 1994년 KAIST에 국내 최초의 대학기반 인큐베이터를 만들었고, 그 이후 테크노MBA, 사회적기업가 MBA 프로그램을 만드는데 기여하는 등 기술혁신과 기업가정신 분야의 교육과 연구에 전념해왔다. 《Research Policy》와 《Journal of Business Venturing》 등 세계 유수의 경영학술잡지에 다양한 논문을 기고하고 있으며, 2017년에는 세계중소기업학회에서 '사람중심 기업가정신'에 대한 연구로 최고논문상을 받기도 했다. 배종태 교수는 대학기업가(Academic Entrepreneur)로서의 여정을 이어가고 있으며, 대학에서 새로운 혁신전략 연구와 기업가형 경영자 육성을 위해 노력하고 있다. 저서로는 《굿 비즈니스 플러스》 《경영학 뉴패러다임 : 생산전략과 기술경영》 등이 있다.

누가
기업가인가?

저성장시대에 진입한 한국경제는 해결해야 많은 도전에 당면해 있고, 경제발전·기업성장·고용창출의 견인차로 어느 때보다 기업가정신(起業家情神)에 대한 관심이 높아지고 있다. 기업은 새로운 기회 포착, 도전과 실험, 변화와 혁신을 통해 시장과 사회가 당면한 문제를 해결하고 지속적으로 가치를 창출함으로써 성장하고 존속할 수 있다. 그 과정에서 기업가와 구성원의 역할과 역량이 매우 중요하다.

기업가정신에서 말하는 기업가는 어떤 사람을 말하는 것인가? 많은 사람들이 '기업가'를 이윤창출을 목표로 사업을 영위하는 사람인 기업가(企業家, businessman)로 생각해서, '도전과 열정을 가진 사업가' 정도로 이해한다. 그러나 기업가정신에서 말하는 기업가는 기업가(起業家, entrepreneur)다. 이들은 기회를 실현하기 위해 새로운 사업을 추진하는 사람이다. 기회를 포착하고, 차별화와 혁신을 통해 새로운 것을 만들고(새로운 제품, 서비스, 공정, 소재, 시스템 등), 사업을 추진하여(창업, 신규사업 등) 가치를 창출하는 사람들이다. 막연히 도전과 열정을 가진 사람들이 기업가가 아니다. 기업가는 변화 속에서 '기회'를 먼저 보고 이를 실현하는 사람이다. 아울러 기업가정신은 기회를 중시하는 '사고방식'이기도 하지만 행동과 실천을 중시하는 '행동양식'이기도 하다. 〈표 7-1〉은 기업가정신과 관련된 핵심 키워드들을 보여준다.

<표 7-1> 기업가정신과 관련된 핵심키워드와 핵심활동

	핵심 키워드	핵심활동

기업가	• 기업가(企業家, businessman) :
	  - 이익 창출을 목표로 사업을 영위하는 사람
	• 기업가(起業家, entrepreneur) :
	  - 기회를 실현하기 위해 새로운 사업을 추진하는 사람
	• 창업가(創業家, founder) :
	  - 새로운 기업을 만드는 사람
		• 사업기회 포착
		• 혁신
		• 외부자원 활용
		• 틈새시장 겨냥
		• 스피드 경영
		• 실행
		• 가치 창출

정신	• 정신(spirit) : 사고방식 • 행동(action) : 행동양식 • 정신 + 행동 : 사고방식 및 행동양식	

기업가정신의 정의와 본질

　기업가정신은 '새로운 것을 만들어 가치를 창출하는 활동이며, 현재 통제할 수 있는 자원에 구애받지 않고 기회를 포착하고 추구하는, 사고방식 및 행동양식'*(pursuit of opportunities without regard to resources currently controlled)**으로 정의되고 있다. 기업가정신을 설명하는 가장 중요한 키워드는 역시 '기회'다.

　'관리자형 경영방식'(administrative management)에서는 먼저 조직의 보유자원과 강점 및 약점을 파악한다. 그래서 보유하고 있는 자원을 바탕으로, 그 범위 내에서 접근이 가능한 새로운 기회를 추구한다. 그렇지

---

* 배종태·차민석(2009), "기업가정신의 확장과 활성화" 〈중소기업연구〉, 제31권, 제1호.
** Stevenson, H., Roberts, M. and Grousbeck, H. (1994), New Business Ventures and The Entrepreneur, Fourth edition, Irwin.

만 '기업가형 경영방식'(entrepreneurial management)은 먼저 기회를 포착한 후, 그 다음에 이를 실현하기 위해 필요한 자원을 외부·내부에서 확보한다.

기업가정신은 '기업가가 새로운 기회를 포착하고, 자원을 조달하여 이를 실현해가는 과정'이며,* 이러한 활동의 성과는 생태계의 영향을 받게 된다.** 즉 기업가, 기회, 자원, 생태계가 기업가적인 방식의 기업경영에서 핵심적인 요소가 된다. 〈그림 7-1〉은 창업과정, 기업가적인 과정에서의 4대 핵심요소를 보여주고 있다.

기업가적 과정의 첫째 요소는 '기업가 및 팀'이다. 사업의 성공 여부는 기업가 및 창업 팀의 경험, 역량, 마음가짐에 달려 있다. 우수한 기업가는 축적된 경험, 기회의 포착, 앞서려는 의지, 몰입, 모호성의 수용, 적

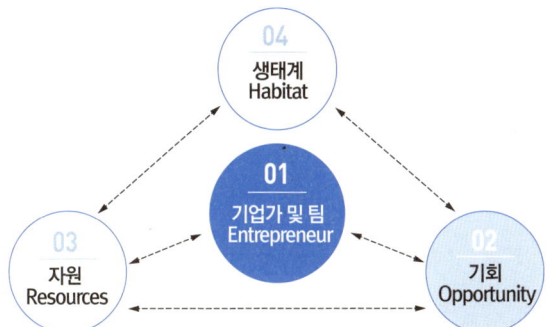

〈그림 7-1〉 기업가적 과정에서의 4대 핵심요소

자료 : Timmons(1994), 배종태·차민석(2009)

- Timmons, J. (1994), New Venture Creation, Fourth edition, McGrow-Hill.
- 배종태·차민석(2009), "기업가정신의 확장과 활성화" 〈중소기업연구〉, 제31권, 제1호.

응성, 창의성, 의사소통 능력, 리더십, 현실감각이 뛰어나다.

둘째 요소는 기회다. 피터 드러커는 기업가정신을 '변화를 탐색하고, 변화에 대응하고, 그 변화를 기회로 활용하는 것'이라고 정의했다. 문제를 파악하고 그 문제에 대한 해결책을 찾았을 때 '기회'가 된다. 즉 기회는 시장과 기술이 모두 충족될 때 확보되는 것이다. 이때 기회가 열려 있는 기간, 즉 기회의 창(window of opportunity)을 잘 포착하여 실행하는 것이 중요하다.

셋째 요소는 자원이다. 여기에는 사람, 자금, 설비, 사업계획, 외부 네트워크 등이 모두 포함되며, 가능한 한 자원투입을 최소화하면서 기회를 추구하는 노력이 중요하다.• 아울러 기회 실현을 위해 벤처캐피탈 등 타인이 보유한 자원(other people's resources, OPR)을 잘 활용하는 것이 중요하다.

마지막 요소는 생태계다. 생태계는 공급사슬에 있는 여러 주체 간의 유연한 네트워크를 말한다. 기업가형 생태계는 새로운 제품과 서비스의 개발을 가속화시킨다. 구성원 간의 상호학습과 기술사업화를 촉진하는 물리적·법적·제도적·사회적 메커니즘이 생태계의 경쟁력을 좌우한다.

한편 기업가정신의 최종 목표는 문제해결을 통한 가치창출이며, 이 과정에서 혁신과 협력은 기업가에게 가장 중요한 수단이 된다. 그래서 기업가정신을 가장 잘 설명하는 또 다른 키워드는 〈그림 7-2〉에 소개한 바와 같이 가치창출(V), 기회포착(O), 창의혁신(I), 외부 협력(C), 기업가 역량(E), 즉 'VOICE' 라고 할 수 있다.

• 이를 자원투입 최소화의 원칙(principle of minimum resources)이라고 한다.

〈그림 7-2〉 기업가정신의 핵심을 설명하는 키워드 - VOICE

V · 가치창출	**Value Creation** Economic, Social and Cultural Values	
O · 기회포착	**Opportunity Recognition** Identifying and Realizing Opportunities	
I · 창의혁신	**Innovation and Creativity** Creating Something New	
C · 외부협력	**Collaboration with External Resources** Other People's Resources	
E · 기업가 역량	**Entrepreneur's Attitude, Skills & Knowledge(ASK)** Commitment and Competence	

기업가형 경영 방식

관리자형 경영방식은 기존의 관료화 되어 있는 권위적 기업 형태에서 주로 나타난다. 변화하는 환경에 잘 대응하지 못하고 기존의 상황에만 몰입하여 주어진 일을 잘 처리하는데 역점을 두는 방식은 단기적으로는 매우 효율적일 수는 있으나 환경이 변하면 경쟁력을 잃게 된다. 그간의 많은 기업이 이와 같은 행태를 취해왔다. 하지만 이와 같은 정태적이고 낡은 접근 방식은 변화하는 환경 속에서 새로운 기회 포착을 어렵게 하며, 기업이 다가오는 도전과 문제를 잘 다루지 못하게 할 뿐 아니라 이러한 문제를 해결하는데도 여러 맹점을 남긴다. 이제는 기업가형 경영방식에 눈을 돌리고 기업가형 경영자(the entrepreneurial manager)가 되어야 할 때다. 그럼 관리자형 경영자와 기업가형 경영자 사이에는 어떤 차이점이 있을까?

관리자형 경영자와 기업가형 경영자는 '기회를 어떻게 포착하고 추구하는가?' 하는 접근방식과 '요구되는 자원을 어떻게 확보하는가?' 하는 운영방식에 있어서 차이가 있다. 기업가형 경영자는 아래 여섯 가지 측면에서 관리자형 경영자와 다르다.*

① 보유자원 활용보다는 '기회'에 초점을 둔 전략적 성향
 (strategic orientation)
② 포착한 기회를 실현하기 위한 신속한 '실행'
 (commitment to opportunity)
③ 한번이 아닌 '다단계'에 걸친 자원 확보
 (commitment of resources)
④ 필요자원을 모두 '소유'하기보다 외부자원 적극 '활용'
 (control of resources)
⑤ '비공식 네트워크'를 적극 활용하는 수평적 관리방식
 (management structure)
⑥ 창조한 실제 '가치'에 기반을 둔 '획기적 보상'
 (reward philosophy)

특히 디지털 환경에 기반을 둔 새로운 소비자 행태의 출현, D-ICT(Data-based, Information and Communication Technology) 중심의 급속한 기술발전, 융합과 연결 등을 통해 가속화되는 4차 산업혁명의 시대에는 새로운 기회를 먼저 보고, 이를 외부자원과 결합하여 혁신적 문

• Timmons, J. (1994), New Venture Creation, Fourth edition, McGrow-Hill.

제해결방안을 내는 기업가정신의 역할이 더욱 중요하다. 드러커의 말처럼 변화가 클수록 기회가 많아진다.

진정한 기업가의 조건

그렇다면 기업가가 기회를 포착하고 이를 잘 실현하여 가치를 창출하기 위해서는 어떤 역량과 자질을 갖추어야 하는가? 기업가에게 필요한 역량으로 다음 일곱 가지 특성이 강조되어 왔다.••

① 몰입과 절박함(commitment and determination)
② 리더십(leadership)
③ 기회에 대한 집착(opportunity obsession)
④ 위험과 모호성의 수용(tolerance of risk and ambiguity)
⑤ 창의성과 적응력(creativity, self-reliance, and adaptability)
⑥ 남보다 앞서려는 동기(motivation to excel)
⑦ 공감(empathy)

새로운 기회를 포착하고 이를 실제로 바꾸는 것이 기업가의 가장 중요한 역량이다. 관료화되고 다소 권위적인 관리자형 경영자와 달리 기업가형 경영자가 신규사업을 발전시켜가는 과정을 살펴보면, 크게 두

•• Timmons, J. (1994), New Venture Creation, Fourth edition, McGrow-Hill.

단계에 걸친 핵심활동을 보여주고 있다. 기회추구 단계를 거쳐 기회를 포착하고 검증한 다음, 성장추진 단계로 진행한다.•

'기회추구' 단계에서는 기회탐색 활동과 제품실험 활동이 중심이 된다. 우선 '기회탐색'(explore)을 통해 환경변화를 분석한 후 새로운 기회를 탐색하고, 새로운 사업모형을 구상한다. 여기서는 기업가 개인의 역량과 동기 파악이 중요하다. 시장환경에 대한 추세를 분석하여 문제점과 해결책을 결합하여 사업모형을 구상한다. 이어서 '실험·검증(experiment)'을 통해 최소기능제품••을 개발하고 구체적 제품을 만들어 잠재시장에서 실험·검증한다. 시장반응을 바탕으로 사업모형을 개선한다.

기회추구 단계가 성공적으로 수행되면 다음으로 '성장추진' 단계로 진행한다. 우선 '시장진입'(emerge, enter)을 통해 초기 수요자를 찾아보고 성장에 필요한 자원을 확보하면서 조직을 구축한다. 지속가능한 성장전략을 구상하는 일도 이 단계에서의 활동이다. 마지막으로 '사업성

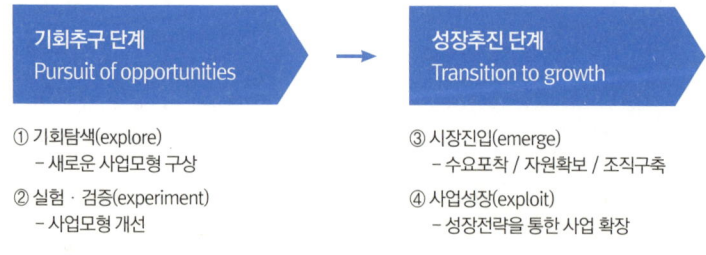

〈그림 7-3〉 신규사업을 발전시켜가는 기업가적 과정

• Applegate, L. (2014), "Becoming an Entrepreneurial Leader." Harvard Business School Publishing.
•• 최소한의 기능만을 갖춘 시험용 제품을 MVP(minimum viable product)라고 한다.

장'(exploit, expand) 활동은 성장전략을 수립하여 실행하면서 사업을 확장하는 것이다. 〈그림 7-3〉은 이 과정을 보여준다.

이러한 과정에서 가장 중요한 것은 물론 새로운 기회를 발견하고 검증하는 것이다. 특히 발견기술이야말로 기업가의 핵심역량이다. 발견기술에는 연상·연계, 질문·통찰, 관찰·직관, 실험·검증, 연결·소통 등이 있다.•••

다양한 영역에 적용되는 기업가정신

기업가정신의 적용 영역

기업가정신은 상업적 영역을 넘어 사회적 기업가정신, 대학 기업가정신 등으로 적용영역을 넓혀가고 있다.•••• 기업가정신은 신생 스타트업에서만 필요한 것이 아니다. 기존 대기업(사내 기업가정신), 사회적 기업(사회적 기업가정신), 대학(대학 기업가정신), 청년기업가(청년 기업가정신), 여성기업가(여성 기업가정신) 등 모든 주체에게 필요하다. 특히 기존 기업도 신규사업 추진, 사업모형 혁신, 기업문화 혁신 등 사내 기업가정신(corporate entrepreneurship)의 확산을 위해 노력해야 한다. 여기서는 대학 기업가정신과 청년 기업가정신에 대해서만 소개한다.

••• Applegate, L. (2014), "Becoming an Entrepreneurial Leader." Harvard Business School Publishing.
•••• 배종태·차민석(2009), "기업가정신의 확장과 활성화" 〈중소기업연구〉, 제31권, 제1호.

대학 기업가정신

이제 대학도 인력 양성과 연구 수행에만 역점을 두었던 기존의 영역을 확대하여 경제적·사회적 가치를 창출하도록 요구받고 있다. 최근 여러 선도대학들이 대학 기업가정신(academic entrepreneurship)에 기반을 둔 '기업가형' 대학 또는 '가치창출 대학'(entrepreneurial university)을 지향하고 있다. 기업가형 대학에서는 교육, 연구 및 기술사업화, 창업이 연계되어 가치를 창출하기 위해 노력하고 있다. 즉 '기업가정신 기반의 교육·연구 활동 → 교육·연구 성과 → 기술사업화·창업 촉진 → 경제적 성과(파급효과, 대학재정) 및 사회기여'의 선순환 모델을 추구한다. 기업가형 대학에서는 인적(human), 지적(knowledge), 경제적(economic), 사회적(social) 가치 창출을 지향한다. 기업가형 대학에서는 연구 성과를 기술이전이나 창업 등 다양한 방법으로 사업화하려고 노력하고 있으며, 이 과정에서 기술이전조직(technology licensing office)의 전문화된 역할도 매우 중요하다. 스탠퍼드대학교, MIT 등 선도대학들은 이러한 기능이 특히 강하고, 연구개발 과제에 대한 오버헤드 수입과 기술사업화를 통한 로얄티 수입이 대학 재정에서 큰 비중을 차지하고 있다.

이를 위해서는 ① 융합인재 양성 및 기업가정신 교육 강화와 ② 기업가형 연구의 강화 및 기술사업화(commercialization) 촉진이 필요하다. 4차 산업혁명을 바라보는 산업계에서는 전문심화 지식과 적용능력, 관련영역 지식과 의사소통 능력을 모두 갖춘 전문가 및 기업가를 원하고 있다. 따라서 기업가형 교육의 바람직한 인재상도 지식만 가진 전문가가 아니라, '전문지식, 협력역량, 사회책임 의식을 보유한 전문가'로 바뀌어야 한다. 최근 여러 대학에서는 기업가정신 교육을 강화하고 있는데, 이는 매우 바람직한 현상이다. 특히 창업교육의 주안점도 교육 대상에 따라 달라져야 한다. 학부생에게는 기업가적 마음가짐과 태도(entrepreneurial mindset & attitude)를 키워주는 것이 중요하고, 대학원에서는 기업가적 역량(entrepreneurial knowledge & skills)을 강화하는 교육이 더욱 필요하다.

미국 뱁슨대학*의 교과과정은 ① 창업 전 준비 단계, ② 창업 및 시장 진입 단계, ③ 창업 후 단계 등 창업·성장의 각 단계별로 필요한 접근방법과 역량개발을 다룬다. 기업가적 사고와 행동을 다루는 다양하고 통합적인 창업 및 경영 관련 교과목이 개설되고 있고, 교과과정 외에 다양한 창업관련 지원 프로그램도 운영하고 있다. 이제 미국의 많은 선도적인 경영대학은 교육목표를 관리자형 경영자를 키우는 데서 벗어나 기업가형 경영자를 키우는 쪽으로 맞추고 있다. 우리나라에서도 이미 많은 대학과 기관의 정규 교과과정으로 예비창업자를 위한 교육 프로그램을 운영하고 있고, 기업가정신센터를 만들어 교과과정 외에 여러 프로그램으로 창업에 관심 있는 학생들을 지원하고 있다.

청년 기업가정신

청년의 창업은 청년 기업가정신(youth entrepreneurship)이 활성화될 때 촉진된다. 특히 최근에는 청년의 일자리 창출과 연계되어 청년 창업이 중요한 대안으로 제기되고 있다.

창업을 통해 청년들이 인생의 항해에서 성공하도록 도와주려면, 무

---

* 미국의 창업교육 중심대학(Babson College). 기업가정신 교육 부문에서 최고 대학으로 평가받고 있다.

엇보다 청년의 창업의도(entrepreneurial intension)를 높일 수 있도록 긍정적인 창업 분위기를 조성해야 하고 역량과 자신감을 강화하는 다양한 교육과 이벤트가 필요하다. 무엇보다 실제적인 기업가정신 교육과정을 통해 예비 청년기업가에게 꿈을 심어주고, 설사 실패하더라도 실패에서 배우고, 사업계획을 수정하고, 재도전하고 마침내 성공에 이르는 경험을 할 수 있도록 하는 정부, 대학, 기업, 청년 자신의 노력이 필요하다.

기업가정신은 〈그림 7-4〉에서 보는 바와 같이 조직의 규모가 작은 경우에도(벤처 기업가정신, 사회적 기업가정신) 또는 큰 경우에도(사내 기업가정신, 대학 기업가정신) 적용될 수 있다. 나아가 기업가정신의 개념은 국가단위에서도 적용될 수 있다. 이스라엘과 싱가포르는 전형적인 창업국가(startup nation)로 알려져 있다. 최근에는 사업개발 중심의 전통적인 기업가정신에 부가하여 사람성장을 함께 추구하는 '사람중심 기업가정신'의 개념도 새롭게 등장했다.

사람이 핵심이다

왜 사람중심 기업가정신인가?

경제 환경 및 사회 여건의 변화에 따라 사회 구성원의 가치관이 변하고 있다. 이제는 기업가정신도 지속가능한 형태로 진화해야 한다는 공감대가 형성되고 있다. '사업 측면'에서 기회포착과 가치창출도 중요하지만 조직구성원이 소외되어서는 안 된다. 동기부여와 사람개발을 통한

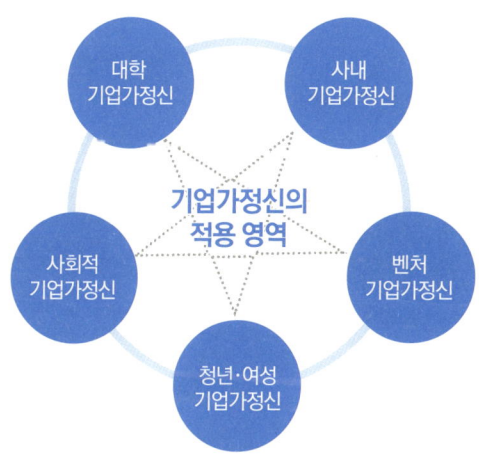

〈그림 7-4〉 다양하게 적용되는 기업가정신

'사람중심'의 경영 기업만이 지속되고 발전할 수 있다.

    기업이 지속적으로 가치를 창출하고 기업구성원 및 이해관계자의 행복 증진에 기여하기 위해서는 전통적인 기업가정신에서 말하는 사업개발·기업발전 사이클(enterprise cycle)뿐 아니라 사람성장·인간존중 사이클(humane cycle)이 함께 균형 있게 작동해야 한다. 사람 없는 기업은 생각할 수 없고, 기업 없는 사람도 생각하기 어렵다. 세계적으로 사람중심 경제, 사람중심 경영, 사람중심 정책이 화두가 되고 있다. 직원의 성장과 기업의 성장이 선순환만이 지속성장을 가져올 수 있다. 이것이 '사람중심 기업가정신'(humane entrepreneurship)이다.

    사람중심 기업가정신의 개념은 국제중소기업협의회(ICSB) 회장을 역임한 김기찬 교수와 여러 연구자들의 문제 제기와 개념 제시에서 출발하였다. 2015년 8월에 인도네시아에서 〈사람중심 기업가정신 자카르타 선언〉이 있었고, 2016년 4월의 ICSB Korea 중소기업대회에서도 이

〈그림 7-5〉 사람중심 기업가정신의 두 개의 축

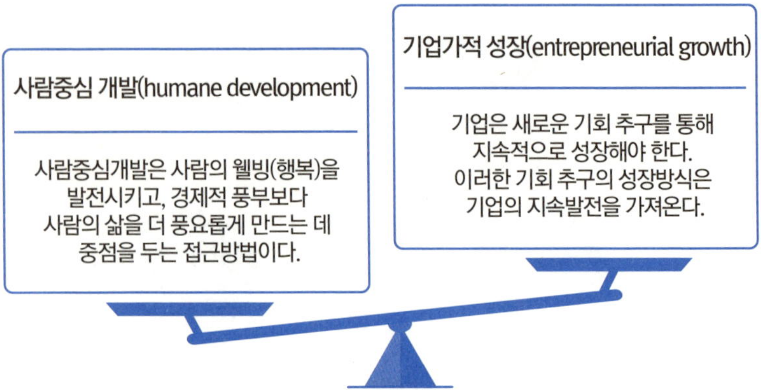

사람중심 개발(humane development)

사람중심개발은 사람의 웰빙(행복)을 발전시키고, 경제적 풍부보다 사람의 삶을 더 풍요롭게 만드는 데 중점을 두는 접근방법이다.

기업가적 성장(entrepreneurial growth)

기업은 새로운 기회 추구를 통해 지속적으로 성장해야 한다. 이러한 기회 추구의 성장방식은 기업의 지속발전을 가져온다.

를 발전시킨 〈사람중심 기업가정신 서울 선언〉이 있었다. 마침내 2016년 8월에는 UN 본부에서 〈사람중심 기업가정신 유엔 선언〉이 있었고, 이를 계기로 유엔이 '중소기업의 날(MSME Day)'을 지정하기도 했다. 이런 과정을 통해 사람중심 기업가정신은 여러 국가에서 관심을 끌게 되었다. 사람중심 기업가정신을 구성하는 두 개의 축은 〈그림 7-5〉에 제시된 기업가적 성장*과 사람중심 개발**이다.

 사람중심 기업가정신이 왕성한 기업은 사람들이 일하고 싶은 기업이 될 것이며, 좋은 일자리를 창출한다. 따라서 세계 각국이 지향하는 좋은 일자리가 많이 창출되려면, '사람중심의 기업가'가 많아져야 한다. 아울러 사람을 도구로만 인식하고 오직 사업을 통해 경제적 가치만 얻으려는 기업보다는, 사업개발 노력과 아울러 직원들을 배려하고 육성하는

- Timmons, J. (1994), New Venture Creation, Fourth edition, McGrow-Hill.
- ● UNDP(2016), Human Development Report 2016 : Human Development for Everyone, united Nation Development Programme.

사람중심 기업이 지속가능성 측면에서 성공가능성이 더 높다.

전통적인 기업가정신과 사람중심 기업가정신

전통적인 사업중심의 기업가정신과 균형 잡힌 사람중심 기업가정신의 차이는 〈표 7-2〉와 같다. 사업중심 기업가정신에서는 기회 포착과 혁신을 통해 사업개발 및 경제적 가치 창출에만 역점을 두지만, 사람중심 기업가정신에서는 사업 개발과 더불어 사람의 육성과 성장을 통해 직원이 조직에 헌신하게 하고 직장에서 만족을 느끼게 하는데 역점을 둔다.

사업중심 기업가정신에서는 기업가, 기회, 자원을 핵심동력으로 삼고 있으며 특히 기업가의 역할을 강조한다. 그러나 사람중심 기업가정신에서는 기업가와 기업가형 경영자, 비전 제시(envisioning) 및 혁신(experiment), 권한 부여(empowerment) 및 역량 개발(enablement)을 핵

〈표 7-2〉 전통적인 기업가정신과 사람중심 기업가정신의 비교

	전통적인 (사업중심) 기업가정신	사람중심 기업가정신
주안점	• 사업 측면 (사업 기회/혁신)	• 사업 + 사람 측면 (사람 육성/성장)
핵심 주체	• 기업가 및 창업 팀	• 기업가 및 직원, 이해관계자
가치 경영	• 가치 창출에 초점	• 가치 창출과 가치 배분의 균형
핵심 동력	• 기업가 • 기회 • 자원	• 기업가, 기업가형 경영자 • 비전 제시, 혁신 • 권한 부여, 역량 개발
적용대상 조직	• 벤처기업, 대기업	• 기존기업
기업 목표	• 성장하고 가치를 창출하는 조직	• 지속가능하고 함께 성장하는 조직
관련 개념과 이론	• 기업가정신 • 심리학 • 리더십 • 생태학, 진화론 • 재무	• 전략적 기업가정신 • 이해관계자이론 • 변혁적 리더십 • 인적자원개발, 동기부여이론 • 인본주의경영

심동력으로 삼고 있으며, 직원들의 역량개발과 동기부여, 헌신에 역점을 둔다.

즉 사람중심 기업가정신은 사업개발과 사람성장의 균형을 추구하는 두 바퀴 경영방식이다. 아울러 사람중심 기업가정신은 인적자원개발(human resource development), 리더십, 이해관계자(stakeholder) 이론, 인본주의경영((humanistic management) 등에 이론적 기반을 두고 있다.

전통적인 사업중심 기업가정신은 가치를 창출하는 것을 목표로 하는 반면, 사람중심 기업가정신은 조직구성원의 발전과 사업기회 개발을 균형 있게 추구하는 새로운 경영방식이라는 점에서 다르다.

흔히들 사회적 기업가정신과 사람중심 기업가정신이 같은 것이냐고 묻기도 한다. 하지만 '사회적 기업가정신'이 주로 사회적 기업의 영역에 적용되고 사회적 기업가에 초점을 맞추고 있다면, '사람중심 기업가정신'은 모든 조직 형태에 다 적용할 수 있는 반면, 기업가만이 아니라 조직구성원의 필요와 역량에 중점을 맞춘 형태라는 점에서 차이가 있다. 사회적 기업가정신과 사람중심 기업가정신의 차이는 〈표 7-3〉과 같다.

사회의 문제 해결에 집중하는 사회적 기업의 이상향이 '착하게 돈 버는 것'•(doing well by doing good)이라면, 사람중심 기업은 '혁신과 헌신, 사업개발과 사람성장의 선순환'을 추구한다. 일반 영리기업에 사회적 기업가정신을 적용하기에는 어려움이 있지만, 사람중심 기업가정신은 영리기업에서 잘 적용될 수 있다. '사람중심 기업가정신'이 확산되어 다수의 기업에서 '사람중심 기업가정신'을 가지게 되면 우리는 더 많은 일

• 《돈 착하게 벌 수는 없는가》(2014), 존 매키와 라젠드라 시소디어 지음, 유지연 옮김, 흐름출판.

<표 7-3> 사회적 기업가정신과 사람중심 기업가정신의 비교

		사회적 기업가정신	사람중심 기업가정신
목표 조직 (적용 대상)		• 사회적 기업 • 사회적 가치를 함께 추구하는 영리기업	• 모든 형태의 기업 • 신생 조직보다 기존 조직
유사점		• 기업가적 과정(entrepreneurial process)을 통한 경영 • 기업가 역할의 중요성 • 가치 창출 활동	
차이점	가치 창출	• 사회적 가치와 경제적 가치 창출 • 이해관계자들에게 가치 제공	• 사람의 가치와 경제적 가치 창출 • 사업개발과 사람성장의 균형
	사업 기회	• 미충족된 사회적 필요 추구 • 추구하는 사회적 가치와 연계	• 사업기회 추구 • 직원 역량 개발
	혁신	• 사회적 혁신 • 적정기술을 통한 혁신	• 사업/기술 혁신 • 기업 문화 혁신
	협력	• 다양한 이해관계자들 • 공공부문 조직, NGO	• 사업 파트너 • 투자자
	기업가 역량	• 사회적 기업가 • 사회가치 경영 추구	• 사람중심 기업가 • 사람중심 경영 추구

하고 싶은 기업, 더 좋은 기업 생태계를 가지게 될 것이다.

사람중심 기업가정신의 핵심 특성

기업이 어려운 역경을 극복하고 지속 성장하기 위해서는 기업가정신이 필요하다는 것은 누구나 알고 있다. 위기를 미리 감지하고 고객의 새로운 니즈를 공감을 통해 포착한 기업가가 절실하게 새로운 사업기회를 찾아 실현하는 것이 기업가정신의 성공원리다. 그리고 실리콘밸리의 많은 성공사례는 기업가의 역할을 강조하며 사업중심의 기업가정신, 기업가 주도의 기업가정신의 중요성을 확산시켜왔다.

그러나 시간이 흐름에 따라 기업가도 창업 초기의 절실함과 열정을 계속 유지하기가 쉽지 않다. 특히 기업의 경영권이 다음 세대로 넘어가게 되면 창업주가 기업은 물려줬지만 기업가정신은 물려주지 못했다는 비판을 받는 경우가 많다. 신생 창업 기업에서 성장동력의 핵심이었던 기업가정신이, 조직이 계속 성장하고 규모가 커지고 사업이 다각화되고 경영권이 이전되더라도 지속적으로 역할을 다하기 위해서는 기존 기업가정신에 몇 가지 요소가 더해져 완전한 기업가정신으로 발전해야 한다. 이를 위해 더 필요한 요소는 무엇일까.

첫째, 기존의 기업가정신은 사업기회 포착과 실현에 초점을 뒀고 인적 요소는 기업가 및 창업 팀 중심으로만 설명돼왔다. 물론 기업가의 역할이 가장 중요한 것은 사실이지만 성숙기업의 경우에는 기업가뿐 아니라 조직구성원 모두의 참여를 통한 기업가정신의 활성화가 필요하다. 이를 위해서는 조직구성원에게 기업가형 경영자로 발전할 수 있는 기회를 주고 수동적으로 상부 지시를 이행하고 관리만 하는 방식이 아니라, 기업가형 경영자들이 주인의식을 가지고 사업을 구상하고 추진하도록 조직의 경영방식과 문화가 바뀌어야 한다. 즉 사업중심 기업가정신의 한계점을 보완하는 사람중심 기업가정신(humane entrepreneurship)이 확산돼야 한다.

둘째, 전통적인 기업가정신은 기회 추구를 통해 새로운 가치 창출을 강조해왔으며 그 가치에는 경제적 가치, 사회적 가치, 개인적 가치가 다 포함된다. 그렇지만 기업가정신 사이클은 창출된 가치를 가장 바람직하게 나눌 때 완성된다. 더 나은 방식으로 창출된 가치 분배 및 사용이 이뤄질 때 기업가정신은 새로운 가치 창출을 더 촉진하고 이해관계자 및 조직구성원의 동기 및 만족도 향상, 조직 활성화 및 사회발전에 기여할 수 있다.

셋째, 사람중심 기업가정신이 기업의 지속성장과 성과로 이어지기 위해서는 조직구성원의 비전공유·동기부여·역량강화가 필요하다. 먼저 조직구성원에게 꿈과 열정을 심어줘야 하고(envisioning), 권한을 위임해 신바람 나게 일할 풍토를 만들어야 하고(empowerment), 새로운 사업과 업무를 실험하고 스스로 학습할 수 있는 기회를 줘야 하며(experimentation), 최고의 제품과 서비스를 창출한다는 목표를 공유해야 한다(excellence). 이러한 실천원리가 실행될 때 사람중심 기업가정신이 정착할 수 있다.

넷째, 사람중심 기업가정신은 창의적 조직을 구축하는 데도 기여할 수 있다. 조직의 여러 구성원이 주인의식을 가지고 환경변화에 능동적으로 대응하면서 새로운 패턴과 발전 경로를 발견할 수 있으면 그 기업은 한 사람의 최고경영자(CEO)에게만 의존하는 기업에 비해 동태적인 안정을 향유할 수 있는 확률이 높아진다. 이러한 새로운 발견을 위해서는 △ 관련이 적어 보이는 개념과 현상을 연계해 패턴을 찾아내는 연상하기 △ 기존 개념을 거부하고 통찰력을 바탕으로 질문하기 △ 가설이나 사업모형을 재빨리 실험해보고 확인해 불확실성을 감소시키는 실험하기 등의 발견기술이 필요하다. 물론 많은 노력과 훈련·습관이 발견 기술을 발전시킨다.

이제 기업가정신은 창업기업과 기존기업에서 모두 잘 작동할 수 있어야 하며 사업중심과 사람중심의 균형 잡힌 기업가정신(balanced entrepreneurship)으로 발전해야 한다. 특히 기존기업에서 사내 기업가정신을 넘어서 구성원들이 주도적으로 참여하는 사람중심 기업가정신이 자리 잡을 때, 지속적인 성장과 발전을 이룰 수 있다.

이제 사람중심
기업가정신이다

사람중심 기업이 지속가능한 성장모델

스탠퍼드대학교에서 7년간 수행한 신생기업 프로젝트(Stanford Project on Emerging Companies)*에 의하면, 금전 보상을 매개로 사람을 모으고 성과를 추구하는 '스타 모델'(star model)보다 사람의 헌신과 몰입을 이끌어내는 '헌신 모델'(commitment model)을 택한 신생기업이 생존가능성과 성장성에서 더 우수한 성과를 보이고 있다.** 일본 호세이대학교의 사카모토 코우지 교수는 40년 동안 7,000개의 중소기업을 연구한 결과 경기에 관계없이 이익을 내고 있는 10% 정도의 중소기업은 사람중심 기업이라는 결과를 발표했다. 이러한 연구 성과들은 사람중심 기업가정신이 전통적인 사업중심 기업가정신보다 장기적으로는 더 좋은 성과를 낼 수 있음을 보여주고 있다.

사람중심 기업가정신의 핵심 구성요소

사람중심 기업가정신의 핵심개념은 '조직의 기회포착과 가치창출을 위한 사업개발 활동'(business development)과 '구성원의 동기부여와 기업문화를 통한 사람성장 활동' (people growth)을 균형 있게 추진하여 기

---

* Baron, J. and Hannan, M. (2002), "Organizational Blueprints for Success in High-Tech Start-Ups : Lessons from the Stanford Project on Emerging Companies," California Management Review, Vol.44, No.3.
** '스타 모델'은 사업중심 기업, '헌신 모델'은 사람중심 기업과 유사함.

업의 지속가능 발전과 더불어 사람중심 경영을 추구하자는 것이다. 전통적 기업가정신에서 강조하는 것처럼 기회를 포착·추구·실현하여 새로운 사업을 발전시키고 이를 통해 새로운 가치를 창출하는 기업가적 활동을 주진하되, 동시에 그 과정에서 조직구성원의 주인의식과 동기부여를 촉진하고 역량을 개발하고 성과를 공유하는 인간존중 문화, 인도주의, 사람중심 경영을 동시에 구현하는 것이다. 일반적인 기업가정신이 기업가의 역할과 기회 포착을 강조하는 사업중심 기업가정신이라면, 사람중심 기업가정신은 여기에 새로운 축을 하나 더 추가하는 것이다.

사람중심 기업가정신에 대한 연구는 아직 초창기에 머물고 있으며, ICSB를 중심으로 연구가 확산되고 있다. 배종태 등(2017)의 연구***에서는 사람중심 기업가정신 모형을 〈그림 7-6〉과 같이 제시한

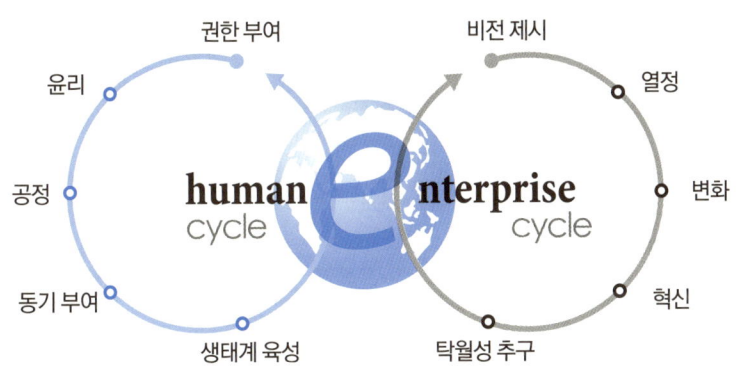

〈그림 7-6〉 사람중심 기업가정신 모형

자료 : 김기찬·배종태 등(2016), Bae, Kim, Kang & Park (2017)

••• Bae, Z., Kim, K., Kang, M. and Park, J. (2017), "Humane Entrepreneurship : Measurement, Dimensions and Further Research," 2017 ICSB World Conference, Buenos Aires.

다. 사람중심 기업가정신은 사업개발 사이클(enterprise cycle)과 사람성장 사이클(humane cycle)로 구성되어 있다. 사업개발 사이클은

〈표 7-4〉 사람중심 기업가정신의 10가지 구성개념

구성개념 (10E)		핵심 내용
사업개발 사이클 (Enterprise Cycle)	비전 제시 (Envisioning)	기업가는 미래 환경을 적극적으로 예측하고 개발하여, 새로운 기회를 포착하여 비전을 제시함으로써 혁신을 주도적으로 이끌어가는 선견력을 가지고 있어야 한다.
	열정 (Enthusiasm)	기업가는 열정을 가지고 불확실한 환경에 도전하고 위험을 감수하면서 새로운 기회를 적극적으로 활용해야 한다.
	변화 (Enlightenment)	기업가는 끊임없이 신기술 개발과 기존 기술 향상, 부가가치 제고를 위해 노력하는 개선정신을 가지고 있어야 한다.
	혁신 (Experimentation)	기업가는 과감한 신제품/신사업 개발을 통해 새로운 시장과 새로운 기회에 과감하게 도전하고 실험하는 창의혁신활동을 꾸준히 추진해야 한다.
	탁월성 추구 (Excellence)	기업가는 경영목표달성을 위해 원가, 품질, 기술, 운영 등의 경영실천과정에서 운영관리상의 탁월성을 확보함으로써 기업 성과를 높여가는 관리능력을 가지고 있어야 한다.
사람성장 사이클 (Humane Cycle)	권한 부여 (Empowerment)	기업가는 기업의 비전과 꿈을 제시하여 공유하고, 직원들에게는 업무를 위임하고, 업무 수행에서의 범위와 판단의 자율성을 증대시키는 '권한주기와 책임경영'을 통해 개방성과 협업의 정신을 구현해야 한다.
	윤리 (Ethics)	기업가는 사회적 책임감을 가진 청지기로서 신뢰성 있는 기업을 추구하는 높은 윤리의식을 가지고 있어야 한다.
	공정 (Equality)	기업가는 대인관계에서 사람중심으로 외부자극과 활력을 추구하되, 대인관계에 있어 억압받지 않는 대인관계를 통해 이들과 공정과 평등의 정신을 견지해야 한다.
	동기 부여 (Engagement)	기업가는 환경변화로 인해 만들어지는 위기를 즉각 인식하고, 이를 위기극복의 에너지인 위기의식 공유와 몰입을 통해 위기를 기회로 만들어내는 격려와 직원 동기 부여에 역점을 둬야 한다.
	생태계 육성 (Ecosystem)	기업가는 건강한 기업생태계 달성을 위해 사업파트너인 공급자, 직원, 지역사회 등과 이타적 관계 관리를 통해 건강한 기업생태계 관계를 정립하여 상호 협업하고 신뢰감을 가지게 생태계 친화적 사고를 가지고 있어야 한다.

자료 : 김기찬·배종태 등(2016), "사람중심 기업가정신 백서," ICSB-Korea.

비전 제시(envisioning), 열정(enthusiasm), 변화(enlightenment), 혁신(experimentation), 그리고 탁월성 추구(excellence)로 구성된다. 반면 사람성장 사이클은 권한 부여(empowerment), 윤리(ethics), 공정(equality), 동기 부여(engagement), 생태계 육성(ecosystem)의 다섯 가지 요소로 구성된다. 〈표 7-4〉는 사람중심 기업가정신의 구성요소별 특성을 설명하고 있다. 두 개의 사이클은 서로 연계하면서 발전한다.

사람중심 기업가정신의 적용과 확산

사람중심 기업가정신의 확산은 내부적으로는 기업구성원의 소속감과 헌신, 만족도를 높이고 이는 다시 기업구성원의 새로운 기회포착과 혁신적 활동에 대한 참여와 기여를 높이는 선순환으로 이어진다. 이는 기업의 지속적인 사업성과 향상과 일하고 싶은 기업 만들기에 큰 기여를 할 수 있을 것이다.

'사람중심 기업가정신'이라는 말에는 여러 의미가 내포되어 있다. 누가 뭐라 해도 사람이 우선이라고 생각해야 한다. 맞다. 사람이 답이다. '사람중심 사업가정신'을 통해 '조직의 기회포착과 가치창출을 위한 사업개발 활동'을 펼칠 필요가 있다. 거기에 더해 '구성원의 동기 부여와 기업문화를 통한 사람성장 활동'에도 관심을 기울여야 한다. 이 두 사이클을 뗄 수 없는 불가분의 관계다.

사람중심 기업가정신 강화 방안

사람중심 기업가정신의 각 구성요소들을 강화하려면 기업차원에서, 그리고 개인차원에서 다양한 노력이 필요하다. 〈표 7-5〉는 사람중심 기업

〈표 7-5〉 사람중심 기업가정신의 각 구성요소 강화방안

구성개념	구성요소	강화 방안
사업개발 사이클 (Enterprise Cycle)	비전 제시 (Envisioning)	• 기술/시장의 변화추세와 발전패턴에 대해 학습/숙고한다. • 원하는 미래 모습이 무엇인지 토론, 발견, 상상, 독서, 훈련을 통해 만들고 이를 조직 내에서 공유한다.
	열정 (Enthusiasm)	• 수행하는 일의 의미와 중요성을 공유하고, 동기 부여를 통해 직원들이 차별화된 솔루션을 찾도록 유도한다. • 열정이 강한 사람을 선발하고, 직원들이 각자의 전문성과 역량을 최대한으로 활용할 수 있도록 여건을 조성한다.
	변화 (Enlightenment)	• 직원들이 수행하고 있는 일의 내용과 과정을 개선하도록 인센티브를 주고, 직원들도 자기 평가를 강화한다. • 기존/신규 제품이나 서비스를 지속적으로 개선하도록 목표를 설정하고, 실천전략을 수행한다.
	혁신 (Experimentation)	• 새로운 사업개발과 시장개척을 위해, 목표 고객/지역을 찾고 혁신을 지속적으로 추진한다. • R&D 투자를 강화하고, 새로운 제품이나 서비스 개발을 위한 실험과 다양한 기술획득 방안을 모색한다.
	탁월성 추구 (Excellence)	• 높은 조직 목표와 업무 목표를 설정하고, 직원들이 높은 목표를 추구하여 탁월성을 유지하도록 한다. • 신속하게 업무를 수행하고, 성과 관리를 체계화한다.
사람성장 사이클 (Humane Cycle)	권한 부여 (Empowerment)	• 직원들에게 업무 관련 권한을 위임하고, 직원들이 맡은 업무를 책임지고 수행하도록 한다. • 직원들이 주도적이 되도록 기업 문화를 조성한다.
	윤리 (Ethics)	• 정당한 절차를 따라 법규를 준수하며 업무를 수행하고, 구성원으로서 윤리기준과 행동규범을 숙지하고 준수한다. • 합리적 의사결정을 위한 분별력을 키우고, 구성원들이 사회적 책임을 인식하고, 정도경영 실천지침을 공유한다.
	공정 (Equality)	• 수행업무의 성과를 명확하고 공정하게 평가할 수 있도록 객관적이고 합리적인 성과평가 체계를 구축한다. • 과정·결과·정보공유의 공정성을 보장하는 프로세스를 설계하고, 공정과 평등의 문화를 조성한다.
	동기 부여 (Engagement)	• 직원들의 업무 유형별로 동기유발 요인을 파악하고, 이를 기반으로 맞춤형 동기 부여 방식을 도입한다. • 직원들의 동기 유형과 수준에 따라 단계별로 업무목표를 부여하고 높은 수준의 성과와 헌신을 유도한다.
	생태계 육성 (Ecosystem)	• 회사 내에서 사람중심 배려·정도·공정·육성의 원리를 기업협력업체·파트너와의 관계에서도 적용하여 건강한 생태계를 만든다. • 늘 직원들이 성장할 수 있도록 교육 프로그램 및 멘토링, 피드백을 통해 역량 개발의 기회를 제공한다.

가정신 수준을 향상시킬 방안들을 예시적으로 제시한다.•

사람중심 기업가정신과 4차 산업혁명

    4차 산업혁명의 도래와 관련하여 대중이 가장 걱정하는 부분이 바로 '인간성 소멸'이다. 사람이 하던 일을 기계가 한다고 하니 그런 염려도 일면 이해는 간다. 하지만 그런 염려가 부각되는 때일수록 인간 본연의 본질적 특성에 더 집중할 수 있어야 한다. 그렇지만 4차 산업혁명의 시기에도 '스마트 신인류'라고 불리는 사람의 요구사항이나 역할이 매우 중요하다. 어찌 보면 기계가 차지하는 비중이 늘어나게 되면서 그러한 사람의 가치가 더 중요한 것으로 부각될 여지와 개연성이 충분히 있다. 앞으로 '사람중심'의 가치가 더욱 더 중요한 것으로 부각될 때 '나'와 '우리' 모두가 진정으로 행복해질 수 있을 것이다.

• 배종태·박지훈(2017), "사람중심 기업가정신 실천방안," Working Paper.

기업가정신이란 무엇인가?

기업가정신은 단지 기업가가 가진 열정이나 도전과 같은 진취적 기상을 말하는 것이 아니다. 기업가정신의 요체는 '기회 포착 및 실현'이다. 기업가정신을 실무적으로 보면 '기업가가, 기회를 포착하여, 협력을 바탕으로, 새로운 것을 만들어, 가치를 창출하는 활동'이다. 즉 기업가, 기회, 협력, 혁신, 가치가 기업가정신의 핵심 요소다. 피터 드러커도 변화를 탐색하고, 변화에 대응하고, 그 변화를 기회로 활용하는 것이 기업가정신이라고 보았다.

한편 학계에서는 기업가정신을 '현재 통제할 수 있는 자원에 구애받지 않고 기회를 포착하고 추구하는 사고방식 및 행동양식'으로 정의한다. 자원보다 기회를 먼저 보라. 기업가는 공감능력(empathy)이 뛰어나야 하며, 기회를 '발견'하는 기술을 키워야 한다. 반면 사람중심 기업가정신(humane entrepreneurship)은 기회실현과 지속발전을 위해 기업가적 방식의 사업개발과 사람성장을 동시에 추구하는 것이다. 이제는 기업가정신을 넘어 사람중심 기업가정신을 추진해야 할 때다.

– 배종태

8
범국가적 시스템
: 기업가형 국가

최성호 교수 _ 경기대학교

'기업가정신'이라는 용어는 한 나라의 혁신적 기업 활동이 기업가 개인이나 개별 기업에 의해 좌우된다는 오해를 불러일으키기 십상이다. 그러나 기업가정신의 발현과 혁신성장의 전개는 제도와 관행, 문화를 포함한 범국가적 시스템이 핵심 관건이다. 한국 경제의 앞날은 기업가정신이 주도하며 기업가의 과감한 투자가 보상받고 정부정책과 사회, 문화도 유연하게 진화하는 '기업가형 국가'를 구현하느냐의 여부에 달려 있다.

이 글을 쓴 최성호는

직업공무원 출신의 산업·중소기업 정책 전문가로 현재 경기대학교 교수로 재직 중이다. 중소기업연구원 초빙연구위원, 정보통신산업진흥원 비상임이사를 지냈으며 대한상의 정책자문위원으로도 활동하고 있다. 젊은 시절 산업자원부(현 산업통상자원부) 재직 중에는 산업, 통상, 에너지 등의 정책수립 경험을 가졌다. 대학으로 전직해서는 미시경제학, 산업조직론, 경제발전론 등의 과목을 강의하면서 글로벌 경제의 지식정보화 시대에 산업정책이 어떻게 진화해야 하는가, 수출제조업에 비해 정체되어 있는 서비스산업과 중소기업 부문의 성장을 어떻게 촉진할 수 있는가, 정부규제와 경제제도 등 기업활동에 영향을 미치는 공공정책을 어떻게 다듬어 나가야 하는가 등 주제의 연구를 지속하고 있다. 최근에는 4차 산업혁명 시대에 부상하고 있는 기업가정신과 기술창업, 그리고 신속한 기업성장의 메가 트렌드에 한국경제가 뒤처지는 조짐에 안타까움을 가지고 그 타개책을 모색하다가, 공익법인인 동그라미재단 이사장을 맡게 되면서 비영리부문에 의한 사회혁신 방안에 대해서도 궁리하고 있다. 지은 책으로는 《세계경제의 구조변화와 새로운 성장 패러다임의 모색》《새로운 기업성장 패러다임과 신산업정책 방향 연구》《기업가형 국가: 이론과 정책》《시장경제의 재발견》 등이 있다.

'기업가형 국가'란 무엇인가?•

    1960년대 경제개발 이후 40여 년 동안 연평균 7%대의 성장을 달성했던 한국 경제는 2000년대에 4%대의 성장세를 나타내다가 최근 3% 미만으로 감속하는 모습을 보이고 있다. 경제협력개발기구(OECD)의 중장기 경제성장 전망은 한국이 2030년대 이후 1%대 성장률 추락으로 대다수 주요 선진국보다 성장이 더딜 것으로 내다보았다.•• 한편 한국의 총요소생산성 상승은 1990년대에 2%대의 절반으로 떨어져 2011~2015년 0%대를 나타내고 있다.••• 이러한 생산성 상승 정체는 신성장 동력 실종, 한계기업 증가, 생산능력 과잉과 함께 석유화학, 철강, 조선 등 주력산업의 구조조정 진행 등에서 기인한다.

    미국 경제가 고도성장을 구가하던 1950년대에 GM의 이사회의장이었던 찰리 윌슨은 "GM에 좋은 것이 미국에도 좋다"라고 호언하였다. 이 시기 미국경제의 특징을 피터 드러커는 관리형 경제(managerial economy)라 불렀다.•••• 관리형 경제는 기존사업의 효율성제고를 기반

• 기업가형 국가의 개념과 조건, 해외 사례, 정책과제에 대해서는 필자가 쓴 다음 보고서들을 참고할 수 있을 것이다. 최성호 외(2016). 기업가형 국가 : 이론과 정책, 한국무역협회 국제무역연구원 연구보고서 ; 최성호(2017). 기업가형 국가의 주요국 사례와 경제·산업 정책의 과제, 한국무역협회 국제무역연구원 이슈페이퍼 2017, No.2.
•• OECD(2015), OECD Economic Outlook.
••• 김원규·최현경(2017), 한계기업 비중 확대와 생산성 둔화, i-KIET 산업경제이슈, 산업연구원, 2017.1.
•••• Drucker, P.(1985), Innovation and Entrepreneurship. NY : Harper and Row.

으로 대기업이 고용창출에서 중요한 역할을 하던 현상을 말한다. 미국의 경우 2차 대전 후 주로 전통 제조업에서 품질 개선과 생산성 상승이 진행되던 시기와 부합한다. 일자리의 대부분을 제조 대기업이 만들어냈으니 대기업에 좋은 일이 국가에도 좋다는 주장이 과언은 아니었다.

드러커에 의하면 기업가형 경제(entrepreneurial economy)는 1960년대 후반 실리콘밸리의 형성으로 시작되어, 1980년대 중반까지 미국에 국한된 현상이었다. 기업가형 경제는 기업가적인 혁신과 위험부담에 의하여 새로운 제품·서비스가 활발하게 공급되던 경제구조를 강조한다. 이전 시기와 달리 새로운 제품·서비스 개발을 주도한 중규모 고성장 기업이 성장·고용창출의 엔진 역할을 수행하였다. 한편 서유럽의 기업가형 경제는 1990년대 중반에야 활성화된다. 한국에서 기업가형 경제의 모습은 벤처 붐과 함께 2000년대 초반에 출현하였지만 여전히 부분의 성취에 머물러 있다.

'기업가형 국가'(entrepreneurial state)는 기업가형 경제를 꽃피우기 위한 문화와 제도·정책, 그리고 시장과 정부의 역할 등을 포함하는 포괄적 개념이다. 우리나라가 1인당 소득 3만 달러 벽을 넘어 지속적으로 성장하고 분배·복지의 개선으로 국민 삶의 질을 주요 선진국 수준으로 끌어올리려면 양적 성장에 그쳐서는 안 되며 기업가형 국가로 탈바꿈해야 한다.

기업가형 국가의 정의에서 핵심개념은 기업가(entrepreneur)다. 기업가가 기업의 소유자 또는 경영자 모두를 지칭하는 것은 아니다. 기업가 정신으로 무장하고, 혁신을 중심 가치로 지향하는 경영자를 의미한다. 그런 의미에서 슘페터는 기업가를 지주, 노동자는 물론 자본가와도 구별하였다.* 기업가정신을 갖추고 혁신을 지향한다면 민간기업만이 아니라 공공기관이나, 제3부문의 경영자도 기업가라 할 수 있다. 물론 기존 문제해결 방식이나 오랜 경영관행에 안주한다면 민간기업 경영자도 기업가라 할 수 없다. 결론적으로 기업가는 '혁신의 실행'에 초점이 있으며 전혀 새로운 접근의 문제해결과 성과제고를 추구하는 경영자, 혁신가로 정의할 수 있다.

기업가형 국가에서 정부는 중요한 역할을 수행한다. 기업가형 국가의 정부는 단순하게 기업친화(enterprise-friendly) 정책을 집행하는 정부가 아니다. 요소투입 위주 성장에서 혁신주도 성장으로 경제 패러다임을 전환하기 위한 제도·정책을 추구하는 정부다. 기업가가 끊임없이 혁신을 실행하도록 모든 여건을 조성하는 정부다. 정부 스스로 상황변화에 대응하기 위해 끊임없이 혁신해 나가야 한다.

국가의 개념도 중요하다. 우선 시장에 대비되는 개념인 정부와 유사한 의미로 국가라는 어휘를 사용하기도 한다. 그러나 여기서 기업가형 국가라 할 때의 국가는 정부에만 국한하는 개념이 아니며 민간과 공공, 제3부문과 시민사회를 두루 포함한 국가사회를 말한다. 이러한 국가사회의 특성은 관행, 제도, 문화 등을 기준으로 평가된다.

마추카토의 '기업가형 국가' 개념과 한국 모델

2013년 저서에서 먼저 기업가형 국가의 개념을 사용한 마추카토는

• 《케인스 VS 슘페터》(2009), 요시카와 히로시 지음, 신현호 옮김.

시장실패 교정 이상의 기능을 수행하는 정부를 '기업가형 국가'*로 지칭하였다. 항공·인터넷·유전공학 등과 같은 첨단기술 분야에서 직접 투자를 수행하는 정부를 말한다. 민간 기업이 감당하기 어려운 위험 수준의 파괴적 혁신 부문에서는 정부가 기술개발과 시설투자 등 기업가의 역할을 수행해야 한다는 것이다. 마추카토는 미국을 대표적 사례로 들고 있다.

1960년대 이후의 한국도 산업화 과정에서 정부가 기업가의 역할을 수행하였다. 그러나 오늘의 한국경제를 분석하고 미래비전을 제시하기 위해서는 '기업가형 국가'의 한국모델이 긴요하다. '기업가형 국가' 체계가 한국경제의 발전단계에 부합하는 분석틀로서, 그리고 명실상부한 선진권에 안착하기 위한 발전 패러다임으로서 구체화되어야 한다.

첫째, 정부에 대하여 민간의 주도 역할이 강화되어야 한다. 한국의 경우 개발년대 관성으로 관치경제의 관행이 뿌리 깊다. 그런 관행이 정경유착 사건을 빚기도 하고, 불필요하거나 과도한 규제를 야기하기도 한다. 이제는 민간 기업가가 경제·사회를 주도하도록 기업의 창의적 아이디어와 자율적 투자·경영을 존중하고 정부 정책도 기업가의 이니셔

〈그림 8-1〉 '기업가형 국가'의 한국 모델 : 지향점

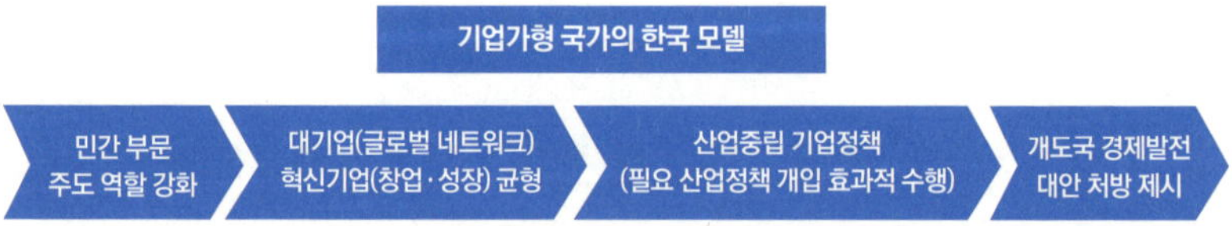

기업가형 국가의 한국 모델

| 민간 부문 주도 역할 강화 | 대기업(글로벌 네트워크) 혁신기업(창업·성장) 균형 | 산업중립 기업정책 (필요 산업정책 개입 효과적 수행) | 개도국 경제발전 대안 처방 제시 |

• Mazzucato, M.(2013). The Entrepreneurial State : Debunking Public vs. Private Sector Myths(Vol. 1). Anthem Press.

티브를 기반으로 수립·시행하여야 한다. 민간주도 경제로 전환되면 정부 기능은 기업의 경영여건 개선과 시장실패 보완에 초점을 맞추어 작고 스마트한 정부를 지향하도록 재정립해야 한다.

둘째, 대기업의 글로벌 네트워크와 혁신형 기업의 창업·성장이 상호보완의 균형을 이루어야 한다. 대기업 대상의 보조금·조세 감면 등 직접지원은 축소하면서 규제개혁과 인력양성, 인프라 등 간접지원으로 전환해야 한다. 창업의 양적 확대보다 장기 생존, 고성장, 해외시장 진출을 목표로 벤처·중소·중견 기업 정책도 성과위주로 재정비해야 한다. 규모가 중소기업이라는 이유만으로 지원대상이 되어서는 안 되며 성장잠재력이 있는 기업을 지원하되 성장성과가 가시화되지 않는 기업은 다음 단계 지원을 거두어야 한다. 대기업-중소기업 관계에 관하여 공정경쟁, 동반성장 정책을 강화함은 물론이다.

셋째, 기업정책은 산업중립을 원칙으로 하되 필요한 산업정책 개입은 효과적으로 수행해야 한다. 정부가 특정 산업이나 기업을 선별하여 지원하는 정책은 원칙적으로 폐기하여야 하며, 기업의 규모별, 성장단계별 인프라를 제공하고 기업생태계를 조성하는 노력이 중요하다. 다만 예외적인 산업정책 개입은 신기술 산업, 사양업종 구조조정에 한해 시행한다. 산업지원 정책의 기획과 운영도 민간 전문가가 주도하도록 하여 효과성을 극대화하여야 한다.

넷째, 한국의 개발 경험을 기초로 개도국 경제발전의 대안적 처방을 제시한다. 국제기구나 선진국 정부의 개도국 대상 정책권고인 워싱턴합의가 타당하지 못한 것으로 평가되었다. 워싱턴 합의가 권고하는 거시경제 안정, 자유화·민영화, 무역개방 등이 실현된다 하여 반드시 경제

성장이 이루어지지는 않았다. 보강된 워싱턴합의는 제도의 중요성을 강조하고 지배구조 개선과 제도개혁의 필요성을 제기했지만 그 또한 뚜렷한 성과를 거두지 못했다. 급기야 성공적인 일본, 한국, 중국의 개발사례를 벤치마킹하여 기업역량 배양, 산업·교육 정책 등의 중요성을 강조하는 베이징합의 또는 베세토합의가 정책합의(policy consensus)의 대안으로 구성되었다.• 한국이 경제구조 전환에 따른 기업가정신과 혁신 중심의 정책패러다임 혁신에 성공한다면 개도국 발전대안에 새로운 나침반이 될 것이다.

결론적으로 '기업가형 국가'는 기업과 정부, 제3부문 등 경제·사회 전반에 관하여 기업가정신의 발휘와 혁신의 실행이 원활하게 이루어지는 국가 시스템이다. 여기서 국가는 기업가형 정부와 같이 좁은 의미가 아니다. 기업가형의 경제와 사회를 실현하기 위한 정부 역할에 방점을 두되 기업가형 경제와 기업가형 사회를 포괄하는 폭 넓은 개념이다.

왜 '기업가형 국가'인가?

관리형 경제의 시기에 중소기업은 정부가 보호해야만 했다. 대기업에 비하여 턱없이 낮은 생산성과 취약한 협상력을 가진 중소기업은 생존이 어려웠기 때문이다. 정부는 중소기업이 신산업 분야의 위험부담과

• Lee, Keun, and John Mathews, "Proposing the BeSeTo Consensus in Place of the Washington Consensus," paper presented at the 2008 Globelics Conference.

혁신의 대열에 앞장서고 새로운 일자리를 만들어내는 역할을 원활하게 수행하도록 지원하였다.

그러나 정보·바이오 기술 기반 첨단·융합 산업이 부상하는 시대에는 기업가정신이 이끄는 스타트업이 대기업에 비하여 강할 수 있다. 가볍고 민첩한 중소기업이 초고위험 파괴적 기술을 사업화하는데 유리하다. 창업기업과 벤처기업이 급속하게 성장하고 있다.

4차 산업혁명 시기에 기업성장은 더욱 활발하게 전개될 것이다. 한국의 벤처부문이 20여 년 역사를 가지게 되면서 이제 본격적으로 국내 IT 벤처기업이 세계 시장으로 나아가고 있다. 이들 기업은 세계 최고 IT 인프라와 모험적 소비자의 테스트마켓을 가진 한국에서의 경험과 애플 앱스토어와 구글 마켓 등 글로벌 서비스 플랫폼을 발판으로, 미국을 비

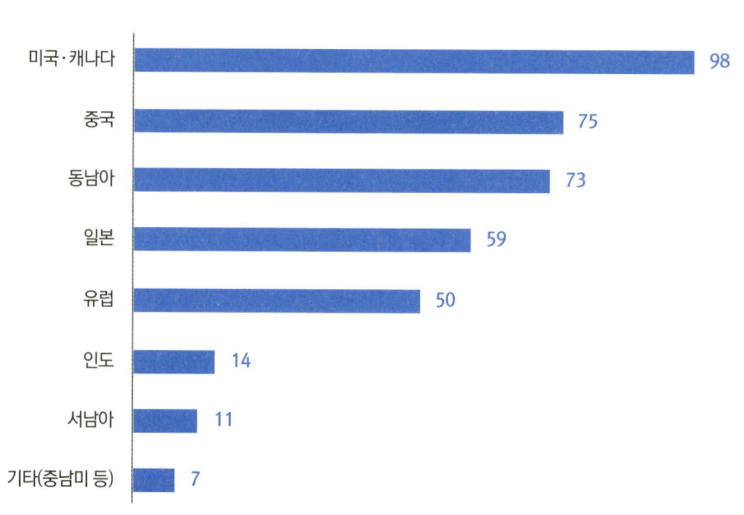

〈그림 8-2〉 스타트업의 해외진출 희망 국가·기업 수

자료 : K-ICT본투글로벌센터, 2017글로벌창업백서
서울·경기도 소재 ICT스타트업 300개 대상조사(중복응답 허용)

롯한 해외로 진출하고 있다.•

그러나 아직 갈 길은 멀다. 창업은 급증했지만 창업한 기업의 성장은 부진하다. 특히 벤처기업과 이를 뒷받침하는 벤처캐피털이 양적으로 성장했음에도 불구하고 전체적인 벤처생태계는 아직 미성숙한 실정이다.•• 실제로 기업성장 부진은 신생기업 성장자금 조달의 애로, 출구전략으로 활용되는 M&A 시장 부진, IT 산업의 개인서비스 편중 등에 기인하고 있다.

창업 후 5년 정도의 단기간에 시가총액 10억 달러 이상으로 성장한 비상장 대기업인 유니콘기업의 사례가 있다.••• 이 자료는 〈월스트리트저널〉이 집계하고 있는데 2017년 12월 현재 세계의 유니콘기업은 168개에 이르고 있다. 미국에 103개, 아시아에 46개, 유럽에 15개, 기타 지역에 5개가 있다. 이 기업들은 소비자인터넷, 전자상거래, 소프트웨어, 금융서비스, 보건·의료, 제조업 등에 폭 넓게 분포되어 있다. 한국의 경우에 3개 기업으로 수가 적고, 규모가 작기도 하지만 소비자인터넷(옐로모바일, 티몬)과 전자상거래(쿠팡)에 국한되어 있어 문제다.

특히 4차 산업혁명 시대에 산업경쟁력을 좌우할 소프트웨어의 경우 38개 기업 중에서 미국이 34개이며, 그 외에 중국이 2개, 인도가 1개, 이스라엘이 1개 있는데, 한국은 전혀 없는 실정이다. 평가액이 가장 큰 유

• 조선일보(2018), 판교 찍고, 실리콘밸리로 날다, 2018.1.1.
•• 한국 벤처 생태계의 현실에 대하여 다음 보고서가 비교적 적절하게 평가하고 있다. 맥킨지(McKinsey & Company)(2015.3.), 〈벤처산업 선순환 구조 구축 : 한국 벤처기업 생태계 조성을 위한 지속가능한 장기 성장 경로 모색〉, 내부보고서.
••• 유니콘기업의 현황은 〈월스트리트저널〉이 "10억 달러 스타트업 클럽(The Billion Dollar Startup Club)"이라는 명칭으로 관리하고 있다. http://graphics.wsj.com/billion-dollar-club/

〈표 8-1〉 유니콘기업의 지역별·업종별 분포(2017.12월 기준)

지역	기업 수	주요 국가별 기업 수
미국	103	전체 기업 수의 61%
아시아	46	중국(29), 인도(9), 한국(3), 싱가폴(2), 대만(1), UAE(1)
유럽	15	영국(5), 독일(3), 스웨덴(2), 프랑스(1), 체코(1), 네덜란드(1), 룩셈부르크(1)
기타	4	이스라엘(1), 캐나다(1), 브라질(1), 나이지리아(1)

업종	소비자 인터넷	소프트 웨어	전자 상거래	금융 서비스	보건· 의료	기계· 공구류	보안	교육	부동산	기타
기업 수	41	38	25	16	12	10	8	5	5	8

자료 : 〈월스트리트저널〉(2017)

니콘기업은 우버고, 아시아에서는 디디추싱이라는 중국기업인데 둘 다 승용차앱으로 공유경제를 대표하는 기업이다. 그런데 이 업종이 우리나라에서는 금지되어 있다는 사실은 4차 산업혁명의 미래와 관련하여 한국경제에 시사하는 바가 크다.

　기업가정신에 의한 기업성장을 가늠할 수 있는 또 하나의 사례가 있다. 〈포브스〉(Forbes)가 집계하는 인구 100만 명당 자수성가형 거부(巨富)기업가(self-made billionaire) 수다. 이 비율은 기업가정신 성과의 대안지표로 떠오르고 있는 GDP 대비 벤처캐피털 투자 비중이나 인구대비 삼각 특허 비중, 1인당 국민소득과 정(+)의 관계를 보이고 있다. 문제는 〈표 8-2〉에 보듯이 이 지표가 한국에서 매우 작다는 현실이다.**** 인구 대비 자수성가형 거부기업가 수는 창업기업 수나 자영업자의 수, 전체 기업 수 대비 중소기업 비중 등 전통적 기업가정신 지표와 오히려 역(-)

•••• 다음 논문이 인용한 통계에서 (EU 15개국 평균치를 제외하고) 대상국가 32개 국 수치 중 26위를 차지하고 있다. Henrekson, M., & Sanandaji, T.(2014). Small Business Activity Does not Measure Entrepreneurship. Proceedings of the National Academy of Sciences, 111(5), 1760-1765.

〈그림 8-2〉 인구 대비 자수성가형 거부기업가 수 분포(1996~2010)

자수성가형 거부기업가 수 (인구 1백만 명당)	해당 국가 (지표 내림차순 배열)
2~3	홍콩
1~2	이스라엘, 미국, 스위스, 싱가폴, 노르웨이
0.5~1	아일랜드, 대만, 캐나다, 호주, 영국
0.25~0.5	뉴질랜드, 스웨덴, 독일, 일본, 스페인, EU15평균, 체코, 터키, 포르투갈, 그리스
0.25 미만	오스트리아, 이태리, 폴란드, 벨기에, 네덜란드, 한국, 프랑스, 멕시코, 덴마크, 핀란드, 헝가리, 슬로바키, 슬로베니아

자료 : Henrekson & Sanandaji(2014)

의 관계를 보인다. 창업기업 수가 많다고 하여 기업가정신의 성과가 크다고 보기 어렵다는 것이다.

한국에서 기업가적 기업성장이 부진한 데는 다양한 요인이 작용하고 있다. 기업가의 의지와 역량이 미흡하기도 하겠지만 기업가정신과 상충되는 높은 규제부담과 고율 과세, 반기업 정서 등의 제도와 정책, 문화 변수가 더 중요한 문제인 것으로 지적된다.

이러한 사례들은 재벌 대기업 중심의 급속한 산업화와 정보화를 통한 급속한 경제성장으로 세계를 놀라게 한 한국이 기업가형 성장의 대세에 밀리고 있는 위기상황을 보여준다. 한국경제의 지속 성장을 위하여 기업가형 국가의 구현이 시급한 이유다.

기업가형 국가의 조건과
한국 상황

　기업가형 국가의 개념은 광범위하고 다양하다. 그러므로 기업, 정부 등 개별 경제 주체와 그들 간 상호관계를 대상으로 하여 기업가형 국가가 갖춰야 할 조건을 짚어보는 노력이 긴요하다. 기업가형 국가의 최종 목표는 "기업에 좋은 것이 국가에 좋고, 국가에 좋은 것이 기업에 좋다"는 선순환 조건을 충족하는 국가다.•

　양호한 기업환경과 기업성과가 경제성장과 국가발전으로 이어지고, 국가사회의 주요 제도, 정책과 문화가 기업성과를 견인하는 상태가 기업가형 국가의 궁극적인 지향점이다. 먼저 '기업에 좋은 것이 국가에 좋다'는 명제의 성립을 위해서는 기업의 이윤추구 행위가 공익과 부합해야 한다. 기업이 이윤극대화를 추구하되 공유가치 창출을 지향하고 지대추구 행위(rent-seeking)가 아닌 혁신을 통해 이윤을 창출하도록 하는 사회적 유인과 정보소통의 체계가 구축되어야 한다.

　또한 '국가에 좋은 것이 기업에도 좋다'는 명제가 성립하려면 범국가적 시스템이 혁신기업의 성공 여건을 조성하여야 한다. 경쟁 촉진을 통하여 기업이 생산성을 제고하고 국제경쟁력을 강화하도록 시장친화적인 기업·노동·금융·글로벌화 경제시스템을 구축해야 한다.

　기업-정부 관계의 질적 전환이 필요하다. 정부 주도, 대기업 중심의

• 기업가형 국가의 조건과 정책과제에 대하여 다음 보고서가 상세하게 다루고 있다. 최성호 외(2016), 상게서.

<그림 8-3> 기업가형 국가의 체계

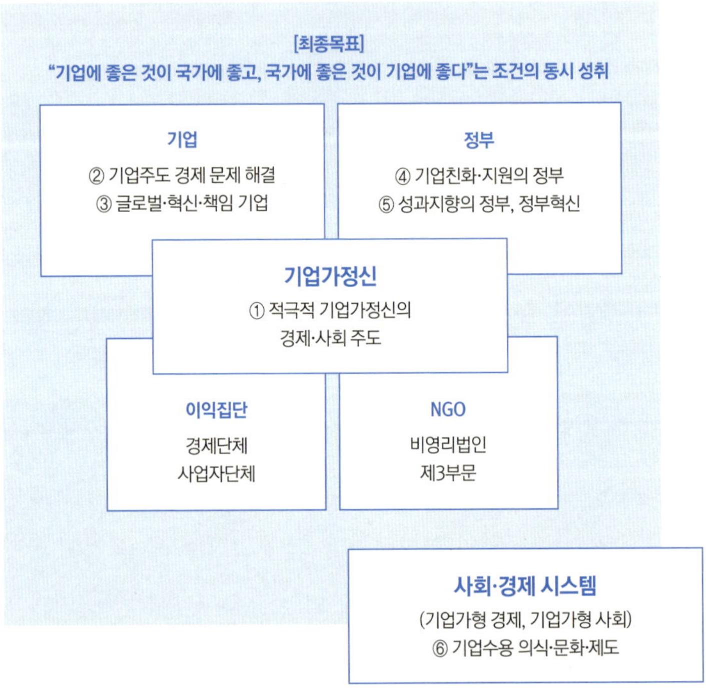

[최종목표]
"기업에 좋은 것이 국가에 좋고, 국가에 좋은 것이 기업에 좋다"는 조건의 동시 성취

기업
② 기업주도 경제 문제 해결
③ 글로벌·혁신·책임 기업

정부
④ 기업친화·지원의 정부
⑤ 성과지향의 정부, 정부혁신

기업가정신
① 적극적 기업가정신의 경제·사회 주도

이익집단
경제단체
사업자단체

NGO
비영리법인
제3부문

사회·경제 시스템
(기업가형 경제, 기업가형 사회)
⑥ 기업수용 의식·문화·제도

자료 : 최성호 외(2016), 기업가형 국가 : 이론과 정책, p.87, [그림 24]에서 전재.

    요소투입형 성장전략은 한계에 봉착했다. 관료화·독과점 대기업보다 혁신형 중소·중견기업을 우선으로 제도와 정책이 설계되어야 한다.
    한국경제가 총요소생산성 중심 성장구조로 진화하기 위해서는 기업-정부 관계를 '국가 거버넌스' 관점에서 포괄적으로 접근해야 한다. 정부가 기업을 더 이상 정책의 일방적 대상이 아니라, 정책의 수립·집행 과정에 적극 참여하는 대등한 파트너로 인정해야 한다. 이러한 기본 관점에서 '기업가형 국가'의 최종목표 달성을 위하여 갖추어져야 할 조건 여섯 가지를 제시하고자 한다.

첫째, (기업가정신) 적극적 기업가정신의 경제·사회 주도

　기업가정신으로 무장한 기업가가 기업만이 아니라 모든 경제·사회 조직의 핵심에 자리 잡아야 한다. 모든 경제주체가 기업가정신을 보유해야 하며, 적극적 기업가정신으로 무장한 기업가가 사회의 전면에 나서야 한다. 기업가는 기업의 사업포트폴리오에 대한 지속적 평가를 기초로 변화를 유도하고 관리하여 혁신을 수행하는 개인이다.[*] 기업가는 '변화를 탐구하고 변화에 대응하며 변화를 기회로 이용하는 자'이며, 기업가정신은 모든 사회구성원이 보유하여야 하는 자기혁신의 기반이다.[**]

둘째, (기업) 기업주도 경제문제 해결

　기업이 성장과 고용, 복지와 분배를 포함한 모든 경제문제 해결의 주체가 되어야 한다. 성장과 고용의 문제는 생산 활동을 하는 기업만이 해결할 수 있고, 글로벌 경제에서의 위상은 기업경쟁력에 의존한다. 기업가 행위와 경제성장의 관계에 관한 글로벌기업가정신연구(Global Entrepreneurship Monitor)의 분석은 경제성장의 1/4이 창업률로 설명된다고 한다.[***]

　심지어 전통적으로 정부의 영역으로 간주되던 분배와 복지문제도 기업과 시장의 역할을 확대해야 해결할 수 있다. 아울러 비영리부문이나 사회적 기업의 사회문제 해결을 위한 역할이 갈수록 커질 것이다. 소

---

[*] Cuervo, A.(2005), Individual and Environmental Determinants of Entrepreneurship. The International Entrepreneurship and Management Journal, 1(3), 293-311.
[**] 피터 드러커(1985), 상게서.
[***] Cuervo, A.(2005), 상게논문.

득분배에 관해서도 누진세와 보조금 등의 2차 분배보다 임금소득의 증대나 형평에 의한 1차 분배가 더욱 효과적이고 지속 가능하다.

셋째, (기업) 기업의 글로벌·혁신·책임 구현

기업이 글로벌 기업가정신의 발휘에 의하여 지속적으로 혁신을 실행하고, 사회적 책임(CSR) 이행에 더욱 투철해야 한다. 지식정보화 급진전으로 기업이 창업초기부터 아이디어, 자금, 인력, 시장 등을 글로벌 범위에서 접근하는 글로벌 기업가정신이 강조된다.•

과거에는 기업이 자국에서 기반을 굳힌 후에 해외로 사업을 확장했다면, 이제 창업 초기부터 글로벌 관점에서 개발·생산 네트워크를 구축해야 한다.

글로벌 기업가정신을 보유한 기업이 경쟁력 확보를 위해서는 지속적으로 혁신을 수행해야 한다. 또한 다양한 문화, 법·제도 등 환경에 직면한 기업은 수익성 외에 사회적, 환경적 성과를 거두는 책임 있는 기업가정신(responsible entrepreneurship)이 기업의 지속성장, 장기 이윤극대화에도 효과적이다.

넷째, (정부) 기업 친화·지원의 정부

정부 정책, 제도의 모든 측면이 생산적이고 창의적인 기업활동을 지

• 기업가형 경제 시기 이전에는 글로벌 기업들도 국내에서 뿌리를 내린 후 오랜 기간이 지나서야 해외로 사업을 확장하였다. 국제적 범위의 경영목표 설정, 전략적 제휴, 공급망 창출, 다국적 조직 구축 등의 글로벌 기업가에 대한 간명한 논의는 다음 논문을 참조할 것.
Isenberg, D. J. (2008). The Global Entrepreneur. Harvard Business Review, 86(12), 107-111.

원해야 한다. 기업가정신의 육성·발현과 기업의 성장을 촉진할 수 있도록 제도와 정책이 조율되어야 한다.

제도구조, 시장조건, 금융접근, 지식창출·확산, 기업가 역량, 문화 등 부문에서 기업가정신을 확충하는 제도와 정책이 갖춰져야 한다.** 기업가정신 육성을 통해 창업이 확산되면, 기업이 단계적으로 성장할 수 있도록 효과적인 성장요인별 지원 수단이 마련되어야 한다.

다섯째, (정부) 성과지향의 정부와 정부혁신

정부도 혁신추진 조직으로 거듭나야 한다. 정부 운영이 정책목표를 효율적으로 실현하여 비용효과성을 높이도록 부단한 혁신을 도모해야 한다.

정부의 지속적인 혁신과 효과성 제고를 위하여 기업가정신이 정부의 조직과 운영의 지도원리가 되는 '기업가형 정부'가 되어야 한다. 이를 위하여 정책 프로그램 시장성 지표 체계 개발, 시장성 측정·검증제도 도입을 통하여 일정 수준 이상의 시장성이 인정되면, 경제·비경제 영역을 막론하고 시장원리를 도입해야 한다.***

정부의 역할이 인정되는 분야도 합법성, 공정성, 효과성이 확보되도록 지속적인 혁신을 추진하여야 한다. 시장실패를 교정하는 정책도 비용 효과성을 개선하고, 미래성장 정책은 정부가 기업가적 마인드로 과감하게 투자하여 민간 투자를 선도하도록 한다. 모든 정부 정책 프로그

** OECD(2015), Entrepreneurship at a Glance 2015, OECD Publishing, Paris.
*** 김종일(2015), 경제시스템의 재정비방안, 국가중장기 경제발전전략 연구(I) 총괄종합보고서, 기획재정부, 2015.12.

램에 대하여 성과평가와 피드백이 원활하게 이루어지도록 하여 성과 초점의 정책체계가 확립되도록 제도와 절차를 정립해야 한다.

여섯째, (사회·경제 시스템) 기업 수용 의식·문화·제도

기업과 그 역할을 긍정적으로 인정하는 제도, 문화, 의식 등을 의미하는 사회적 수용성(social capability)을 갖추어야 한다. 사회가 기업가적인 행태를 자연스럽게 수용하고, 기업가는 리스크를 적극적으로 부담하며, 금융기관과 벤처캐피털 등도 리스크를 분담하는 등 조건이 충족되어야 한다.•

이를 위해 사회가 '기업가정신 학습장'이 되어야 한다. 기업가정신이 앙양되어야 하고 기업가정신 교육을 위한 정보·자료가 축적되고, 기업가정신 교육체계가 확충되어야 한다. 특히 청소년에게는 스스로 경제적 능력을 함양하고, 기회형 창업을 미래 비전으로 항상 고려할 수 있는 교육이 필요하다. 기업가정신의 구현을 위해 대기업, 사업자단체, 언론매체, 금융기관, 민간 컨설팅 업체, 언론기관 등이 협조하여야 한다.

'기업가형 국가' 구현 수준을 측정하기는 어렵다. 박정수의 연구는 세계은행, OECD, 세계경제포럼 등 데이터를 활용하여 기업가정신의 사회적 인식, 기업친화 사업환경, 정부운영 효율성, 혁신·창의 기업 지원 정책을 포함한 여섯 개 평가변수를 기업가형 국가지수(ESI)로 구성하

• Audretsch, D. B. (2009). "The Entrepreneurial Society." *Journal of Technology Transfer*, 34: 245-254.

였다.** 이 지수는 프레이저연구소(Fraser Institute)의 경제적 자유도, 세계은행의 친기업환경지수와 높은 상관관계를 가졌으며, 1인당 GDP, 경제성장, 고용성장 등 경제성과에 유의미한 긍정적 영향을 미치고 있었다.

그에 의하면 미국, 영국 등 선진국의 기업가형국가지수는 최근 2년간 상승하고 있는데 반해 한국은 2012년 12위에서 2014년 15위로 하락했다. 한국의 이 지수 하락은 주로 '기업가정신의 사회적 인식(28위)'과 '정부운영 효율성(22위)'에 기인하며, 비효율적 정부 운영과 각종 규제가 기업활동을 제약하기 때문인 것으로 판단된다.

기업가형 국가의 성공사례

기업가형 국가는 고도로 복합적인 개념이어서 일률적으로 발전 수준을 평가하기 어렵다. 그러나 시장-정부 관계, 활력 있는 기업생태계, 창업과 기업성장, 기업친화 제도·문화 등의 범주를 기준으로 기업가형 국가의 성공사례를 선별해볼 수 있을 것이다.

기업가형 국가의 흐름을 선도하는 국가는 역시 미국이다. 민간 부문의 연구개발과 혁신이 기업가형 국가의 발전을 주도한 사례. 일찍이

●● 최성호 외(2016)의 공동연구자인 그는 함께 도출한 기업가형 국가의 여섯 개 조건을 측정 가능한 양적 지표로 재구성한 평가체계를 제안하였다.
Park, J. S.(2017), Evaluating Korea from an "Entrepreneurial State" Perspective : Developing Entrepreneurial State Index, International Conference on Entrepreneurial State, KITA, Seoul, Korea, 2017.3.28.

실리콘밸리로부터 혁신형 창업과 성장의 모범을 보이고 있다. 주로 위험자본 공급의 벤처캐피털, 원활한 산학협력, 적극적 이민정책, 모험적 소비자, 전략적 정부구매, 오픈소스 혁신·노동 등이 성공요인으로 지적되고 있다. 최근에는 정부도 대기업으로부터의 안정적 구매를 선호하고 '특허괴물'에 의한 특허소송이 범람하며, 동종업계 이직을 금지하는 관행의 확산 등으로 기업가정신의 위축이 우려되기도 한다. 그러나 여전히 미국은 든든한 기초과학 기반과 불굴의 기업가정신, 소프트웨어와 플랫폼 경쟁력을 토대로 4차 산업혁명 선도 국가로 평가되고 있다.

벤처창업이 활발한 국가는 아니지만 기업성장과 중견기업 역할의 모범사례를 보여주고 있는 나라가 독일이다. 특히 세계 어느 나라보다 글로벌 경쟁력을 가지고 있는 중견기업(mittelstand)이 국민경제에서 중추 역할을 충실하게 하고 있는 나라다. 높은 수준의 노동조건 규제가 기업으로 하여금 노동비용 절감을 통한 가격경쟁에 의존하는 타성을 배제함으로써 혁신과 생산성 향상을 통한 경쟁력 확보에 최선을 다하게 되었다. 산업계 이니셔티브에 의한 제조업 부문 중심의 인더스트리 4.0 실행으로 4차 산업혁명을 성공적으로 준비했다는 평가다.

기업가형 국가를 위한 정부의 역할이 두드러지는 사례로 이스라엘을 들 수 있다. 친기업, 혁신친화 정부에 착안하여 '창업국가'라는 별명을 가진 나라다. 창업국가는 기업가형 국가의 핵심 요소 중 하나다. OECD 최고 수준의 스타트업 벤처투자와 R&D지출로 이스라엘 경제를 가장 성공적인 첨단기술경제 중 하나로 자리매김하게 하였다. 기업가창업과 중소기업에 유리한 경영환경을 조성하고 있으며 강력한 경제성장, 유연한 노동시장, 상대적으로 가벼운 세율과 행정규제 부담이 핵심 성공요인이다.

유럽에서 새롭게 부상한 기업가형 소국이 에스토니아다. 1990년대 초 소연방해체 당시 빈국이 기술과 창업으로 유럽에서 정부 부채비율이 가장 낮고 1인당 GDP가 2만 달러대 중반에 안착한 선진국으로 성장하였다. 이 나라 창업의 80%가 기회형 창업이다. 정부 스스로 블록체인 기술로 무장한 전자정부로 변신하여 입국하지 않고도 기업을 설립하고 은행계좌를 열 수 있는 전자시민권 제도, 창업절차의 완전 온라인화, 법인세 무과세 등으로 기업친화정책의 모범을 보여주고 있다. 급기야 2016년 말 세계경제포럼은 스타트업과 사내 창업을 포함하여 기업가적 활동의 수준을 평가하면 에스토니아가 유럽 최고인 것으로 평가하였다.•

기업가형 국가를 위한 기업정책 과제

기업가형 국가의 구현을 위해서는 기업 자체의 노력과 사회 전반의 문화, 관행의 전환이 필요하지만 정부 정책도 뒷받침되어야 한다. 그 중에서도 기업가정신·혁신의지를 육성하는 노력과 기업 활동을 촉진하는 기업정책이 출발이다. 기업가형 국가 체계의 구성요소별로 정책과제를 도출할 수 있다.•• 이러한 정책과제 항목별로 기업가형 국가의 성공사례

• World Economic Forum[WEF](2016), Europe's Hidden Entrepreneurs: Entrepreneurial Employee Activity and Competitiveness in Europe, December 2016.
•• 최성호 외(2016), 상게서.

<그림 8-4> 기업가형 국가의 기업정책 과제

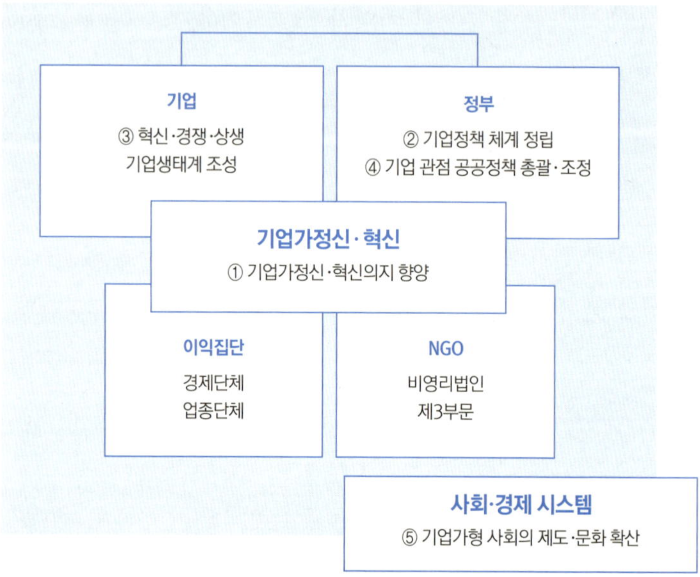

```
                    ┌─────────────────────┬─────────────────────┐
                    │        기업         │        정부         │
                    │  ③ 혁신·경쟁·상생    │  ② 기업정책 체계 정립 │
                    │   기업생태계 조성    │  ④ 기업 관점 공공정책 │
                    │                     │     총괄·조정        │
                    └─────────┬───────────┴──────────┬──────────┘
                              │   기업가정신·혁신    │
                              │ ① 기업가정신·혁신의지 │
                              │       함양          │
                    ┌─────────┴───────────┬──────────┴──────────┐
                    │      이익집단       │        NGO          │
                    │      경제단체       │      비영리법인      │
                    │      업종단체       │       제3부문        │
                    └─────────────────────┴─────────────────────┘
                                          │   사회·경제 시스템   │
                                          │ ⑤ 기업가형 사회의   │
                                          │    제도·문화 확산    │
```

자료 : 최성호 외(2016), 기업가형 국가 : 이론과 정책, p.132, [그림 29(b)]에서 전재.

를 벤치마킹해야 함은 물론이다.

첫째, 기업가정신·혁신의지를 육성하여야 한다. 청소년기부터 기업가정신 교육·훈련을 강화하여 기업가를 양성하여야 한다. 기업가정신이 한껏 발휘되도록 창업인프라의 확충이 필수적이다. 더욱 중요한 것은 창설된 기업이 성장하고 실패하더라도 실패를 기반으로 더 큰 성공을 이룰 수 있도록 기업성장·실패재기 지원시스템이 보강되어야 한다. 기술, 인력, 금융이 통합된 실효성 있는 벤처생태계를 확충하여 파괴적 혁신 기술이 개발되고 사업화될 수 있도록 지원하여야 한다. 한계기업의 생존과 연명을 위한 보호에 치중한 중소기업정책이 기업성장을 제약한다는 평가를 고려하면*, 고용과 투자, 생산의 증대를 주도하는 혁신적

고성장기업 중심으로 기업지원제도를 개편해야 한다.

둘째, 기업정책 체계가 정립되어야 한다. 기업정책의 총괄기구(control tower)를 설정하여 기업활동에 영향을 주는 정책이 일관성을 확보해야 한다. 산업 부문에 무관하게 기업특성별 경쟁력요소를 지원하는 부서와 산업분야 별 정책 부서의 매트릭스가 체계적으로 짜여야 한다. 빅데이터 시대에 부응하여 정책의 기초자료나 기업전략의 수립자료로서 기업 통계 분석·활용 인프라를 보강해야 한다. 중소기업 정책이 대표적 사례다. 지금은 19개 부처가 저마다 중소기업 지원제도를 수립하여 운영하다 보니 정책 중복과 사각지대 발생으로 비용효과성이 떨어진다. 중소벤처기업부가 정책 DB와 빅데이터를 활용하여 정책효과를 실시간으로 모니터링하여 반영하는 등 중소기업 지원제도를 총괄 조정하여야 한다. 각 부처는 관련 산업에 특유한 인프라, 인력 양성 등을 담당하도록 역할분담이 시급하다.

셋째, 혁신·경쟁·상생의 기업생태계가 조성되어야 한다. 4차 산업혁명 시대에 혁신이 활발하게 전개되어야 한다. 개별 기업의 경쟁력이 강화될 수 있도록 기업규모별, 성장단계별 시책의 실효성을 확보해야 한다. 나아가 국제적으로는 개별 기업의 경쟁보다 기업생태계 간 경쟁이 더 중요하다. 기업이 혁신을 통해 경쟁하고 대기업과 중소기업, 최종재와 소재·부품, 기업지원 서비스 등 기업이 상생하는 제도와 관행이 정착되도록 유도해야 한다.

넷째, 기업(경쟁력) 관점의 정책 조정기능이 구축되어야 한다. 공공정

● 대한상의(2017), 일자리 창출 위한 중소기업 성장촉진 방안, 2017.10.29.

책이 기업 활동에 주는 영향을 측정하여 조정하는 '기업경쟁력 영향평가' 제도가 마련되어야 한다. 기업관련 규제개혁을 상시화하고 기업정책의 국제협력을 증진하여 기업정책의 글로벌 스탠더드를 확보하는 한편 중소·중견 기업의 원활한 글로벌화를 지원하여야 한다.

다섯째, 기업가형 사회의 제도·문화가 확산되어야 한다. 기업환경을 세계 최고 수준으로 개선하고 미국, 독일 등의 선진국 중심으로 기업가형 국가의 모범사례를 벤치마킹해야 한다. 기업가와 기업 활동에 친화적인 사회문화 조성이 긴요하며 기업가 자원을 확충하는 방향으로 이민정책도 전환되어야 한다.

한국경제의 앞날에 적신호가 켜졌다. 주력산업은 중국과 인도 등 개도국에 추월당하고 융합과 첨단, 플랫폼의 새로운 성장동력은 엄두를 못 내고 있다. 기업가정신이 미약하고 기업가적 혁신이 꽃피기에는 제도와 정책의 토양이 척박하다. 이제 모바일 본(mobile born) 세대가 대학에 진학하고 있다. 밀레니엄을 전후하여 태어난 이들은 디지털 이주민인 부모 세대와 디지털 원주민인 삼촌 세대와 구별하여 진정한 디지털 원주민의 첫 세대라고 불린다.

이들에게 한국경제의 희망이 있다. 대화보다는 문자, 그보다 사진을 소통 수단으로 선호하고 새롭게 사유하고 개성 넘치게 행동하는 청년들이 참신한 아이디어와 기술로 창업하여 그 기업을 빠르게 키워내는 기업가형 경제성장(entrepreneurial growth)의 새로운 국면을 열어가도록 해야 한다. 21세기 대한민국이 4차 산업혁명을 주도하는 '기업가형 국가'로 정책과 제도, 사회와 문화, 관행과 국민의식 등을 포함한 국가사회 패러다임 전환이 이루어지느냐에 우리와 후손의 미래가 좌우될 것이다.

기업가정신이란 무엇인가?

기업가정신은 새로운 아이디어와 기술, 지식을 비즈니스로 실현하려는 의지와 역량이다.

기업가는 특정한 고객과 시장을 전제로 하는 비즈니스와 그 실현수단을 자신의 일로 정확하게 설계해낸다. 자신의 일을 사랑한다. 어떤 어려움 속에서도 그 일을 완수하는 집념을 가진다. 기회를 잃지 않도록 적시에 매듭짓는 실행력을 가진다.

국가 범위에서 기업가정신은 단계적으로 발현된다. 교육을 통해 인재가 길러지고 창업을 통해 기업이 세워지고 수요과 공급의 조건에 따라 기업이 성장하고 성숙하고 폐업한다. 기업의 라이프사이클과 함께 산업이 형성되어 확대되고 퇴조한다.

국가의 기업가정신 자산은 개인의 기업가정신의 단순 합계가 아니다. 그 이상일수도 그 이하일수도 있다. 그 나라의 시스템에 따라 증폭되기도 하고 위축되기도 한다. 기업가정신이 한껏 꽃피고 고용과 소득과 부의 창출로 연결되려면 기업가정신 발현의 모든 단계를 촉진하는 범국가적 시스템이 필수다. 사회적 신뢰를 포함한 관행과 문화, 인식, 정책과 제도를 포함한다. 그것이 '기업가형 국가'다.

– 최성호

사회적 기업가정신
: 시대의 문제를 해결하는 시대정신

이채원 교수 _ 서울과학기술대학교

사회적 기업을 기존의 기업 형태와는 아주 다른 것이라고 생각하는 사람들이 있다. 하지만 이것은 이전에 없었던 전혀 새로운 기업의 형태가 아니다. '모든' 형태의 조직이나 기업은 경제적 가치 추구와 함께 사회적 가치 추구를 할 수 있어야 한다. 즉 모든 기업이 사회적 기업이 되어야 한다. 기업가정신은 트렌드에 따라 달라지는 경영방식이 아니라 시대의 문제를 해결하는 '시대정신'이다.

이 글을 쓴 이채원은

기업가정신을 통해 우리 사회의 문제를 해결하고자 한다. 기업가정신을 지금 현 시대의 문제를 해결하는 시대정신으로 보고 기업가정신 확산 및 기업가정신 교육에 몸담고 있다. 기업가정신, 사내혁신 등에 관한 저서 《새로운 모색과 창조》 《벤처 디스커버리-창조적 아이디어 사업화 과정》 《사내혁신(Corporate Entrepreneurship)》를 저술하였으며, 기업가정신 교육자 양성을 통해 기업가정신이 나가야 할 방향을 제시하고 있다.

대학에서 경영학 전공, 대학원에서는 경영전략 및 기업가정신 분야를 연구하였고, 경영컨설팅 회사를 거쳐 미국 뱁슨대학(Babson College) 및 노스이스턴대학교(Northeastern University), 중국의 칭화대학교에서 연구하였다. 현재 서울과학기술대학교 경영학과에 재직 중이며, 서울과학기술대학교 창업교육센터장을 역임한 바 있다. 대학에서는 경영전략 및 기업가정신, 사회적 기업가정신 과목을 주로 가르치고 있다.

사회적 기업가정신은
시대정신이다

　기업가정신(entrepreneurship)은 '가치와 쓸모를 창출하는 자기혁신'으로 정의할 수 있다(이채원, 2015). 여러 학자와 많은 책에서 기업가정신을 사회적 기업가정신과 구분하기도 했다. 그러나 앞의 정의에서 볼 수 있듯이 기업가정신의 개념 속에 이미 사회적 기업가정신에서 강조하는 '가치(사회적 가치창출, social value creation)와 쓸모(경제적 가치창출, economic value creation)의 균형'을 포함하고 있다. 다시 말해 모든 형태의 조직이나 기업은 경제적 가치 추구와 사회적 가치 추구를 해야 한다. 단지 사회적 기업가정신(social entrepreneurship)을 기업가정신과 구분하는 이유는 사회적 기업가정신이 가지는 특징 때문이며, 사회적 기업의 특징은 다음 부분에서 다루고자 한다.

　기업가정신은 단순한 트렌드에 따르는 새로운 경영방식이 아니라 우리에게 처해 있는 문제를 해결하는, 즉 시대의 문제를 해결하는 시대정신으로 인식하여야 한다. 시대정신이란 시대에 결핍되어 있는 요소를 풍요롭게 만들어주는 행동양식과 사고방식을 말한다. 즉 군부독재시대의 결핍인 민주주의, 일제식민시대의 결핍인 독립이 바로 시대정신이었던 것과 같이 현 시대의 시대정신은 우리의 결핍인 '경제적 문제와 정신적 문제'를 해결해주어야 한다. 기업가정신은 잘 먹는 문제 즉, 경제적 가치를 창출하도록 하여 경제적 문제를 해결하게 하며, 잘 사는 문제, 즉, 사회적 가치 창출을 통해 풍요로움을 공유하고 정신적 가치로움을 충족시키도록 한다.

시장중심으로 돌아가는 자본주의 경제에서 가치와 쓸모의 균형을 이야기하는 것은 매우 어려운 일이다. 또한 많은 사람들이 이 두 가지의 개념이 공존하기는 어렵다고 평한다. 그러나 최근 새로 등장한 많은 사회적 기업의 비즈니스 모델을 보면 이 두 경제 즉 시장중심의 자본주의와 공유 기반의 사회적 경제가 공존하는 것을 볼 수 있다.

캘리포니아에 기반을 두고 있는 이봉쉬나르가 창업한 파타고니아는 자신의 회사는 베네피트 기업(Benefit Corporation)이라고 선언하였다. 베네피트 기업 혹은 비콥(B-Corporation)이란 이윤을 추구하는 동시에 사회적 책임도 적극적으로 수행하는 기업을 뜻하는 말이다. 이러한 비콥의 비즈니스 모델은 기존의 자본주의적 기업을 변화시켜 시장과 공유 사회가 혼합된 세계에서 좀 더 빠르고 효과적으로 움직일 수 있게 한 것이다.

〈그림 9-1〉에서 볼 수 있듯이, 선한 지향 혹은 착한 기업 개념을 가지고 기업을 운영할 수 있을 것인가라는 질문에 대한 답이 될 수 있을 것이다. 쓸모, 즉 경제적 가치 창출만을 추구하는 기업에 비해서 사회적 가치 창출을 하고자 하는 사회적 기업들, 즉 착한 기업들의 생존율이 더 높음을 볼 수 있다.

기업가정신이 가치와 쓸모의 균형을 포함하는 광의의 개념이라고 할 때, 사회적 기업가정신 또한 가치와 쓸모의 균형추구라는 점에서는 같은 맥락에 있다. 다만 사회적 기업가정신이 발현되는 조직의 형태가 다양하다고 할 수 있다. 사회적 기업가정신이 비영리기관에서 발현될 수도 있으며, 영리를 추구하는 일반 기업에서도, 정부나 학교와 같은 조직에서도 발휘될 수 있다.

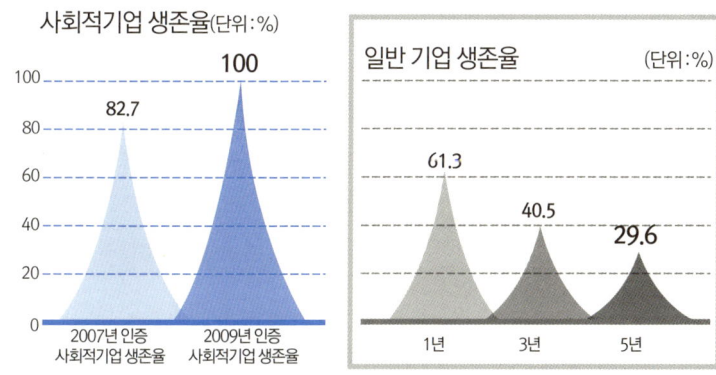

〈그림 9-1〉 착한기업이 오래 살아남는다

자료: 〈헤럴드경제〉(2014.1.27)

사회적 기업가정신의 개념이 등장한 배경은, 1980년대와 1990년대에 걸쳐 미국, 영국을 비롯한 여러 나라에서 복지국가 시스템을 축소했기 때문이다. 이는 비영리 부문에 위기와 기회를 동시에 제공했다. 이러한 과정 속에서 사회적 기업가정신 개념이 등장하게 된 것이다. 영리 추구형 기업은 3대 핵심사항으로 '사람, 지구, 수익성'을 강조하는 반면 비영리 조직들은 '수익성 이전에 사람과 지구'라는 표현을 선호한다(한계비용 제로사회). 이러한 점에서 사회적 기업가정신의 차이를 알 수 있다.

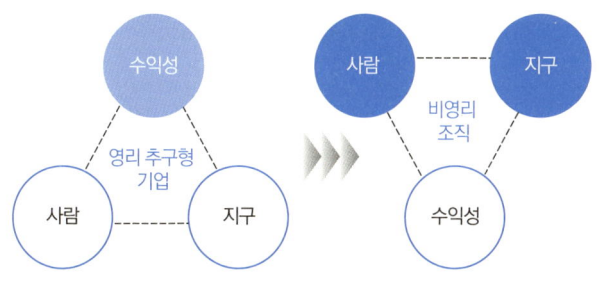

〈그림 9-2〉 영리추구형 기업과 비영리 조직의 핵심사항 비교

새로운 대안으로 등장한
사회적 기업

영국을 중심으로 한 유럽의 사회적 기업

일반인에게 사회적 기업 혹은 사회적 기업가정신(social entrepreneur-ship)이라는 용어가 친숙해진 것은 최근의 일이지만, 사회적 경제 및 사회적 기업의 활동은 1800년대 중반부터 협동조합운동이라는 형식으로 시작되었다(Alter, 2007). 자본주의가 가지는 문제를 해결하기 위한 다양한 시도 중에서 협동조합, 즉 공동의 이익을 추구하고 노동자와 소비자가 함께 사업체를 소유하고 공동의 이익을 추구한다는 협동조합(cooperative)운동이 시작된 것이다. 협동조합은 기업 소유자만 이익을 얻는 것이 아니라 협동조합에 참여하는 근로자 및 근로자의 가족에게까지 복지를 향상시킬 수 있다는 데 주안점을 두고 등장하였다.

1970년대 후반부터 1990년대까지 서유럽 국가들은 경기침체와 실업률이라는 이슈를 해결하기 위해 협동조합 및 협회와 같은 사회적 경제운동을 적극 실천하고 있다. 이 시기부터는 기존의 수동적 노동정책인 실업급여 제도를 넘어 노동자가 노동시장으로 복귀할 수 있도록 직업 훈련과 경험을 갖게 해주는 적극적인 노동정책으로 시행되었다.

유럽의 사회적 기업이 가장 활발하게 이루어지고 있는 국가는 영국이다. 영국무역산업청(2002)은 '사회적 기업은 사회적 목표를 우선시하는 기업으로, 기업이 거둔 흑자는 주주와 소유자의 이익을 최대화해야 한다는 필요에 의해 운용되기보다는 원칙적으로 그러한 목적을 위해 기업이나 지역공동체에 재투자된다'라고 정의하고 사회적 기업을 설명하고 있다. 즉 사회적 기업은 사회적 목표에 가치를 둔 기업으로 이익의 지속적 재투자를 주요 요건으로 정의하고 있다.

영국은 '사회적 기업청'을 2011년부터 설치하고, 사회적 기업 지원단, 사회적 기업 경쟁력 강화 방안, 공동체 이익 회사법 등 적극적인 사회적 기업 육성 정책을 실시하고 있다. 이렇게 영국이 사회적 기업 정책을 적극적으로 추진하는 이유 또한 여러 유럽 국가들과 마찬가지로 자본주의에서 생길 수 있는 문제점을 극복하기 위한 수단으로 사회적 기업을 보고 있다.

2010년 Social Enterprise London 보고서에 의하면 노동인구의 3.3%가 사회적 기업에 종사하고 있으며, 전체인구의 1.9%가 사회적 기업 창업을 하였다. 사회적 기업의 수로 보면 약 6만 2,000개의 사회적 기업이 있으며, 런던에만 약 3,400개의 사회적기업이 위치하고 있다. 사회적 기업의 매출 규모는 약 270억 파운드로, 원화로 하면 약 49조 원에 이른다. 런던 내의 사회적 기업의 특징을 보면 대부분의 기업이 직원 10명 이하로 매출 50만 파운드(약 10억 원) 이하의 중소규모 기업이며, 사회적 기업은 10만 개가 넘는 일자리를 창출하고 있는 것으로 조사되고 있다.•

영국의 사회적 기업 육성정책의 주요 방향은 사회적 기업가에게 올바른 정보와 조언을 제공하는 정책, 자금조달 지원 정책, 사회적 기업과 정부 간 협력지원 정책 등으로 사회적 기업에 대한 인식이 확산되고, 사회적 기업이 실질적으로 성장할 수 있도록 돕고 있다. 정부의 적극적인 정책과 더불어 '2010년 사회적 기업 선언'(Social Enterprise Manifesto

• Social Enterprise London, 2010

2010)을 통해 사회적 기업이 융성하고 성장하기 위해서 요구사항을 선언하고 정부의 지지를 얻고자 하는 움직임 또한 있다.

영국의 사회적 기업에 대한 중요 이슈는 정부의 당파에 상관없이 새로운 연합체제를 구성하였다는 것이며(Office of Civil Society, 시민사회청이 제3부문청 (Office of the Third Sector)을 대체), 주 정부는 지역사회 여러 단체에 권한을 위양하여 지역 발전 에이전시들이 사회적 기업 활동을 주도적으로 운영하도록 하고 있다. 사회적 기업의 성장에 가장 중요한 요인이 될 수 있는 자금 조달과 관련하여 영국 정부는 'Big Society Bank'를 설립하여 사회적 기업들을 위한 새로운 유형의 자금조달을 가능하도록 하고 있다.

미국의 사회적 기업

영국을 중심으로 한 유럽의 사회적 기업에 대한 정책과 미국의 정책은 많이 다르다. 영국은 정부정책적 드라이브가 강한 반면, 미국은 민간 주도의 프로그램으로 사회적 기업 육성이 시작되었다. 미국의 사회적 기업 등장은 1960년대 'The Great Society Program'을 통해 빈곤, 교육, 건강 돌봄, 지역사회개발, 환경 등의 분야에 수십억 달러 투자를 하였다. 이때 기금조성은 정부의 지원이 아니라 비영리조직에서 시작되었다.

1970년대 후반에 경제 불황과 경기침체로 인하여 1980년대 복지 분야의 긴축재정과 대규모 삭감이 이루어지면서 비영리 조직 지원금 380억 달러 정도 삭감되었다. 비영리조직의 정부재정 삭감에 따른 손실을 보완하기 위한 방법으로 사회적 기업이라는 대안을 선택하였다. 점차적으로 비영리조직의 상업적 활동이 사회적 목적을 추구하는 측면에서 수용되는 폭넓은 의미로 변형된 것이 미국의 사회적 기업 등장의 특징이라고 할 수 있다.

1980년대 이후에 사회적 기업은 사회 서비스 분야의 서비스 공급과 재정보완 수단으로 도입되었다. 사회적 기업이 사회적 목적을 위해서 수행되는 상업적 활동의 의미를 가지면서 사회적 기업가정신의 개념을 광범위하게 내포하기 시작하였다. 다만 구체적인 조직형태를 갖추기보다는 비영리조직이 상업적 방식으로 수익을 창출하는 방식으로 변화한 것이라 할 수 있다.

1990년대에 들면서 빈곤층 일자리 제공을 위한 사회적 기업이 본격적으로 등장하였고, 1990년대 이후에는 IT 산업 성공에 따른 자선가 증가로 사회적 기업가정신이 확산되었으며, 대학에서 기업가정신 교육과 더불어 사회적 기업가 육성이 활발해지기 시작하였다. 미국은 영국에 비해 민간주도적 사회적 기업의 성장이긴 하나 2000년 이후에는 미국 정부 또한 사회적 기업 관련 정책을 수립하기 시작하였다. 연방정부의 Service America Act(2009), 주정부의 사회적 기업 프로그램 연관 투자 프로그램은 2008년부터 본격적으로 시작되었다.

우리나라의 사회적 기업 등장

1960년대 이후에 사회과학 경영학 분야에서 기업의 사회적 책임(CSR, Corporate Social Responsibility)라는 용어가 자주 등장하기 시작하였다. 기업이 단순히 경제적인 이윤만을 추구하는 것이 아니라, 사회에 속한 다른 구성원에게 이익을 가져다주어야 한다는 인식이 기업의 사회적 책임의 핵심 개념이다(McWilliams & Siegel, 2001; Waddock, 2004;

Waddock & Graves, 1997)).

우리나라는 사회적 기업 및 사회적 기업가정신에 대한 개념이 CSR에서 시작하여 1990년대에 이르러 빈민지역에서 시작한 생산 공동체 운동으로 사회적 기업의 기원을 찾을 수 있다. 사회적 기업은 민간 차원의 운동과 취약계층을 위한 정부의 일자리 정책과 병행하면서 발전하기 시작하였다.

1997년 IMF 외환위기 이후 경제성장에 비해 실업과 빈곤의 문제에 취약한 복지국가 시스템이 개선되어야 한다는 사회적 요구가 정책 입안자와 시민사회 안에서 대두되기 시작하였다. 정부의 사회정책 확대에도 불구하고 사회 양극화, 비정규직의 확대, 일하는 빈곤층의 확산은 정부의 힘만으로 해결하기 쉽지 않은 문제다. 고령화, 저출산 문제로 인한 사회 서비스에 대한 수요도 확대되고 있어서 2000년을 전후로 사회적 기업은 민간과 정부 양자로부터 사회문제 해결을 위한 새로운 대안으로 주목받고 있다.

우리나라에서 사회적 기업이 등장한 배경을 좀 더 자세히 고용대책 측면, 사회통합 측면, 제도적 측면에서 살펴보자. 2000년 후반에 고용 없는 성장이 지속되면서 고용에 대한 다양한 방안들이 등장하였다. 외환위기시 시민사회의 공익 일자리 창출, 자활사업 즉, 사회적 일자리 사업이 확산되면서 고용의 대책으로 사회적 기업이 자리를 잡기 시작하였다. 사회 통합 측면에서 사회적 기업은 빈곤층, 실직자, 장애인, 한부모가정, 탈북자, 이주여성 등의 노동을 통한 사회통합이 필요하게 되었다. 소외층 노동통합 및 지역재생을 위한 지역사회 내 선순환적 경제주체로 이들이 등장하기 시작하였다. 제도적 측면에서 사회적 기업을 보면 1996년 자활공동체 지원 사업이 등장하였고, 2003년 사회적 일자리 창출, 2007년 사회적기업 육성법이 시행되기 시작하였다.

최근 들어 '사회적 가치실현과 확산을 위해 성실히 노력해야 한다. 발생한 이윤을 구성원 공동의 이익과 사회적 목적의 실현을 위해 우선 사용해야 한다'는 사회적 경제 개념이 확산되고 있다. 2008년부터 사회적 경제라는 용어가 우리사회에서 적극적으로 수용되기 시작하였으며, 사회적 경제는 시장부문과 공공부문 사이에서 양자를 통해 만족되지 못한 필요를 해결하기 위해서 재화와 서비스를 제공하는 경제활동영역으로 정의되고 있다. 사회적 경제의 주체는 협동조합, 사회적 기업, 비영리기업, 경제활동에 참여하는 다양한 비영리 사단법인, 재단법인, 취약계층 및 취약지역의 자조조직 등이 포함된다.

앞서 살펴본 유럽, 미국과 비교했을 때 우리나라의 사회적 기업의 특징을 살펴보면 우리나라는 유럽에 비해 협동조합의 전통(사회적 경제)이 취약하고 미국에 비해 기부 문화나 비영리조직의 토대가 취약하다고 할 수 있다. 유럽은 협동조합이나 협회와 같은 사회적 경제운동에 기반을 두고 있기 때문에 공공정책과도 관련성이 크다. 또한 유럽의 여러 국가들은 사회적 기업의 형태로 협동조합을 구성하는 경우가 매우 많다고 할 수 있다. 유럽과 한국은 복지국가의 정책과 밀접한 관련이 있기 때문에 법적 지원체계가 존재하며, 미국의 경우는 유럽에 비해 상대적으로 공공정책과의 관련성이 약하다고 할 수 있다.

사회적 기업가의 특징은 무엇인가?

사회적 기업이 다양하게 정의되고 있기에 사회적 기업 및 사회적 기업가정신에 대한 이해에 혼동이 있을 수 있다. 이러한 개념에 혼동을 막기 위해 사회적 기업의 특징을 좀 더 체계적으로 설명하고자 사회적 기업의 분석 틀(analytical framework)을 제시하고자 한다. 분석의 틀은 〈그림 9-3〉와 같이 8가지 요소로 구성되어 있다.

〈그림 9-3〉 사회적 기업의 분석 툴의 8가지 요소

1	사회적 기업가의 동기	5	임팩트의 측정 가능성
2	지역 파트너와의 협력	6	지속 가능성
3	비즈니스 모델 보유 여부	7	복제가능성 & 확장성
4	지속 가능한 혁신	8	투명경영

하나, 기업가는 사회적 임팩트를 위해 창업을 결심했는가?

사회적 기업의 가장 큰 특징 중의 하나는 사회적 기업을 창업하는 사람, 즉 사회적 기업가가 일반 창업기업가와는 차별적 특징을 가지고 있다는 것이다. 기업가가 창업을 하는 이유는 여러 가지가 있을 수 있다. 경제적 가치창출, 독립적으로 일하고자 하는 욕구, 사회적으로 인정받고자 하는 욕구, 자아실현 등 다양하다.

　사회적 기업가는 이런 일반적인 이유에 앞서 자신이 만들어낼 사회적 임팩트(social impact)에 대해 더 많은 관심을 갖고 창업을 결심한다. 사회적 문제를 인지하고 문제를 해결하고자 하는 동기가 강하며 일반인에 비해 공감능력(compassion), 도덕적 의무감(moral obligation)이 높다는 것이 여러 연구에서 밝혀졌다. 그러나 사회적 기업가는 타고난 것이 아니라 교육을 통해 사회적 기업가로 성장할 수 있다는 것 또한 여러 연구의 결과다.

둘, 사회적 기업을 지속가능하게 하는 지역 파트너가 있는가?

　어떤 형태의 기업이든 기업은 지속가능해야 한다. 사회적 기업이 지속가능하기 위해서 필요한 여러 요건 중 중요한 하나는 해당 지역에 파트너가 있는지 여부다. 해당 지역의 사정을 잘 알며, 사업 운영을 위해서 협조해야 할 지역사회 구성원, 조직이 있는지의 여부는 사회적 기업의 성공에 중요한 역할을 한다.

　예를 들어 아프리카 지역의 위생문제 해결을 위해 A라는 사회적 기업이 그 지역에 혁신적인 위생 시스템을 구축했다고 가정해보자. 창업자와 창업팀이 그 지역을 떠나더라도 위생 시스템이 지역 주민 및 지역 파트너(local partnership)에 의해서 지속적으로 운영될 수 있어야 한다. 일반적인 영리기업의 경우는 해당 지역에 별도의 법인설립이나 지사를 설립하는 것이 일반적이나 사회적 기업은 지역 파트너를 통해 해당 비즈니스가 지속될 수 있도록 하는 것이 필요하다.

셋, 경제적 이익을 창출할 수 있는 비즈니스 모델이 있는가?

지속적 임팩트를 창출하기 위해서는 반드시 이익 창출이 필요하다. 비영리조직 혹은 사회적 기업은 경제적 이익창출을 하지 않아도 된다고 생각하는 경향이 있다. 그동안 많은 사회적 기업의 비즈니스 모델은 기부를 통해서 이루어진 경우가 많기 때문이다. 그러나 사회적 기업은 사회적 가치를 추구하는 동시에 경제적 이익을 창출할 수 있는 확고한 비즈니스 모델을 보유해야 한다.

넷, 사회적 기업의 핵심이면서 사회적 임팩트를 창출할 수 있는 지속가능한 혁신이 있는가?

사회적 가치 창출 지향의 혁신이 하나 혹은 그 이상이 있는 것이 사회적 기업이 갖춰야 할 요건 중의 하나다. 혁신은 견고한 비즈니스 모델을 구축하여 사업을 지속가능하게 하는 원천이 된다. 사회적 기업이 보유한 혁신이 무엇인지를 파악하고 혹은 혁신능력을 함양하는 것이 사회적 기업이 갖춰야 할 요건이라 할 수 있다.

다섯, 사회적 기업이 창출하는 사회적 임팩트가 측정가능한가?

사회적 기업이 창출해내는 임팩트가 측정가능하고 평가 가능해야 한다. 임팩트를 측정가능하지 못한다면 실제 그 임팩트가 존재하는지 알 수 없으며, 그 크기가 얼마나 되는지 알 수 없으므로 사회적 기업의 성과인 임팩트를 측정하고 평가하는 일은 매우 중요하다. 가장 손쉽게 생각하는 기준은 비용 대비 얼마나 효율적인가 하는 것이지만, 사회적 기업의 제품이나 서비스를 통해서 얼마나 큰 변화를 가져왔는지를 평가할 수 있어야 한다.

사회적 기업이 어떤 현상에 개입되었을 때 나타나는 실질적인 임팩트를 비교할 수 있어야 하며, 그 비용을 산정할 수 있어야 한다. 많이 사용되는 측정도구로는 한 명의 생명을 구하는데 얼마의 비용이 드는가다.

여섯, 사회적 기업이 지속가능성을 가지고 있는가?

지속가능한 발전, 지속가능성이라는 용어는 1987년 '환경과 개발에 관한 세계 위원회)'(World Commission on Environment and Development, WCED)에서 제출한 우리 공동의 미래(Our Common Future)에서부터 사용하기 시작하였다.

사회적 기업에서 강조되어야 할 지속가능성(sustainability)은 크게 세 가지로 구분하여 볼 수 있다. ① 운영적(operational) 측면, ② 재무적(financial) 측면 ③ 환경적(environmental) 측면이다. 지속가능성이란 기업이 지속할 수 있음을 설명하는 요건이며, 기업이 장기적으로 존재할 수 있는 힘이 된다.

① 운영적 지속가능성(operational sustainability)이란 인적자원능력을 설명할 때 사용되며, ② 재무적 지속가능성(financial sustainability)는 주로 재무적 자원이 전략적 임팩트 목표를 달성할 수 있는지를 말한다. 비영리 조직에서는 주로 재무적 지속성이 취약한 경우가 많은데 지속가능성을 만들어낼 비즈니스 모델이 없고 주로 기부에 의존하기 때문이다. 주로 사회적 기업의 경우에는 비즈니스 모델이 취약한 비영리조직보다는 좀 더 나은 지속가능성을 가질 수 있도록 하여야 한다.

③ 사회적 기업의 환경적 지속가능성(environmental sustainability)이

란 생산활동을 하는데 있어서 자연자원을 착취하는데, 이때 자연환경을 과도하게 파괴하지 않고, 미래세대가 그들의 필요를 충족시킬 능력을 저해하지 않으면서 현 세대의 필요를 충족시킬 수 있음을 의미한다.

일곱, 복제 가능하고, 확장 가능한가?

사회적 기업의 궁극적인 목적은 사회적 임팩트를 더 크게 만들어내는 것이다. 일반적인 영리기업의 경우에는 경쟁자가 기업의 제품 및 서비스를 복제할 수 없을 때 경쟁우위를 갖는다. 그러나 사회적 기업의 경우에는 사회적 기업의 비즈니스 모델이 어느 곳에서든지 복제 가능할 때(replicable) 사회적 임팩트가 커진다. 또한 작은 규모로 사회적 기업이 운영되었으나, 더 큰 규모에서 운영될 수 있는 능력, 즉 규모확장성(Scalability)이 있다면 사회적 기업은 더 큰 의미를 갖게 된다. 이익 창출을 하는 조직 및 기업과는 달리 사회적 기업의 복제가능성과 확장 가능성은 사회적 기업의 중요한 특징이다.

여덟, 얼마나 투명하게 운영되는가?

사회적 기업의 특징 중 하나는 투명경영(transparency)이다. 모든 기업이나 조직이 투명한 경영을 통해서 이해관계자의 이익을 만족시켜야 한다. 그러나 사회적 기업은 특히 더 모든 정보, 조직의 활동들, 재무적 정보, 보상, 성과 및 임팩트 등을 투명하게 공개하여야 하고 투명하게 운영하여야 한다. 사회적 기업은 주요 주주뿐만 아니라 많은 이해관계자와의 관계를 통해서 이루어지기 때문이다. 모든 이해관계자가 이해할 수 있는 말로 명확하고, 정확한 정보를 공유하는 것이 사회적 기업이 해야 할 일이며, 다른 일반기업과 차별적인 요소라 할 수 있다.

성장의 한계를
넘어서

우리는 그동안 문제가 발생했을 때 어떻게 대처했는지 돌이켜보자. 어제의 성공이 오늘도 통할 것이라는 생각에 임시변통에 불과한 해답을 내놓곤 하였다. 경제 순환주기상 하강 국면에 들어서면 불경기가 끝나는 대로 문제가 해소될 것이라고 기대하고, 열심히 하면 잘 만들고, 잘 팔 수 있을 것이라는 과거의 경제논리를 내심 기대한다. 기업은 소포모어 증후군(Sophomore Syndrome), 즉 똑같은 성공이 되풀이 될 것이라는 믿음을 갖는다.

스티브 잡스는 매킨토시 컴퓨터로 애플을 성공시켰지만 두 번째 회사인 NeXT는 같은 성공을 반복할 수 없었던 것처럼 과거의 성공논리는 환경과 타이밍과 같은 상황에 영향을 받기 때문에 이전의 성공논리는 반복되지 않는다. 특히 최근에는 이러한 과거 논리로 설명이 안 되는 현상이 속출하고 있다. 과거에 경제문제, 사회문제가 생기면 제도적으로 시스템의 수정을 통해 문제를 해결했지만 이제 이러한 방식은 일시적인 문제완화만 될 뿐 근본적인 문제해결은 할 수 없다.

세계경제도 지속적인 성장의 끝을 보이기 시작했다. IMF 총재 크리스틴 라가르드는 이러한 세계경제 성장의 둔화를 보고 '새로운 평범함'(new mediocrity)이라고 설명하면서 자본주의 경제성장은 앞으로 30

년 이내에 한계를 맞이할 것이라고 예측하였다. 서울대학교 명예교수인 박우희 교수는 '경제학은 동네 개울에서 붕어를 잡으려면 어떻게 해야 하는지를 복잡하게 알려주는 수준에 그친다'●라면서 현재의 경제이론이 현 패러다임의 해결책이 될 수 없음을 설명한 바 있다.

이처럼 현재의 패러다임이 한 시대의 가장 큰 도전과제에 해결책을 제시하지 못하게 되면 사회는 과도기에 접어들게 되고, 기존 논리 및 운용 시스템은 머지않아 새로운 것으로 대체되어야 한다.

우리는 이전에 겪었던 유사한 변화와 위기를 다시 맞이한 것이 아니라 완전히 다른 변화 앞에 서 있다. 완전히 다른 변화 앞에서는 '패러다임의 변화'만이 답을 이끌어낼 수 있다. 이러한 패러다임의 변화 앞에서, '사회적 기업'이 그 답일 것이라 생각한다. 사회적 기업은 우리가 그동안 간과했던 사회적 가치 창출로 시장중심의 자본주의가 가졌던 문제를 해결하는 동시에, 우리에게 필요한 경제적 가치 창출의 대안이 될 것이다.

● 2015년 2월 25일 조선일보기사 - 박우희 서울대학교 명예교수

《사회적 기업·협동조합 이란 무엇인가?》

자료 : http://www.socialenterprise.or.kr

사회적 기업의 개념

▷ 사회적 기업(Social Enterprise)이란 영리기업과 비영리기업의 중간 형태로, 사회적 목적을 우선적으로 추구하면서 재화·서비스의 생산·판매 등 영업활동을 수행하는 기업(조직)을 말함

▷ 「사회적기업 육성법」에서는 사회적 기업을 취약계층에게 사회서비스 또는 일자리를 제공하여 지역주민의 삶의 질을 높이는 등의 사회적 목적을 추구하면서 재화 및 서비스의 생산·판매 등 영업활동을 하는 기업으로서 고용노동부 장관의 인증을 받은 기관으로 정의하고 있음

▷ 영리기업이 주주나 소유자를 위해 이윤을 추구하는 것과는 달리, 사회적 기업은 사회 서비스를 제공하고 취약계층에게 일자리를 창출하는 등 사회적 목적을 조직의 주된 목적으로 추구한다는 점에서 차이가 있음

▷ 사회적 가치창출 : 전통적 비영리 기관, 수익창출 활동을 하는 비영리기관
경제적 가치 창출 : 사회적 책임 활동을 하는 기업, 전통적 기업
사회적 기업 영역 : 수익창출 활동을 하는 비영리기관, 사회적 책임 기업, 사회적 책임 활동을 하는 기업

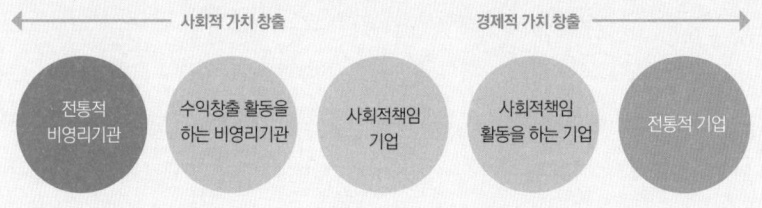

▷ 사회적기업의 유형
① 일자리 제공형 : 조직의 주된 목적이 취약계층에게 일자리를 제공

② 사회 서비스 제공형 : 조직의 주된 목적이 취약계층에게 사회 서비스를 제공
③ 지역사회 공헌형 : 조직의 주된 목적이 지역사회에 공헌
④ 혼합형 : 조직의 주된 목적이 취약계층 일자리 제공과 사회서비스 제공이 혼합
⑤ 기타형 : 사회적 목적의 실현여부를 계량화하여 판단하기 곤란한 경우

협동조합의 개념

▷ 재화 또는 용역의 구매·생산·판매·제공 등을 협동으로 영위함으로써 조합원의 권익을 향상하고 지역사회에 공헌하는 사업조직 - 협동조합기본법 제2조 제1호

▷ 공동으로 소유되고 민주적으로 운영되는 사업체를 통하여 공통의 경제적, 사회적, 문화적 필요와 욕구를 충족시키고자 하는 사람들이 자발적으로 결성한 자율적인 조직 - 국제협동조합연맹(ICA)

▷ 이용자가 소유하고 이용자가 통제하며 이용규모를 기준으로 이익을 배분하는 사업체 - 미국 농무성(USDA)

협동조합의 기본법

▷ 목적 및 의의 : 협동조합의 설립운영에 관한 기본적인 사항을 규정하여 자주적, 자립적, 자치적인 협동조합 활동을 촉진하고 사회통합과 국민경제의 균형 있는 발전에 기여함을 목적함. 법인격 부재로 인한 애로사항을 해소하고 새로운 경제사회 발전의 대안모델로 주목받고 있는 협동조합의 설립과 운영을 규정함으로써 경제 사회적 수요를 반영하기 위한 것임

협동조합기본법 제정은 다양한 분야에서 새로운 협동조합의 설립, 운영을 자유롭게 하여 서민과 지역경제를 활성화하고 지역단위의 새로운 일자리를 창출하여 국민 경제 발전에 기여할 것임

1인 1표의 민주적인 경영, 조합원 편익 우선, 지역사회 기여 등 '윤리경영'과 '상생번영'의 시대정신이 반영된 협동조합이 활성화되어 새로운 경제사회 발

전의 대안 모델로 확산될 것임

숫자로 불어보는 알기 쉬운 협동조합 기본법

	내용		의의
	요약	상세	
1	1인 1표	출자액수에 관계없이 1인 1개의 의결권과 선거권 부여	주식회사(1주 1표)와 다른 민주적 운영방식
2	2개의 법인격	일반협동조합 / 사회적 협동조합	영리·비영리 부분의 정책수요 모두 반영
3	2년 주기 실태조사	실태조사(3년 주기) 후 국회 소관 상임위원회 보고, 이를 바탕한 기본계획 수립	협동조합 활성화를 위한 정부의 책무 규정
4	자본주의 4.0 (대안적 기업모델)	기존 주식회사, 비영리법인과 달리 소액·소규모 창업, 취약계측 자활을 통한 '공생발전' 모델	양극화 해소·서민경제 활성화의 대안모델
5	최소 설립 인원 5인	5인 이상 자유롭게 설립 가능 (기존 개별법 : 300~1,000명)	자발적 소규모 활동 지원
6	기본법 제6조 (협동조합 기본원칙)	조합원을 위한 최대 봉사 자발적 결정·공동소유·민주적 운영 투기·일부 조합원 이익 추구 금지	협동조합 정신 반영
7	7월 첫 토요일 (협동조합의 날)	협동조합의 날(7월 첫 토요일) 협동조합주간(그 전 1주간)	협동조합 활성화 촉진
8	8개 협동조합법의 일반법	기존 8개 법과 독립적인 일반법 • 농협·수협, 신협, 중기협, 생협, 새마을, 엽연초, 산림조합법	협동조합 설립 범위 확대 개별법과 관계 정립

기업가정신이란 무엇인가?

기업가정신은 시대의 문제를 해결하는 시대정신이다. 《우리 본성의 선한 천사》에서 저자 스티븐 핑커(Steven Pinker)는 현대 인류는 역사상 어느 시기보다 '덜 폭력적이고 덜 잔인하며, 더 평화로운 시대'에 이르렀다고 말한다. 이처럼 현재는 이념과 폭력을 넘어서 좀 더 잘 먹고 잘 사는 문제, 즉 경제적 만족과 정신적 행복으로 시대문제가 귀결된다.

잘 먹고 잘 사는 문제가 이 시대의 문제라면 무엇이 이 문제를 해결하는 시대정신이 될 수 있는가? 기업가정신, '가치와 쓸모를 창출하는 자기혁신'이 이 시대의 결핍을 해결하는 시대정신이 될 수 있다.

기업가정신의 본질에는 경제적 가치와 사회적 가치의 균형을 추구하는 '가치와 쓸모의 균형'을 내포하고 있다. 이를 통해 현 경제체제의 문제가 된 불균형의 문제를 사회적 가치창출과 경제적 가치창출의 균형으로 해결하고자 하였다. 또한 창조(가치와 쓸모의 균형)는 어디에서 기인하는가를 보면 자기혁신으로부터 출발한다. 진정성을 가지고 자신의 본성을 파악하고자 하는 노력에서 창조가 나오는 것이다. 이를 통해 개인이나 조직, 국가는 정신적 행복을 추구하는 것이 가능해진다.

– 이채원

10
실패는 감추어진 보물이다

김인수 연구조교수 _ 한국과학기술원

사람들은 성공 스토리를 원한다. 실패한 이야기는 배척한다. 하지만 실패를 대면하지 않고는 성공할 수 없다. 우리 중 대다수가 실패하고 있고, 앞으로도 실패할 것이기 때문이다. 우린 실패를 극복하고 다시 일어나 희망의 빛을 볼 수 있어야 한다. 그리고 기필코 '성공'을 만들어내야 한다.

이 글을 쓴 김인수는

현재, KAIST 기업가정신연구센터에서 연구조교수로 기술금융, 기술가치평가 그리고, 기업가정신과 실패와 재도전을 연구하며, 학부생 대상으로 '실패와 재도전'이라는 과목을 개설해서 강의를 하고 있다. 2006년부터 기업가정신을 연구하던 중, 2013년 우연히 시작한 실패 및 재도전에 대한 연구는 5년째 진행 중이다. 국내에서 몇 안 되는 연구자로서 창업과 실패에 대한 솔직한 의견을 대내외에 이야기해오고 있다. EBS 4부작 다큐멘터리 '패자부활전'의 자문교수로 중소기업벤처부의 재도전 분야 자문위원으로 활동하고 있으며, 2015년부터 중소기업벤처부와 함께 재창업을 위한 교육 프로그램을 개발 및 운영하고 있다. 지금까지 약 900명의 재도전 기업인들을 교육하며, 실패 원인과 사례를 연구해오고 있다. 그는 실제 창업과 기업 운영을 깊게 이해하기 위해서 독학으로 공부한 재무회계와 관리회계를 요약 정리하여 《Engineering Accounting》이라는 책을 미국에서 공동 출간하고, KAIST 기술경영전문대학원 석박사들에게 '재무관리회계' 과목을 강의 하기도 하였다. 2003년부터 2005년까지 Back Ground Music 창업멤버로서 활동하였으며, 2006년부터 KAIST 기업가정신연구센터에서 기업가정신을 연구하고 있다. 2013년 KAIST 기술경영전문대학원에서 기술경영으로 박사학위를 받았고, 2016년부터 2017년까지 뉴욕주립대(SUNY Binghamton)의 Industrial Engineering에서 Visiting Scholar로 미국 현지의 창업 환경을 연구하였다. 그는 기업가정신이 온전하게 사회에 녹여지는데 밀알이 되는 꿈을 꾸고 있다.

창업, 그 달콤함 이면의
냉혹한 현실

기업의 성장과 소멸, 그리고 재기는 사회적으로 볼 때 자연스러운 현상이다. 하지만 소멸 후 다시 재기를 할 수 있는지는 기업이 속해 있는 사회 경제적 안전망에 달려 있다. 어떤 사회는 재기가 어렵지 않은 반면, 재기가 근본적으로 불가능한 사회나 국가가 존재하기도 한다. 우리나라는 이점에 있어 과연 모범적이고 긍정적인 면을 찾을 수 있을까? 여러 가지 사례와 데이터를 기반으로 살펴보자.

〈표 10-1〉는 2007년부터 2014년까지의 창업과 폐업에 대한 데이터를 보여주고 있다. 왼쪽 부분은 개인기업의 신규창업과 폐업현황을, 오른쪽은 법인 신규창업과 폐업현황을 보여주고 있다. 우리나라 인구를

〈표 10-1〉 우리나라 창업 및 폐업 수

(단위 :1,000개)

년도	개인창업		법인창업		
	신규창업	폐업	신규창업	폐업	
				공식	비공식(*)
2007	1,576	1,258	75	46	59
2008	1,515	1,192	75	50	65
2009	1,458	1,183	80	55	72
2010	1,522	1,217	83	54	71
2011	1,554	1,286	89	51	66
2012	1,499	1,290	97	56	73
2013	1,439	1,264	101	57	74
2014	1,587	1,197	111	54	74

자료 : 국세청, 〈2015국세통계연보〉

(*) KAIST 기업가정신연구센터 Turnaround Management Lab(2013년~2014년 재도전 정책연구 보고서) 심층 인터뷰 자료_Venture Capitalist 인터뷰 결과

5,000만 명으로, 20세부터 50세까지 인구를 대략 2,000만 명으로 추산할 때, 개인사업*으로 매년 150만 개씩 신규창업이 이루어진다는 것을 알 수 있다. 이것은 결코 적은 수가 아니다.

한편 예비창업자, 벤처기업인뿐 아니라, 현장에서 뛰고 있는 창업 전문가와 창업 분야 연구원 그리고 정책지원 기관에게도 신규법인 수가 얼마나 되는지 물어보았다. 그런데 법인 수를 정확하게 맞추는 이는 매우 드물었다. 필자도 데이터를 보기 전에는 현실과 맞지 않는 터무니없는 숫자를 떠올리곤 했다. 우리나라 신규 법인 수는 매년 증가하고 있고, 2014년 기준 신규 법인은 11만 개를 넘어섰다.

매년 이런 추세로 신규 사업자와 법인이 생겨난다면 얼마 되지 않아 우리나라 대부분의 사람들이 기업가(entrepreneur)가 될 것이다. 2007년부터 계산을 하더라도 2014년엔 폐업을 고려하지 않는다면 누적으로 1,200만 명이 넘는 기업가가 존재하는 것이다. 그러나 많은 기업이 폐업했고, 통계적으로 잡히지 않는 실질적 폐업 상태의 기업까지 고려하면 기업의 순증가는 그리 많지 않다.

사람들은 보고 싶은 것만을 보고, 듣고 싶은 것만 듣는 경향이 있다. 창업 역시 동일하다. 대부분의 사람들은 긍정적인 측면에서 창업을 바라보고 증가하는 창업자 수에 자극을 받는다. 그리고 실패한 사람보다 성공한 사람을 통해 희망을 가지고자 한다. 그러나 양지가 있으면 음지가 있는 법, 창업과 폐업은 동전의 양면이다.

나는 2006년부터 기업가정신을 연구하면서 주로 '창업' 분야에 초

● 개인사업에는 골목상권을 가득 매우고 있는 식당, 세탁소, 편의점, 파자가게 등을 포함.

점을 두었다. 대부분의 연구자들처럼 창업활성을 위한 각 국가의 정책, 창업 관련 연구와 함께 성공 사례를 분석하여 자료를 만들었다. 그렇게 2013년 우연한 기회에 '폐업'이라는 단어와 그 파급효과가 얼마나 큰지 알기 전까지는 창업, 그 자체를 연구하였다.

우리나라에서 폐업하는 기업이 얼마나 많은지, 폐업을 하면 어떻게 되는지, 폐업을 현명하게 준비해야 한다는 말을 창업 강의 또는 창업 세미나에서 하면 어떻게 될지 상상해보았는가? 미국은 2.8회 창업을 하는데, 우리나라는 1회도 되지 않는 것이 도전정신이 미국보다 낮기 때문일까? 〈표 10-1〉에 있는 데이터를 들여다보면, 우리나라 창업과 폐업에 대한 현 주소를 확인할 수 있다.

부가가치세를 납부하는 기준으로 법인창업 수를 보면 2010년 기준 약 8만 3,000개의 기업이 창업을 했고, 2011년은 약 8만 9,000개의 법인이 창업 신고를 마쳤다. 2013년 약 5만 7,000개의 법인이 폐업을 하였고, 2014년에는 5만 4,000개의 법인이 폐업했다. 3년 정도 기업 운영 기간을 고려할 경우, 신규 창업법인 대비 폐업 비율이 약 60%에 달하고 있다.

〈표 10-2〉의 해외 데이터와 비교해보면, 3년 동안 60%의 폐업률은 양호하다고 보기 어렵다. 그러나 폐업률 60%에는 국세청이 직권폐업(폐업 신고를 하지 않았으나 일정 기간 영업을 하지 않는 기업을 국세청이 폐업시키는 것)하는 기업 수는 포함되지 않았다. 여기에 영업을 하지 않은 상태의 기업(잠정적 폐업)까지 포함하면 비공식적으로 3년 기간 내에 약 90% 이상의 창업기업이 폐업하고 있는 것으로 추정할 수 있다. 이 수치는 법인에 해당하는 것인데, 개인사업자까지 포함하면 폐업에 대한 상황은 다소 심각한 수준이라고 할 수 있다.

〈표 10-2 창업생존율〉

(단위 : %)

생존년수	미국 생존율(*) (2004~2015)	한국 생존율(**) (2004~2014)	EU 생존율(***) (2009~2014)
1	79.6	70.4	80.0
3	60.6	43.0	54.6
5	49.6	30.4	44.0
10	33.6	16.4	-

(*) U.S. Bureau of Labor Statistics(https : //www.bls.gov/bdm/entrepreneurship/bdm_chart3.htm)
(**) South Korea SMBA Statistics(http : //sminfo.smba.go.kr)
(***) EUROSTAT(http : //ec.europa.eu/eurostat/statistics-explained/index.php/Business_demography_statistics)

수치로 확인할 수 있는 실패율보다 기업이 실패하고 난 이후 발생하는 복잡하고 심각한 문제도 존재한다. 유감스러운 건 이러한 사실을 아는 사람은 매우 적다는 점이다. 창업하는 기업 90%가 실패한다고 해도 '재창업'하는 것이 어렵지 않도록 창업환경이 뒷받침하고 있다면 사회적 발전에 크게 기여할 수 있을 것이다. 이러한 창업환경이라면 창업을 과감히 하라고 적극 권유할 것이다. 창업하는 이들에게 혁신적인 생각을 요구하고, 새로움에 도전해보라고 얘기할 수 있는 것이다.

재창업은
가시밭길

그러나 재창업은 상상할 수 없을 만큼 힘들다. 더 큰 문제는 이러한 냉정한 현실을 예비창업자나 실패를 경험해보지 않은 창업자는 잘 모른다는 것이다. 몇몇 예비창업자나 창업한 지 얼마 되지 않는 대표에게 실패에 대하여 물어보면 교과서나 상식 수준에서 대답한다.

비가 올 때까지 기우제를 지낸다는 인디언 기우제 이야기를 비유로 들면서, 창업해서 실패하면 성공할 때까지 계속 재창업을 할 것이라고 한다. 어떤 학생 예비창업자는 미국은 평균 2.8회 창업을 한다고 그러지 않았냐며 자신도 최소 세 번은 창업을 해봐야 하지 않겠냐는 말을 하는 경우도 있었다.

〈그림 10-1〉은 실패 후 얼마나 많은 기업인이 재창업을 하고 있으며, 재창업을 한 기업인이 얼마나 생존하는지를 보여주고 있다. 〈그림 10-1〉을 보면 실패한 기업인의 3.2%만이 4~5년 후에 재창업을 하고 있음을 알 수 있다. 그리고 재창업을 한 기업인 가운데 약 94%가 다시 실패(폐업 또는 영업중단)하고 있다. 이를 자세히 보면 재창업 후 다시 폐업을 하는 경우는 22%며, 72%는 영업, 은행거래 및 세금 납부 등 관련한 어떠한 데이터도 수집되지 않는 것으로 볼 때 잠정적 영업중단 상태로

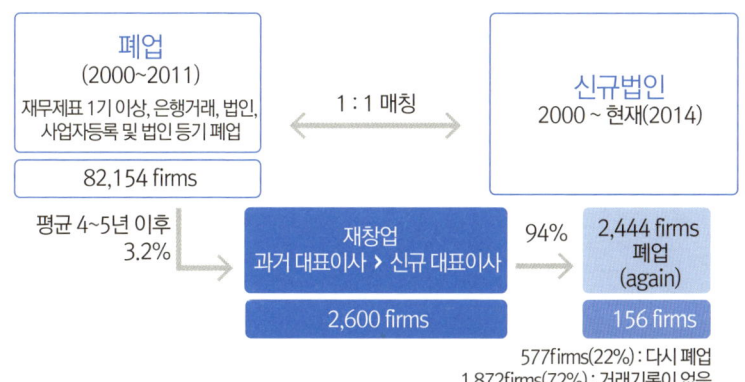

〈그림 10-1〉 폐업 기업의 재창업 비율

자료 : KAIST 기업가정신연구센터 재도전 연구 보고서, 김인수(2014)

볼 수 있다. 이렇듯 매우 적은 수의 기업만이 실패 이후, 재창업을 하고 있음을 알 수 있다.

그러나 앞의 결과와는 다르게 그동안 성공 사례를 연구하고, 특강을 초청하면서 듣고 느낀 것이 있는데, 성공한 기업인의 성공 스토리를 들어보면 실패를 '극복'한 경우가 많다는 점이다. 연구결과와 현실은 맞지 않는 점이 많다. 어찌된 것인지 확인해보니 실패한 기업인은 재창업을 제3자 명의로 하는 경우가 많았다. 본인의 신용(폐업을 하면서 연대보증 등으로 인하여 신용등급이 낮아지는 경우가 많음) 및 부채 등 현실적인 이유로 대표이사를 하지 못하고, 제3자 명의로 이면계약 등을 통하여 회사를 운영하는 경우가 약 40%로 추정되고 있다.

또한 대표이사가 아닌 임원으로 창업하는 경우도 있었는데, 약 4% 정도였다. 우리나라에서의 창업의 현실은 그리 쉽지만은 않은 것 같다. 이런 현실 속에서 미국의 2.8회의 창업 횟수를 어떻게 비교할 수 있겠는가? 인디언의 기우제를 비유한다? 그건 이미 가능한 얘기가 아니다. 친구, 선후배 그리고 학생들에게 창업을 추천하고 권유하는 것이 바람직한 것인지 냉엄한 현실을 기반으로 진지하게 고민할 필요가 있다.

관점을 전환하자
: 실패에 대한 반면교사

지피지기면 백전백승이라는 말이 있다. 나는 창업을 성공적으로 활성화시키기 위해 '창업의 숫자'가 아닌, '실패의 숫자'에 연구의 초점을 기울이는 '관점의 전환'을 하기로 했다. 기업이 왜 실패하는지를 이해한다면 적어도 실패율을 줄일 수 있을 것이다. 그리고 실패를 하더라도 재창업이 수월하다면 창업은 효율적으로 증대될 것이다. 넘어지고 난 후 바로 일어설 수 있도록, 왜 넘어지는지와 잘 넘어지는 방법을 조사·연구한 것이다.

최근 수년간 정부, 기관, 기업 및 대학 그리고 창업전문가들은 창업의 숫자를 늘리는데 예산과 에너지를 투입했다. 하지만 예산을 투입하고 다양한 창업 관련 사업을 개발할수록 창업 시장이 왜곡되면서 창업 시장에 거품이 나타나는 듯이 보였다.

일반적으로 재창업을 하는 기업인의 나이를 보면, 평균 55세였고 적어야 45세 전후였다. 그리고 폐업 후 재창업 준비 기간을 4~5년 정도 거치는 경우가 많았다. 그런데 최근 몇 년부터는 30대 초반에서 재창업에 도전하는 기업인이 나타나고 있다. 이들은 익히 알고 있던 제조업 기반의 경험이 풍부한 기업인이 아니었다. 창업 붐을 통해 정부지원을 통하여 정보통신 또는 소상공 분야에서 창업했지만 매출 없이 서비스 개발을 하다가 폐업한지 1~2년이 조금 넘어 재창업에 도전하는 젊은이가 대부분이었다.

상기 분야의 젊은 재도전 기업인은 정부지원을 통해 창업한 자기 또래의 폐업 기업인이 생각보다 많다는 이야기를 해주었다. 필자 주변도 둘러보니 30대 후반의 실패 경험이 있는 기업인이 여럿 보였다.

창업의 실패요인을 살펴보면 성공요인과는 다르게 시간이 흘러도 변하고 있지 않음을 알 수 있다. 성공요인은 당시 정치적 환경, 경제적 분위기, 소비자의 기호 등에 따라 바뀌는 경우가 많다. 어림잡아 20년 전에는 수직적, 수평적 통합을 통한 규모의 경제를 만드는 것이 대세였다. 하지만 최근 성공전략은 가급적이면 가볍고 활동적이며, 혁신적인 조직의 구성이 전략적 대세다.

성공 원인은 다각화되었지만 실패 원인은 오래 전이나 지금이나 크게 바뀌는 것 같지 않다. 여기엔 좀 억지스럽긴 해도 긍정적 측면이 있다. 실패 원인이 너무나도 분명하기 때문에 주요한 몇 가지만 조심하여 준비한다면 실패율을 줄일 수 있다는 역발상의 생각이 그것이다.

물론 공부를 열심히 하면 커서 훌륭한 사람이 될 수 있다는 만고불변의 진리는 알지만 실제로 실행에 옮기는 것은 쉽지 않다. 오래 전부터 우리는 실패 원인을 찾고 이해하면서 오답노트를 작성해야 했지만, 그 시간에 성공 요인을 찾았고, 성공한 기업인이 어떻게 기업을 운영했는지 연구했다. 너무 한 쪽에만 집중했던 것이다. 실패의 원인은 비슷한 경우가 많기에 선배 기업의 실패 원인을 분석하고, 이해하고, 준비한다면 후배 기업이 같은 원인으로 실패하는 일을 줄일 수 있다.

창업보다 힘든
폐업

나는 2013년부터 약 5년이 넘는 기간 동안 폐업을 경험한 기업인을 만나고 인터뷰하면서 충격을 받았다. 현실을 몰라도 너무 몰랐던 것이다. 버스값이, 콩나물값이 얼마인지 모르면서 시장 물가와 정책 방향성을 논의하는 연구자가 된 기분이 들었다.

폐업의 원인을 밝히고 공부한다는 것은 어려운 일이다. 막상 내가 폐업을 한다면 이후 1년간 새로운 준비를 하면서 생각해볼 점이 있을 것이다. 비즈니스 의사결정에 잘못됨이 없었는지, 당시 시장 환경은 어떠했는지, 경쟁자의 전략과 내 전략이 어떻게 차별화가 되었는지 등이다. 아마도 기업이 폐업을 하면 좀 복잡하지만 이 경우 시간이 흐르면 해결될 것이고, 다시 기회를 봐서 재창업을 하면 될 것이라고 생각할지도 모른다. 그리고 길어야 1년 또는 2년이면 재창업을 할 수 있을 것이라고 막연한 생각을 할지도 모르겠다.

기업을 3년 이상을 운영하게 되면, 크고 작은 부채가 생기기 마련이다. 경영 위험을 감지하고, 급여 문제 때문에 걱정을 한다. 그리고 매출이 발생하지 않아 심각하게 고민하기도 한다. 그래서 폐업을 고려해보지만 어떻게 폐업을 해야 하는지, 폐업을 하게 되면 어떤 일이 발생하는지는 모르는 경우가 많다. 폐업 후 한참이 지나서야 '그때 이렇게 했어야 했는데…, 또는 '이렇게 폐업을 할 수 있는 방법도 있었는데' 하는 뒤늦은 후회를 하는 기업인이 많다.

기업이 매출이 높고, 부채가 일정 규모 이상이 되면, 기업회생이라는 분야에서 법무법인, 회계법인 및 전문가가 투입되고, 구조조정 또는 M&A를 통해 기업을 회생시키기 위해서 노력한다. 그러나 아쉽게도 우리나라의 90%가 넘는 중소벤처기업에는 해당 사항이 없다. 그러하기에 기업이 어려움에 처하면, 본인 스스로 정부 도움도 받아가면서 알아서 헤쳐나가야 한다.

〈그림 10-2〉은 기업이 위험을 인지하면서부터 폐업을 거쳐 신용문제 그리고, 재도전에 이르는 전체 프로세스를 도식화한 것이다.

〈그림 10-2〉에서 볼 수 있는 것처럼 대부분의 중소벤처기업은 기업위험을 인지하였을 때, 자구노력을 통하여 위험을 극복하려하지만 대부분의 경우 폐업을 하고 있다. 스스로 위험을 극복하고, 헤쳐나가기 위해서는 법률적인 지식에 더해 회계·세무, 인사노무 등 전문 지식이 있어야 한다. 뿐만 아니라, 시장을 읽고 이해하는 높은 수준의 전략적 지식과 함께, 많은 경제적 노력이 요구된다. 대부분의 기업인에게는 이 모든 게 어려운 숙제다.

기업이 어려움에 빠졌을 때 많은 기업인들은 정확히 계산한 자금 소요 계획 없이 막연한 믿음에 근거해서 가까운 지인과 친척에게 자금을 융통하는 경우가 많다. 하지만 밑 빠진 독에 물 붓기가 되는 경우가 대부분이다. 설령 우여곡절 끝에 R&D를 완성한다고 해도, 오류 수정에 대한 비용을 간과하거나, 매출계획 및 유통계획이 구체적이지 않을 경우, 지금까지 투입된 자금의 몇 배가 더 요구되는 상황이 발생하는 것이 다반사다.

이렇게 막연한 믿음과 계획을 근거로 자구노력을 한 기업은 더욱 헤어나기 힘들고, 상상하기 어려운 폐업 이후의 삶을 경험하게 된다. 대표이사는 폐업과 동시에 신용에 문제가 발생하는 것이 일반적이다. 어떤 예비창업자들은 부채가 문제가 되니, 자신은 부채 없이 기업을 운영할 것이라고 한다. 그러고는 은행 등 금융권에서 대출을 받지 않을 것이라고 하지만 부채는 대출에 의해서만 발생하는 것은 아니다. 교과서에서 창업을 배운 예비창업자는 이러한 현실적 문제를 알 길이 없다.

지금 창업교육과 교과서에서는 창업자의 90%가 3년 이내에 폐업 또는 영업중단을 한다는 사실을 알려주지 않는다. 국세를 연체한다는 것

<그림 10-2> 법인 폐업 프로세스(맵)

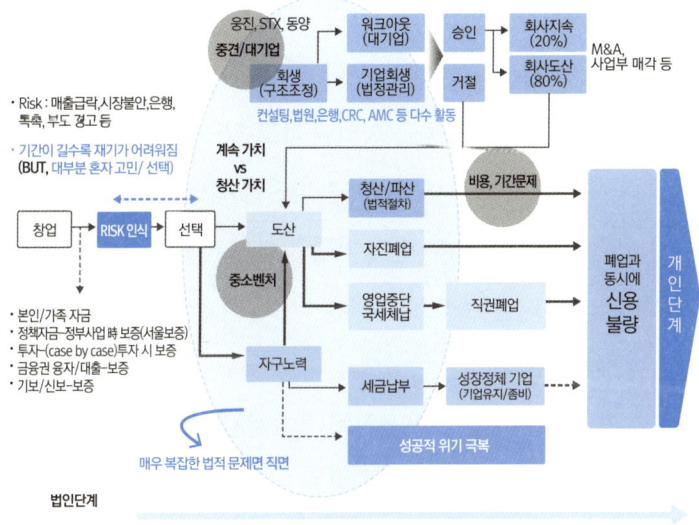

자료 : KAIST 기업가정신연구센터 재도전 연구 보고서, 김인수 (2014)

<그림 10-3> 개인(신용불량) 재도전 프로세스(맵)

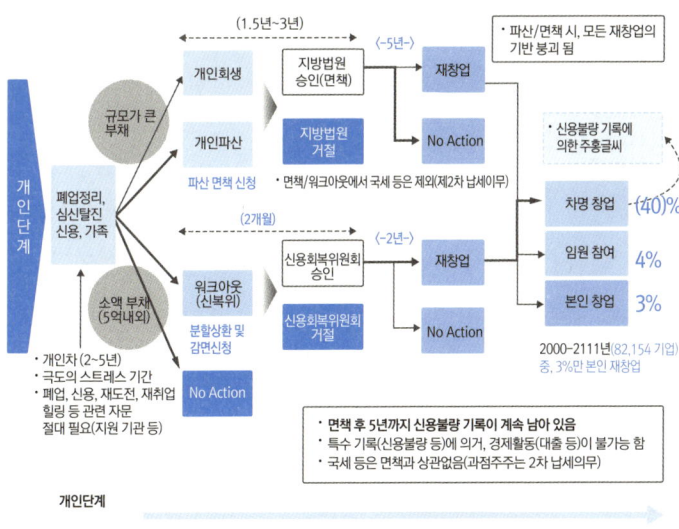

자료 : KAIST 기업가정신연구센터 재도전 연구 보고서, 김인수 (2014)

이 얼마나 치명적인지, 과점주주가 갖는 문제는 무엇인지, 체불임금이 형사소송의 대상이 될 수 있다는 것과 크게 집중해서 공부하지 않았던 상법의 회사편과 정관작성, 계약 조항에 대한 내용 그리고, '실패'라는 단어. '실패'라는 단어는 '성공의 어머니'라고 알고 있기 때문에, 실패를 어떻게 대처해야 하는지 모른 채, 그냥, 막연하게 방치를 하였고, 실패를 한 후, 뒤 늦은 후회와 함께 두 번째 기회를 잡지 못하는 것이 현실이다.

폐업에 걸리는 시간은 최소 6개월부터 2년이 걸린다. 부채 및 상황에 따라 더 적게 걸리거나, 2년 이상이 걸리는 경우도 있다. 파산이나 면책을 한다면, 최소 7년 이상이 걸린다. 어디 그뿐인가. 폐업 기간 동안 정신적 스트레스뿐 아니라 가정 문제와 함께 건강에도 이상이 발생한다. 현실을 모르는 수많은 사람들은 이 기간 동안 폐업의 원인을 파악하면 된다고 주장하고 있는데, 폐업 이후 기업인의 삶이 어떤지, 어떻게 생활하고 어떤 생각을 하는지 그들을 직접 만나보지 않고 말하는, 현실을 제대로 파악하지 않은 공허한 소리일 뿐이다.

약 2~4년 정도의 스트레스 기간(폐업 기간 포함)을 거치면서, 기업인은 다시 재도전할지 결정하게 된다. 심각한 신용문제 등으로 통장을 만들 수도 없는 경우도 있고, 재취업을 하더라도 타인 명의로 하거나, 지인의 도움으로 재취업을 하지만 급여는 매우 적은 것이 현실이다. 이러한 이유 때문에, 급하게 준비 없이 생계형 재창업에 다시 도전을 하게 되는 경우가 많다. 일반적으로 위에서 언급한 스트레스 기간을 넘어 재창업을 하겠다는 다짐 후, 재도전을 준비하는 기간은 1~3년 정도가 걸린다. 이 기간 동안 신용회복을 위하여 노력하고, 사업 아이템을 찾고 사람들을 만나면서 구체적인 사업 기획을 하게 된다.

부채가 5억 원 미만이고, 일정 기간 동안 채무를 분할 상환하겠다는 의지가 있는 경우, 신용회복위원회에서는 계획서를 기반으로 채권자의 채무 일부를 탕감하고, 정해진 기간 동안 분할 상환을 할 수 있도록 한다. 신용회복위원회를 통하여 신용회복을 진행할 경우, 약 2년 정도면 신용회복을 할 수 있게 되어, 일부 정상적인 경제활동을 할 수 있다.

반면 부채가 5억을 초과하여 개인 스스로는 부채를 상환할 수 없는 경우 법적인 절차인 파산 및 면책을 진행할 수 있게 되는데, 이 경우 파산 및 면책에 대한 법원 절차가 2년 정도 소요된다. 면책이 되더라도 5년간 은행연합회에 과거 파산면책 기록이 공개되고 신용조회로 인하여 5년간 경제활동이 자유롭지 못하게 된다.

5년이 지나, 신용불량 기록이 삭제가 되어 경제활동이 가능해졌다고 할지라도, 일반적으로 낮은 신용등급(7등급 등)과 오랫동안 기업 활동을 하지 않는 50대 중반의 재도전 기업인에게 현실은 냉혹할 뿐이다.

창업하기 전에
실패를 들여다보자

〈표 10-3〉은 창업 실패 중 원인에 대한 조사를 정리한 것이다. 실패 원인으로는 이해가 되지 않는 부분이 있는데, 기업 실패 원인 중 가장 높은 것이 '창업 아이템 검증에 대한 미흡'과 '판로 미개척'이라는 점이다. 이는 사업 아이템을 검증하지 않고, 창업을 한다는 것으로 밖에는 설명이 되지 않는다.

그리고 어떤 이유에서인지 창업을 서둘러 하고 있음을 알 수 있으며, 창업(창업법인설립) 그 자체에만 관심을 갖고, 모든 역량을 집중하고 있는 반면, 창업을 유지하는 것과 기업을 운영하면서 어떤 문제가 있을지, 그리고 어떻게 대비하고 준비해야 하는지에 대하여는 깊은 고민을 하고 있지 않다는 것을 알 수 있다. 이를 다른 각도에서 본다면, 질적인 창업이 아니라, 양적 위주의 창업이 진행되고 있음을 짐작할 수 있고, 자발적 창업보다는 비자발적 창업이 많다는 것으로 추정할 수 있다.

최근 몇 년 사이 정부에서는 취업의 대안으로 창업을 제시하고 있고, 창업 관련 예산을 투입(2015년 기준, 예비창업 및 7년 이하 창업초기 사업지원에 약 1조 5,000억 원을 지출)하여 창업을 적극적으로 지원하고 있다. 전국 약 400여 개의 대학뿐 아니라, 지방자치단체에서도 젊은 청년들이 창업을

〈표 10-3〉 창업 실패 주요 원인

구분	주요 실패 요인	빈도
1	창업아이템 검증 미흡, 불완전한 제품 개발, 아이템에 지식 부족, 수익모델 부재	26%
2	인력관리 실패, 직원 횡령 발생, 동업자 과도한 신뢰	12%
3	마케팅 실패, 판로 미개척	10%
4	경영환경 변화 인지 부족, 정부정책 변화 대응 미흡, 금융위기 대응 부족	10%
5	자본조달 및 관리 문제, 대금 회수문제 유동성 문제	8%
6	경영능력, 생산관리 능력 부족	7%
7	거래처, 공급자 관리와 개발 실패	6%
8	사업준비 부족, 경험부족, 창업팀 능력 부족 및 태만	5%
9	해외진출 실패, 무리한 해외진출, 해외시장 기회 포착 실패	4%
10	기술사업화 실패, 제품화 투자유치 실패	3%
11	불완전한 계약, 계약서작성 미흡과 계약내용 확인 미흡	3%
12	소비자 반응 및 시장수요 파악 미흡, 경쟁기업 분석 미흡	2%
13	창업자 몰입 부족, 경영자의 자질 부족, 독단, 자만	1%

자료 : KAIST 기업가정신연구센터 재도전 정책 연구 보고서, 김인수(2015)

할 수 있도록 다양한 창업 교육과 실전 창업 프로그램을 제공하고 있으며, 수많은 창업 전문가들이 액셀러레이터, 인큐베이터, 퍼실리테이터, 멘토라는 다양한 명칭으로 창업 프로그램에 참여하여 예비창업자를 창업의 세계로 안내하고 있다.

해외 사례를 살펴보면, 우리나라와는 달리 실패 주요 원인은 시장 진출 타이밍, 팀 구성의 실패 및 자금 확보에서의 문제로 나타난다. 우리나라처럼 시장에서 수요가 없는 아이템이 문제가 되지 않고, 유통채널이 없어 문제가 되는 경우는 없다. 그 이유는 미국의 경우, 창업을 할 때 이미 시장을 충분히 이해를 하고, 시장 속에서 창업을 하고 있기 때문이다.

우리가 잘못 알고 있는 것이 있다. 미국 창업자들은 대부분은 20대 후반에 창업을 하고 있으며, 대학을 갓 졸업하거나 대학생 때 창업을 한다고 생각하고 있다. 이는 몇몇 소수의 창업 성공사례에 기인한 '일반화의 오류'라고 볼 수 있다. 일반적으로 미국의 창업자는 35세에서 44세에 창업을 한다고 하며, 석사 이상의 학력에, 벤처기업 근무 경력이 평균 16년에 달하고 있다고 한다.•

이에 반해 우리나라의 창업 나이를 보면, 20대와 60대 두 구간에서 많은 증가가 있음을 알 수 있다(2014년 말 기전년 대비 대표자의 연령대별 사업체 수 증감률(통계청)). 취업을 대신하여 창업 선택하거나 퇴직 후 제2의 인생으로 창업을 선택하는 현실을 보여준다. 우리나라와 해외의 창업 현실을 비교해보면 미국의 경우 자발적인 창업으로 볼 수 있는 반면, 우리나라는 '비자발적인 창업'의 경향이 강하다.

• 〈한국경제신문〉(2015.7.3)

미국의 경우, 평균 16년 이라는 벤처 근무 경력은 시장 및 고객 그리고 기업 운영에 대한 다양한 노하우와 네트워크를 만들 수 있는 충분한 시간이 된다. 반면 우리나라는 대학 졸업 후 바로 창업을 하거나 '취업의 대안'으로 창업을 하기 때문에 시장과 고객을 이해하고 기업 운영에 대한 노하우를 쌓을 수 있는 시간이 절대적으로 부족하게 된다. 사업 위험에 있어도 우리나라 창업기업인이 더 취약할 수밖에 없다.

창업의 리스크를 줄이는 첩경
: 실패 경험의 공유

실패를 터부시하고, 실패 원인을 외면하고, 성공 요인 위주의 기업가정신 및 창업 교육은 창업의 위험을 감소시키고 실패의 확률을 낮추는 데 기여하지 못하고 있다. 또한 민간영역에서 자기 책임 하에서 창업을 지원하고, 함께 성장할 수 있는 창업지원 시스템이 필요하나, 우리나라는 공공 영역에서 창업을 지원하고 있는 것이 특징이다. 최근 많이 달라지고 있다. 특정 분야에서 전문 네트워크과 경영 노하우 그리고 투자까지도 자기 책임에서 지원하고, 함께 운영하는 창업전문기업이 나타나고 있다. 그 수는 적지만 분명 좋은 소식이다.

이 시점에서 기업가정신이 가진 의미를 다시 살펴볼 필요가 있다. 창업은 기업가정신을 구현하는 여러 가지 방법 중 하나일 뿐이다. 그러나 우리나라에서는 창업과 기업가정신을 같은 것으로 인식하고 있는 경향이 있다.

국내 현실이 기업가정신을 창업으로 생각하다 보니, 이것을 '창업 법인 수'로 측정하려는 것이다. 이러한 생각은 갓 모집한 학도병에게 며칠간 사격 훈련만을 시킨 후 총알과 소총을 들려줘서 전쟁터로 내보내고 있는 것과 같다는 생각이 든다. 수만 명이 전사하는 것은 너무나도 당연한 것이다. 제대로 싸워보지도 못하고 죽음을 맞게 된다. 그럼에도 운 좋게 살아 돌아온 학도병이 한 명이라도 있다면 그는 전쟁 영웅이 되어 많은 학도병들 앞에 모범(롤모델)이 되고 있다.

　덧없이 죽임을 당한 수만의 학도병은 잊어버린 지 오래다. 우리가 바라는 것이 이러한 현상이 아님은 분명하다. 학도병에게 총을 들려줘 전쟁터로 등 떠미는 현실은 미봉책에 불과하다. 병사 한 명 한 명을 소중하게 여기고 전쟁에서 진정으로 승리하길 원한다면 시간이 걸리고, 어렵더라도 '정예군'을 육성해야 한다. 그리고 다양한 무기를 구비하고 다룰 수 있는 체계적 훈련과 그에 맞는 지원체계를 갖추어야 한다. 전쟁에서 패하더라도 살아 돌아올 수 있는 생존훈련 또한 마련하는 것이 창업이라는 전쟁에서 성공할 수 있는 효과적인 길이 될 것이다.

　그렇다. 창업은 철저한 준비가 필요하다. 다각적인 관점에서 충분히 학습할 수 있도록 해야 하고, 도전에 대한 위험을 계산하고 대비할 수 있어야 한다. 실패는 창업전선에 뛰어든 누구나에게 올 수 있는 것이기에, 선배 기업의 실패를 반면교사로 삼아 실패의 원인을 명확하게 이해를 할 수 있도록 해야 한다. 실패라는 거인의 어깨 위에 창업의 기반을 닦아 시행착오를 최소화해야 한다. 그것이 바로 우리가 살고 있는 이곳 사회를 건강한 기업가정신으로 아름답게 하는 방법이다.

기업가정신이란 무엇인가?

기업가정신이라는 단어를 처음 접한 후, 12년하고 2월이 흘렀다. 10년 남짓한 시간 동안 '뽕나무 밭이 푸른 바다로 변한다'는 상전벽해가 무색할 정도로 우리나라에서 기업가정신이라는 단어는 많이 변했다. 2006년에는 '기업가정신'이라는 단어를 들어본 사람을 만나기가 어려웠는데, 이제는 지나는 사람을 붙들고 기업가정신을 묻는다면, 열에 아홉은 식상하게 생각하는 그런 단어가 되었다. 그럼에도 기업가정신을 논하는 것은 지금까지 사람들이 제대로 이해하고 있었는지 의심스럽기 때문이다.

기업가정신을 처음 연구할 때만하더라도 창업은 수많은 기업가정신, 즉 '새로운 가치를 시장에서 창조하는 활동'의 하나였으나, 이제는 기업가정신이 창업이 되었고, 창업이 기업가정신이 되었다. 언젠가부터 뭔가 좀 잘못되었다. 새로운 가치를 시장에서 만들어내는 활동이 창업만이 아닐 텐데 말이다.

기업가정신은 혁신과 도전이다. 혁신을 위해서는 어떤 현상과 상황에 대한 충분한 이해가 선행되어야 하고, 철저한 준비를 바탕으로 도전이 이루어져야 한다. 현상에 대한 이해와 준비 없는 도전은 도박이나 요행으로 봐야 한다. 기업가정신을 창업이라는 방법으로 설명하더라도, 혁신과 도전은 동일한 선상에서 창업이라는 방법에 적용될 수 있다. 창업을 할 때, 시장에 대한 충분한 이해에 따른 혁신과 철저한 준비에 기반을 둔 도전이 선행돼야 한다는 것이다.

- 김인수

11
지속 가능한 기업을 꿈꾸자

김정태 대표 _ ㈜엠와이소셜컴퍼니

한국에 진출한 모 세정제 관련 기업은 점유율 10%를 상회하던 상황에서 환경적 이슈에 휘말려 점유율 1%대로 곤두박질쳤다. 한 가구 기업은 회사 내 성폭행에 대한 부적절한 대응으로 스스로의 이미지를 실추시켰다. 그에 반해 어떤 기업은 사회적·환경적 책임을 다하려는 노력으로 소비자에게 '갓뚜기'라는 별명을 얻기도 했다. 기업은 재무적 가치의 고도화만으로는 존경받는 기업이 될 수 없다. 다중 이해관계자와 사회적·환경적 요소를 동시에 고려하여 기업 이미지를 구축해 나가는 특유의 브랜드적 노력이 필요하다. '비콥(B Corp)'은 바로 그런 노력의 일환이다.

이 글을 쓴 김정태는

사회문제 또는 사회적 가치에서 발견할 수 있는 기회를 혁신의 원천으로 해석하고 이를 비즈니스 모델로 전환하는 기업사회혁신 및 지속가능경영 전문가다. 과거 유엔에서 개발도상국 경제개발 관련된 업무를 맡으면서 폭넓게 국제문제와 사회문제를 조망했으며, 변화를 이끄는 구체적인 동력으로서 기업가정신에 주목해 몇 차례 소셜벤처 창업에 나섰다. 시행착오 끝에 초기 투자의 30배가 넘는 가치로 매각까지 진행하며 스타트업 창업과 회수까지의 사이클을 경험했다. SK, 카카오, 현대자동차, CJ, 하나금융그룹, 이랜드 등 다양한 기업과 공공기관에 사회적 가치 창출과 지속가능경영 관련 컨설팅을 제공하는 한편, 선행지표로서 사회혁신 비즈니스 모델을 갖춘 스타트업의 육성과 임팩트투자에 나서고 있다. 영국에서 사회적 기업가정신 석사를 공부하고 현재 국내 최초의 사회혁신 컨설팅-임팩트투자 MYSC 대표이사로 있으며 한국벤처기업협회 특별부회장(소셜벤처 부문), 행정안전부 국민참여단 자문위원 등으로 있다. 지은 책으로는 《어떻게 하면 소셜이노베이터가 될 수 있나요?》 《적정기술이란 무엇인가》 《스토리가 스펙을 이긴다》 《저성장 시대의 CSR 전략》(공저) 등 총 12권이 있다.

사회와 더불어
성장한다

SK그룹의 2018년 신년회는 그 어느 때보다도 특이했다. 딱딱한 형식의 신년인사 전달이 아니라, TED 강의 형식으로 그룹이 나아가야 할 방향을 최태원 회장이 캐주얼하게 전달했기 때문이다. SK그룹이 시장에서 경쟁력을 잃지 않고, 지속가능한 성장을 이루기 위해 밝힌 최고의 전략은 바로 '사회적 가치 창출'이다. 앞으로의 변화한 시장 상황에서는 재무적 가치의 고도화만으로는 존경받는 기업이 못되며, 존경받지 못하면 앞으로의 시장에서는 기존 고객의 이탈 뿐 아니라 새로운 시장의 발굴 역시 위태롭게 된다는 의미다.

실제로 SK는 2017년 SK이노베이션, SK텔레콤, SK하이닉스 등 주력 계열사의 정관 개정을 통해 이러한 방향이 선언적인 구호가 아닌 근본적인 체질의 변화, 즉 '딥 체인지'(deep change)가 시작되었음을 분명히 했다. 정관에 있던 '이윤창출'이란 구절이 '사회와 더불어 성장한다'는 표현으로 바뀌었다. 이를 구체화하는 사업 전략으로 SK가 채택한 '공유 인프라'는 자사가 보유한 유무형의 자원과 자산을 활용해 SK 외부 이해관계자가 함께 부가가치를 창출하거나, 새로운 사회환경적 가치와 재무적 가치의 창출을 이루겠다는 국내 대기업 역사상 전례 없던 전략이다.

이러한 전략은 2017년 말 시작된 SK에너지의 전국에 걸친 3,600개 주유소와의 '공유 인프라 아이디어' 공모를 통해 실현되고 있다. SK에너지 측은 전 국민을 대상으로 주유소가 가진 브랜드, 공간, 인적물적 자원, 인프라, 무형자산 등을 활용해 혁신적인 비즈니스모델과 사회적 동반 성장을 이룰 기회를 접수받고 있다. 이와 별도로 SK텔레콤 역시 전국 3,000개 대리점 유통망의 외부 개방을 적극 검토하고 있다. 매일 수백 건의 아이디어가 접수처에 폭주하는 SK에너지의 '공유 인프라' 접근과 실제 실행될 경우 또 다른 파격이 될 SK텔레콤의 '공유 인프라' 실험이 의미하는 바는 무엇일까?

SK그룹의 이러한 딥 체인지는 한때 유행하는 찻잔의 태풍인 것일까? 아니라면 시나브로 도래한 비즈니스의 새로운 패러다임을 보여주는 국내 퍼스트 무버(first mover)의 자신감 넘치는 활동일까? 이번 글에서는 자본주의의 오래된 미래를 간략히 돌아보고, SK를 비롯한 다양한 대기업의 변화 양상을 통해 비콥(B Corp)으로 대표되는 새로운 비즈니스의 유형과 지속가능경영의 패러다임을 살펴보고자 한다.

'1919년형 기업'에서 '2020년형 기업'으로

'주주의 이익극대화'가 현재와 같이 자연스럽게 기업의 존재 목적이라 받아들여지기까지 많은 변곡점이 존재했다. 그 가운데 1919년 2월 7일 결론이 내려졌던 미국 미시간 대법원의 '닷지-포드 소송'은 특별히 주목할 만하다. 당시 최고의 자동차 회사였던 포드는 현재 가치로 44억 달러가 넘는 사내유보금을 보유할 정도로 막강한 위치에 있었고, 최고의 경쟁력을 확보하기 위한 투자와 종업원의 처우개선을 주주 배당보다도 우선하는 정책을 시작했다. 당시 10% 주식을 보유한 닷지 형제는 투자자에 대한 배당이 우선이라며 소송을 걸었다.

대주주였던 포드 회장은 법정에서 '우리가 만드는 자동차로 엄청난 이익을 추구하는 것보다는 합리적인 이익 추구가 올바르다'며 '더 많은 근로자를 고용하고 할 수 있는 최대한의 범위에서 자동차 산업의 유익을 공유하며, 근로자가 자신의 삶과 가족을 부양하도록 도와야 포드가 계속 성장할 수 있다'고 주장했다. 실제로 당시 포드의 근로자는 동종업계 대비 2배 정도 높은 임금을 받고 있었다. 하지만 소송은 '미국식 주주 자본주의'의 확정이라 할 만한 방향으로 귀결되었다. 판결문의 내용을 요약하면 다음과 같다.

> 기업은 주주이익을 위해 존재한다. 이사회의 권한은 이를 실현하기 위해 행사되어야 한다. 이사회의 결정은 주주이익을 실현하기 위한 선택 내에서 이루어져야 하며, 해당 목적을 바꾸거나 이익을 감소하는 방향 또는 다른 목적을 위해 주주에게의 이익 배당을 제한하려 해서는 안 된다.

애덤 스미스가 《도덕감정론》에서 강조한 공감을 통해 타인에게 피해를 주지 않는 기업의 또 다른 오래된 본질은 2008년 글로벌 금융위기가 터져 자본주의의 방향에 대한 재논의가 각계에서 시작되기까지 제대로 된 주목을 받지 못했다. 세계자연기금(WWF)의 국제회장이자 경제학자인 파반 수크테브는 저서 《2020 새로운 기업이 온다》(Corporation 2020)에서 주주 자본주의를 '1919년형 기업'으로 명명한다. 4차 산업혁명이 논의되는 현재에도 기업의 사고방식은 여전히 1919년에 머물러

〈그림 11-1〉 1919년형 기업에서 2020년형 기업으로

1919년형 기업 주주 가치	2020년형 기업 다중 이해관계자의 공유가치
• 마켓 1.0 • 제품 본연의 가치와 경쟁력에 집중	• 마켓 3.0 • 이성과 감정, 영혼을 두루 갖춘 소비자 및 다중 이해관계자에게 공유되는 가치창출
• 마켓 2.0 • 소비자가 느끼는 경험과 만족의 차별화 • 포지셔닝	

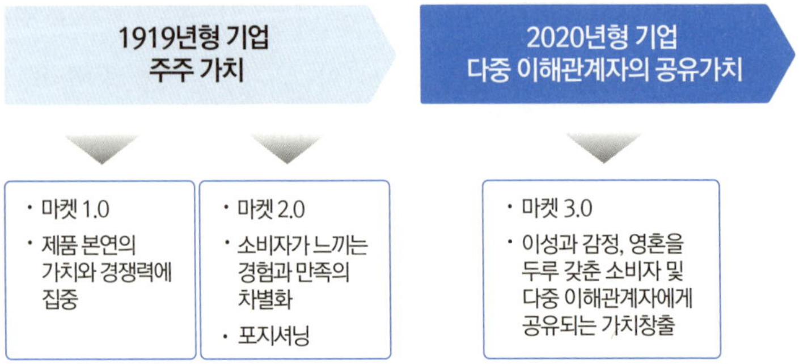

있음을 지적하며, 새로운 기업의 표준으로 '2020년형 기업'으로의 변화를 예견했다.

1919년형 기업은 앞으로도 계속될 자본주의의 패러다임일까, 아니라면 '2020년형 기업'이 도래할 수 있을까? 파반 수크테브만이 '2020년형 기업'을 예견하는 것은 아니다. 마케팅의 아버지라 불리는 필립 코틀러는 《마켓 3.0》에서 제품과 소비자 중심의 시장이 제품과 소비자를 넘어 점차 인간의 감정과 영혼까지 포함하는 시장으로 확장되고 있다고 말한다. 즉, '마켓 1.0'은 제품 본연의 가치와 경쟁력에 집중했었고 '마켓 2.0'은 소비자가 느끼는 경험과 만족이 차별화와 포지셔닝에 있어 보다 중요해졌다면 '마켓 3.0'은 이성과 감정, 영혼을 두루 갖춘 소비자 및 다중 이해관계자에게 공유되는 가치창출이 보다 중요해졌다는 이론이다. 필립 코틀러는 고객뿐 아니라, 고객의 친구이자 고객과 깊은 상호작용을 하는 비고객까지 아우르지 못한다면 기업의 시장점유율은 지켜나가기 어렵다고 봤다.

필립 코틀러가 옹호한 마켓 3.0은 '1919년형 기업'이 생존하기 어려운 시장이 된다. '1919년형 기업'이 주주(shareholder) 가치 극대화에 초점을 맞추었다면, 필립 코틀러가 예견한 새로운 마켓에서의 승자는 주주를 포함한 다중 이해관계자(stakeholder)의 공유가치 극대화에 나서는 기업이 된다. 이러한 기업을 지속가능기업(sustainable company) 또는 사회책임기업(responsible company)이라 부른다.

'1919년형 기업'은 다음 도식과 같이 전통적인 재무적 가치 창출의 과정을 통해 파생되는 직원고용, 신규채용 등을 통한 지역사회 기여, 법인세 납부 등을 통한 국가재정 기여, 양질의 제품과 서비스의 제공을 통한 사회수요 대응 등 기업의 가치창출이 충분하다고 본다. 이익잉여금 중 일부는 사회공헌이라는 관점에서 보다 적극적으로 사회적·환경적 가치를 창출하는 비영리기관 또는 사회적 기업에 이전된다. 사회적·환경적 가치 창출의 주체는 기업이 아니라고 보기 때문이다.

이에 반해 '2020년형 기업'으로 불리는 지속가능기업 또는 사회책임기업은 재무적 가치만이 주요하게 다루어졌던 비즈니스의 관점 스펙트럼을 연장해서 사회적·환경적 가치를 포용한다. 이들에게 사회적·환경적 가치는 본래의 재무적 가치를 감소시키거나 용인해야 하는 비용으로서의 원천이 아니라 기존의 시장을 벗어나 새로운 시장으로 도약할 수

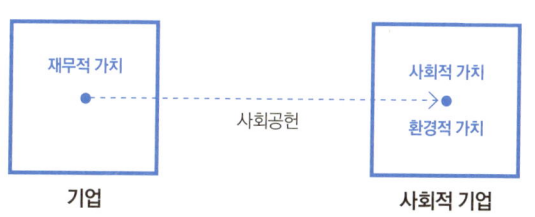

〈그림 11-2〉 '1919년형 기업'의 비즈니스 패러다임

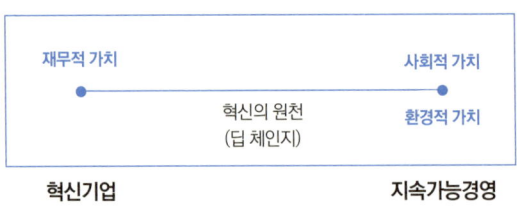

〈그림 11-3〉 지속가능기업 또는 사회책임기업의 비즈니스 패러다임

있고, 기존과는 다른 방법으로 전혀 새로운 고객을 발굴할 수 있는, 추가된 혁신의 원천이 된다.

재무적 가치, 사회적 가치, 환경적 가치로 확대된 비즈니스 스펙트럼을 갖춘 기업은 그렇지 못한 기업과 어떤 면에서 다를까? 이러한 기업들은 기존의 시장전략 외에 비시장전략(non-market strategy)의 추가와 균형 전략을 통해 지속적으로 불확실한 시장변화의 위기를 극복할 확률이 높고, 생태계 내에 우호적인 옹호자들의 축적을 통해 비즈니스의 지속적인 사업 환경을 확보할 가능성이 높다. 또한 기존에는 비시장(non-market)이었던 사회와 환경에서의 충족되지 못한 기회를 비즈니스 기회로 전환하여 새로운 사업기회 발굴 및 재무적 가치의 추가 기회를 확보할 수 있다.

서두에서 소개된, '공유 인프라'를 적극 추진하는 SK그룹의 동인과 목표는 이러한 관점에서 봐야 이해할 수 있다. 해외로 눈을 돌려보면 유니레버, 다농, 네슬레, 코카콜라, 아디다스 등 더욱 많은 기업이 이러한 비즈니스 패러다임의 변화를 수용하면서 새로운 자본주의가 시작되었음을 알리고 있다. 이들은 다중 이해관계자의 공유가치를 극대화하는 것이 장기적인 기업의 존속 가능성을 높여 결국 주주에게도 최적의 이익임을 입증해가고 있다.

지속 가능한 기업, 비콥의 등장과 확산

2017년, 세계적인 식품·낙농그룹인 다농(Danone)은 향후 2020년까지 새로운 성장동력 모델로서 '다농 메니페스토'를 발표했다. 해당 선언에는 '식품을 통해 가능한 최대한의 사람들에게 건강을 선사하자'는 초점과 더불어 '비즈니스의 성공과 사회적 진보'(business success and social progress)를 동시에 달성하겠다는 명확한 목표 설정도 포함되었다. 이를 전사차원에서 확실하게 이행하기 위해 다농은 단계적으로 전 계열사를 비콥(B Corp)˙기업으로 전환하겠다고 발표했다.

《하버드비즈니스리뷰》(Harvard Business Review) 온라인판에 '왜 많은 기업이 비콥이 되려하는가?'(Why Companies are Becoming B

〈그림 11-4〉 비콥 기업에 부여하는 로고

• 전 세계적으로 일정 수준 이상의 사회적·환경적 가치를 창출하는 영리기업에게 부여되는 혁신기업 브랜드

Corporations?)라는 기사가 메인으로 소개될 정도로 주목을 받고 있는 비콥의 시작은 2006년으로 거슬러 올라간다. 금융위기가 발생하기 1년여 전, 코엔 길버트를 포함한 세 명의 공동설립자들은 다음과 같은 '상호의존을 위한 선언문'(Declaration of Interdependence)을 발표하며 비랩(B Lab)을 설립했다.

> 우리는 새로운 경제를 꿈꾼다. 공공의 유익을 창출하는데 민간 기업의 힘을 활용하는 새로운 경제를 꿈꾼다. 새로운 경제는 목적지향적이며 주주뿐만이 아닌 모든 이해관계자에게 유익을 주는 새로운 유형의 기업으로 구성된다. 바로 비코퍼레이션(B Corporation)이다. 이 새로운 경제의 구성원이자 비코퍼레이션의 기업가, 투자자로서, 우리는 아래의 사항을 자명한 진리로 받아들인다.
> 세상에서 변화를 찾기보다 우리 스스로가 변화의 주체가 되어야 한다. 모든 비즈니스는 사람과 환경을 염두에 두고 진행해야 한다. 기업은 제품, 경영 활동, 이윤을 통해 해를 끼치지 않고 모두에게 유익을 주고자 해야 한다. 이를 위해서 우리는 상호의존적 존재라는 점과 따라서 상호간에, 그리고 다음 세대에 대해서도 책임이 있다는 점을 인지하고 행동해야 한다.
> 《유니레버는 왜 비콥이 되려 할까?》

해당 선언문에 동의하면서 2007년 세계 최초로 19개의 기업이 비콥(B Corp)이 되었다. 여기서 B는 benefit을 뜻하는데, 기업의 존재 이유가

이익(profit)뿐 아니라 이보다 더 광의의 개념인 유익(benefit)을 다중 이해관계자를 대상으로 창출하는 기업만이 변화한 시장에서 경쟁력이 있고 지속할 수 있다는 뜻이다. 10년이 지난 2018년 현재, 전 세계 50개국 이상에 2,350개 이상의 비콥 기업이 존재하며, 그 수는 빠른 속도로 증가하고 있다. 현존하는 비콥에는 세계 최대의 크라우드펀딩 플랫폼 킥스타터(Kickstarter), 글로벌 미디어인 패스트 컴퍼니(Fast Company)에서 '세계에서 가장 혁신적인 기업'으로 선정한 바 있는 와비파커(WarbyParker), 브라질 상장기업이자 남미 최대의 뷰티케어 회사 나뚜라(Natura), 북미 2위의 아웃도어 회사 파타고니아(Patagonia) 등이 포함되어 있다. 국내에는 카쉐어링 국내 1위 기업 쏘카(Socar), 대표적인 소셜벤처 트리플래닛(Treeplanet), 국내 최초의 사회혁신 컨설팅·임팩트투자 미스크(MYSC) 등 10개 기업이 활동하고 있다.

어떤 기업이 비콥이 되었다는 것은 뒤에서 자세히 설명할 거버넌스, 기업구성원, 커뮤니티, 환경, 임팩트비즈니스모델 등 5대 분야에서 일정한 수준 이상의 사회적·환경적 가치를 만들고 있음을 의미한다. 비콥은 기존에 존재했던 윤리적 조달(Fair trade 인증), 지속가능한 재배(USDA Organic 인증), 기업문화(Great Place to Work 인증) 등 부문별 개별 평가를 벗어나 기업 자체에 대한 총체적 가치평가에 집중한다. 각 기업의 총체적 가치평가는 'B Impact Report'란 형식으로 투명하게 공개되며, 비콥 기업은 스스로 선언한 사회적·환경적 가치에 대한 책무성(accountability)을 실현하게 된다. 200점 만점에 80점 이상을 획득한 기업에게만 비콥 브랜드가 부여되는데, 미국의 경우 소비자의 비콥 인지도는 20%에 달한다. 노벨경제학상을 받은 로버트 쉴러 교수는 소비자의 초점이 '어떤 브랜드인가?'에서 '어떤 기업인가?'로 이동하고 있기에 비콥 기업의 수익률이 장기적으로 더욱 높아질 것으로 분석한다.

사회적·환경적 가치를 어떻게 측정할 것인가?

비콥의 측정체계는 비앰팩트평가(B Impact Assessment, BIA)로 이루어진다. BIA는 기본적으로 온라인(bimpactassessment.net)에서 이루어지며, 거버넌스, 기업구성원, 커뮤니티, 환경, 임팩트비즈니스모델 등 5개 영역에 걸쳐 기업에 내재된 사회적·환경적 가치를 측정한다. 〈그림 11-5〉에 5개 영역의 중심키워드와 주요측정지표(네모상자 안)를 표기하였다.

각 산업군 별로 해당 분야에서의 관행과 체계가 다르기에 BIA는 측정을 시작하기 전에 개별 기업이 속한 산업군, 기업의 규모, 지역 등을 선택하게 하며 해당 입력 값에 따라 측정하게 될 질문 세트가 다르게 나타난다. BIA의 결과는 비앰팩트 리포트(B Impact Report)를 통해 공개되는데, 비콥의 경우 2년마다 재측정을 진행해야 한다.

어떤 기업이 비즈니스 본원적 가치를 통하거나, 혹은 비즈니스의 과정을 통해 창출하는 사회적·환경적 가치를 객관화하고 외부 이해관계자들과 소통하는 것의 유익은 무엇일까? 이에 대해 많은 비콥 기업들은 가치 있는 기업을 물색하고 있는 투자자 유치, 사회적으로 의미 있는 일에 참여하고자 하는 밀레니얼세대 등의 인재 유치와 인재이탈 방지, 증

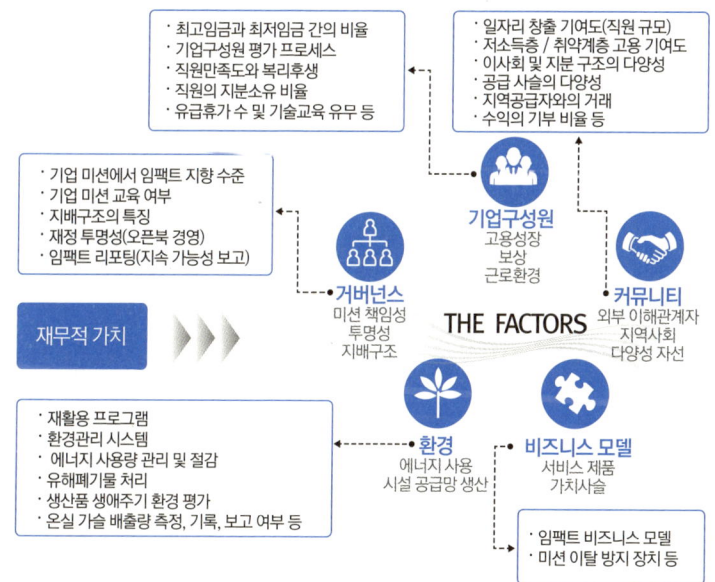

〈그림 11-5〉 5개 영역의 비앰픽트평가(B Impact Assessment, BIA)

가하는 윤리적 소비자와의 연대, 시장 내외부에서 확보하게 되는 우호적 생태계 등의 이점이 크다고 말한다. 즉, 기업은 비콥이라는 지속가능기업 또는 사회책임기업의 브랜드 확보를 통해 투자자, 소비자, 현재와 미래의 기업구성원 등 기업의 주요 이해관계자와 긴밀한 관계를 구축하고 이를 기업의 장기적인 지속가능성의 자원으로 활용할 수 있다. 비랩의 연구에 따르면 비콥 기업은 비콥이 아닌 일반 기업에 비해 시장 내외부적인 충격에 대해 회복탄력성이 67% 강하며, 재무적 성과와 시장성과는 각각 17%, 4.8% 높게 나타난다.

사회적 가치 창출기업의 경쟁력은 어디에 있는가?

문재인 정부는 출범 이후 사회적 가치에 대한 담론이 빠른 속도로 확산되고 있다. 정부가 발표한 신경제 패러다임에는 '사람중심'으로 표현되는 사회적 가치가 반복적으로 언급되었고, 공공기관의 성과평가에도 처음으로 사회적 가치 창출 부문이 신설되었다. 가칭 '사회적 가치 기본법'이 발의되어 논의가 되어가는 가운데 사회적 가치는 다음의 내용을 포함하는 것으로 볼 수 있다.

가. 인간의 존엄성을 유지하는 기본권리로서의 인권의 보호
나. 재난과 사고로부터 안전한 근로-생활환경의 유지
다. 건강한 생활이 가능한 보건복지의 제공
라. 노동권의 보장과 근로조건의 향상
마. 사회적 약자에 대한 기회제공과 사회통합
바. 대기업, 중소기업 간의 상생과 협력
사. 품위 있는 삶을 누릴 수 있는 양질의 일자리 창출
아. 지역사회 활성화와 공동체 복원
자. 경제활동을 통한 이익이 지역에 순환되는 지역경제 공헌
차. 윤리적 생산과 유통을 포함한 기업의 자발적인 사회적 책임 이행
카. 환경의 지속가능성 보전
타. 시민적 권리로서 민주적 의사결정과 참여의 실현
파. 그 밖에 공동체의 이익실현과 공공성 강화

이런 사회적 가치는 그동안 공공부문이나 비영리섹터에서 특히 적용되고 의미 있는 것으로 간주되어 왔고, 기업 현장에서는 다소간 이상적인 것으로 치부되기도 했다. 하지만 이제는 이러한 사회적가치를 외면하고 진행되는 기업의 재무적 가치 창출은 언제라도 뒤집혀질 수 있는 근원적인 위기를 초래할 수 있다.

예를 들어, '옥시'의 가습기살균제 파동 이후 옥시의 섬유유연제 시장점유율은 2016년 상반기 10%대에서 2017년 들어서면서 아예 1% 이하로 주저앉았다. 이미 대형 유통점에서 퇴출된 상태이며, 기존 재고가 소진되는 대로 온라인 매장에서도 자취를 감추게 될 예정이라 시장점유율은 아무런 의미가 없게 된다. 최근 가구업계 1위의 한 기업은 내부 직원의 성폭행 사건에 대한 부적절한 대응이 밝혀지면서 전국적으로 불매운동이 시작되고, 기업이 야심차게 준비 중이던 홈쇼핑도 잠정 중단된 상태다.

기업의 사회적가치 창출은 확연히 기업 내에서 비율이 높아지고 있는 새로운 인재, 밀레니얼세대의 등장과 생각해보면 더욱 필수적인 기업의 지향점이 되고 있다. 밀레니얼세대는 통상 1980~2000년에 출생한 세대를 지칭하는 용어이다. 1991년 《미국 미래의 역사 : 세대의 변화》(Generations : History of America's Future)에서 닐 하우가 명명한 밀레니얼세대는 자신의 생활과 경력 전반에 걸쳐 의미와 가치를 추구하는 성향이 그 이전 세대보다 더욱 강하다.

실제로 취업 선호도에도 밀레니얼세대의 영향이 반영되고 있는데, 2017년 10월 취업포털 '잡코리아'가 전국 4년제 대학 재학생 1,900여 명을 대상으로 진행한 '기업 고용 선호도'에서 처음으로 등장한 '오뚜기'

의 등장은 의미심장하다. 조사에 참여한 남녀 재학생 공통으로 카카오 (31.5%)와 CJ(29.4%)를 최고 선호 기업으로 뽑았고, 그 다음으로는 오뚜기(20.7%), 아모레퍼시픽(18.7%), 네이버(17%) 등을 선호하는 것으로 나타났다. 오뚜기는 '갓뚜기'라는 별칭만큼 상속세 납부, 사회공헌, 정규직 전환 등 일자리의 질 강화 등 사회적 가치 창출 분야에 대해서 그 어떤 기업보다도 국민적 응원과 관심을 받고 있다. 기업의 지속가능성이 결국 최고의 인재의 확보 여부에 달려 있다고 할 때, 오뚜기는 자연스럽게 밀레니얼세대로부터의 최고의 인재유입과 인재확보에 있어 동종업계 그 어떤 기업보다도 유리한 위치에 있다고 볼 수 있다.

성큼 다가온 사회적 가치의 시대

최근 금융위원회가 지도감독하는 성장금융은 임팩트투자 펀드를 내놓으며 투자 대상 기업의 사회적 가치 측정 기준 중 하나로 비콥의 BIA를 인정하겠다고 밝힌 바 있다. 한국국제협력단(KOICA) 역시 민관협력의 파트너인 영리기업의 사회적가치 창출을 입증하는 지표로서 BIA를 활용해 영리기업에 대한 국민세금 투입에 대한 명분과 효과를 검증하게 된다.

기업이 본원적 가치를 생산하는데 이르기까지 가치사슬 전반, 기업의 운영구조와 투명성 등에 있어 어떤 사회적·환경적 가치를 창출하는지 점검하고 부정적인 가치는 축소하고 긍정적인 가치는 극대화하는 과정은 이제 더 이상 불가피하게 추가된 비용(cost)으로 간주되어서는 안 된다. 해당 과정은 오히려 기업의 지속가능성을 높여 장기적으로 생존률을 높이고, 새로운 시장의 확보와 새로운 고객 개발의 기회를 높이는 타당하며 적합한 투자로 인식되어야 한다.

사회적 가치는 기업의 사회적 보험(social insurance)이자 사회적 자본(social capital)으로서 저성장시대와 궤를 같이하는 사회적 가치의 시대에 기업이 축적하면서 활용할 수 있는 최고의 유무형 자산이다. 거기에 더해, 이는 '기업가정신'의 이상향을 사회 속에서 반영할 수 있는 가장 가치 있는 방법이라고 할 수 있다. 바로 그 '가치' 안에 우리가 지향하고자 하는 인륜적 방향이 숨어 있지 않을까?

기업가정신이란 무엇인가?

기업가정신은 한 편의 '시'를 쓰는 과정과 비슷하다. 첫째, 시상이 필요하다. 시상이란 시인이 떠올리게 되는 어떠한 그림이다. 동일한 상황과 환경에서도 누군가는 색다른 것을 보고 느끼고 아이디어를 떠올린다. 기업가는 새로운 가치를 생각하고, 왜 그러한 가치가 매력적인지 누구보다 빨리 생각해낸다.

둘째, 시상이 있다면 그것을 구체적인 언어로 표현해야 한다. 사실 머릿속에 존재하는 관념과 생각을 언어로 구체화하기란 무척 어렵다. 시인이 언어로 몸부림을 치는 것처럼 기업가 역시 자신이 믿는 가치를 현실의 언어로 풀어내는 창작의 고통을 경험한다.

셋째, 쓰여진 습작은 여러 번의 고쳐쓰기를 통해 더욱 명료히 완성된다. 좋아 보였던 문장도 고민을 통해 더욱 명료한 언어로 재탄생한다. 기업가 역시 자신이 최초 생각했던 방법이나 과정을 바꾸거나 새롭게 함으로 새로운 가치창출의 기회를 더욱 넓혀간다.

넷째, 완성된 시는 많은 사람들에게 전에 없던 새로운 상상과 영감을 전달한다. 기업가의 활동과 도전은 그 주변의 모든 사람들에게 새로운 생각을 가능하게 한다. 누군가 '시는 결핍의 언어'라고 했는데, 기업가정신 역시 새로운 가치를 발견하고 창출하여 결핍과 부족과 한계인 현실을 시나브로 변화시킨다.

-김정태

12
4차 산업혁명 시대의 기업가정신

김선우 박사 _ 과학기술정책연구원

인간과 기계의 융합, 가상과 현실의 융합, 스마트·네트워크·자율과 같은 특징을 보이는 4차 산업혁명은 인간의 생산 활동 혹은 생산 양식에 근본적인 변화를 일으킬 것으로 보인다. 4차 산업혁명의 요소기술(사물인터넷, 인공지능 등)이 컴퓨터나 네트워크를 기반으로 한다는 점에서 3차 산업혁명의 범주에서 벗어나지 않는다는 지적이 있으나, 이 기술이 어떤 방향으로든 사회·경제에 큰 변화를 가져올 것이라는 데는 이견이 없다. 따라서 개인과 기업, 국가는 4차 산업혁명으로 인한 변화를 미리 감지하고 선제적으로 변화를 주도할 필요가 있다. 변화에 대한 인식과 이를 반영한 실행, 선제적인 대응으로 변화를 주도하는 것이 '기업가정신'이다.

이 글을 쓴 김선우는

국무총리실 산하 정부출연연구기관인 과학기술정책연구원 혁신기업연구단 단장으로 중소·벤처기업 및 기업가정신을 연구하고 있다. 2008년 말 고려대학교 과학기술정책학 박사학위를 받고, 중소기업연구원에서 기술인력, 중소기업 R&D 등을 주제로 연구한 경력이 있다.

기업가생태계(Entrepreneurial Ecosystem) 구축을 위한 정부의 개입 방향은 창업 건수를 늘이는 정책이나 재정적 보조역할 만이 아니라 시스템 자체를 강화하기 위한 수단들의 통합적 연계 즉, 경쟁정책, 조세정책, 교육시스템, 금융시스템, 연구개발 정책 간의 연계로 진행되어야 함을 강조한다.

한국의 기업가생태계는 과거부터 정부의 역할이 큰 만큼 정부가 시장기회를 창출하는 개척자적인 역할도 해야 함을 또한 지적한다. 정부가 혁신기업의 신제품에 대해 선도적인 소비자 역할을 수행함과 동시에 민간이 수행하기 어려운 와해적이고 불확실성이 높은 분야에 투자해야 한다고 주장한다.

새로운 시대의 출현

4차 산업혁명이 대두되면서 최근 다양한 분야에서 혁신적인 기술 및 사업모델이 등장하고 있다. 사물인터넷, 클라우드 컴퓨팅, 빅데이터 분석, 인공지능, 로봇 기술이 4차 산업혁명을 추동하고 있으며, 데이터 기반의 가치창출 시스템이나 디지털 전환이 이를 더욱 심화시키고 있다(〈표 12-1〉참고).

4차 산업혁명을 새로운 산업혁명[*]으로 구분할 수 있는 것인지, 이로 인한 변화가 우리에게 기회일지 위협일지에 대한 논의가 활발하다. 새로운 산업혁명으로 보기 어렵다고 주장하는 사람들은 4차 산업혁명의 기술(사물인터넷, 인공지능 등)이 컴퓨터나 네트워크를 기반으로 한다는 점에서 3차 산업혁명의 범주에서 벗어나지 않는다고 지적한다.[**]

기술적 변화에 대한 전문가의 의견은 엇갈리지만, 4차 산업혁명에서 거론되는 기술이 어떤 방향으로든 사회경제에 큰 변화를 가져올 것이라는 데는 별 이견이 없다. 4차 산업혁명으로 인재의 핵심 역량이 변화하고 고용의 양극화, 규제 문제 등이 심화될 것이다. 스마트 그리드의 보급은 교통체계, 도시 구조, 에너지 시스템 등을 전환할 것이다. 개인의 삶이 개선되는 한편 사생활 침해, 사이버 보안 등 새로운 사회문제가 야기될 것이다.

---

[*] 아놀드 토인비(1884)는 '산업혁명'을 인간의 생산활동 혹은 생산양식에 근본적인 변화가 일어나는 것으로 정의함.
[**] 제레미 리프킨은 '3차 산업혁명의 잠재력은 아직 끝나지 않았다. 인터넷과 재생에너지를 기반으로 한 수평적 경제체제의 도래'라고 주장함.

〈표 12-1〉 4차 산업혁명을 추동하는 기술 동인

구분	내용
요소기술(micro level)	사물인터넷, 클라우드 컴퓨팅, 빅데이터 분석, 인공지능, 로봇
시스템(meso level)	데이터 기반 가치창출 시스템 * * 데이터 기반 가치창출 시스템이란 데이터를 매개로 가상세계와 현실세계를 결합하여 공정, 제품, 서비스, 비즈니스 모델 등을 혁신하고 새로운 가치를 창출하는 시스템
트렌드(macro level)	디지털 전환의 심화 ** ** 디지털 전환이란 산업과 사회의 각 부문이 디지털화되고 ICT 기술이 적용되어, 생산성을 높이고, 새로운 비즈니스를 창출하며, 소비자 편익을 증진시키는 현상

자료 : 김석관 외 (2017), "제4차 산업혁명의 경제사회적 충격과 대응 방안", 경제인문사회연구회 협동연구 최종보고 발표자료.

4차 산업혁명 시대의 '새로운' 기업가정신

　기업가정신은 와해적 혁신을 이끄는 것*, 지속가능한 혁신의 리더십** 으로 이해된다. 기업가적 활동으로 혁신과 유지관리가 있는데 혁신이 더 어렵다. 유지관리는 전통적 경영학 분야에서 많은 연구결과를 축적하였으나 혁신(기업의 새로운 가치창출)에 대한 연구는 부족하다. 효율이 비용 절감은 가져올 수 있으나 더 이상의 가치 창출에는 기여하지 못하는 상황이다. 새로운 가치창출 활동 즉, 혁신을 이끄는 것이 '기업가정신'이라고 할

---

* Schumpeter, J. A.(1934), The Theory of Economic Development, Harvard University Press, Cambridge, MA.
　Peneder, M. R.(2009), The Meaning of entrepreneurship : A modular concept, Journal of Industry, Competition and Trade, Springer.
** Timmons, J.(1994), New Venture Creation, Irwin.
　이민화(2016), 〈기업가정신 2.0〉, 창조경제연구회.

때 4차 산업혁명 시대의 기업가정신이 이전과 유사하게 혹은 다르게 여겨지는 부분은 다음과 같다.

우선, 기업가정신이 혁신성장에 영향을 주는 방식에 있어서는 이전과 동일하다. 첫째, 기업가정신은 지식의 파급효과(spill over)를 창출한다. 지식의 파급은 경제성장의 투입요인으로서 대학과 같이 지식이 축적된 기관에서 기업가정신을 갖춘 인력과 기술이 확산되는 것이 주요한 성장의 메커니즘이다.

둘째, 중소기업의 수가 증가함에 따라 경쟁이 촉발되고, 이는 경제성장의 역동성으로 이어진다. 실제 지역 내에 기업의 수와 경쟁의 강도가 증가할수록 지역의 성장률은 증가한다.

셋째, 기업의 다양성 증가는 외부효과(externality)로 이어진다. 즉 한정된 지역 내에서 다양한 생산방식과 이질적인 기술을 보유한 기업이 증가하면 다양성의 외부효과가 증가해 구성원 간의 지식 전달, 새로운 지식의 창출 가능성이 높아져 경제성장으로 이어진다.

4차 산업혁명 시대의 기업가정신이 새롭게 인식되는 이유는 ① 기업가경제가 작동하는 점, ② 부가가치 창출의 주역이 개인이 되었다는 점, ③ 가치의 초점이 기술에서 사람으로 이동한 점에서 찾을 수 있다 (〈표 12-2〉 참고).

우선, 관리경제에서 기업가경제로 변화한 측면을 보자. 관리경제에서 성장은 안정성과 전문화, 동질성, 규모, 지속성에서 비롯되지만, 기업가경제에서 성장은 역동성(turbulence), 다양성, 유연성과 변화가 그 동력이다(〈표 12-3〉 참고). 즉, 기업가경제에서는 규모보다 유연성이 중요하기 때문에 대기업보다는 중소기업에서 혁신이 촉발되고, 산업진보를

〈표 12-2〉 4차 산업혁명 시대의 기업가정신의 차별점

구분	변화 내용
경제 운영 형태	관리경제 → 기업가 경제
부가가치 창출의 주역	기업 → 개인
비즈니스(가치)의 초점	기술 → 사람

〈표 12-3〉 기업가 경제와 관리경제의 비교

구분	기업가 경제	관리경제
원동력	지역화 변화 높은 임금을 주는 일자리	세계화 지속 일자리 또는 높은 임금
외부환경	역동성 다양성 이질성	안정성 전문성 동질성
기업운영 방식	동기 시장 교환 협력하는 경쟁 유연	관리 기업 거래 경쟁이나 협력 규모
정부정책	자율 투입 중시 지역 단위 혁신가	규제 결과 중시 국가 단위 기존인력

자료 : 김선우 (2018), "관리경제에서 기업가경제로… 기업가정신 갖춘 혁신가 필요", 나라경제 Vol.326, 한국개발연구원.

자극하며, 일자리를 창출하는 역할을 수행한다.•

관리경제에서 기업의 실패는 부정적으로 여겨지며, 사회자본을 낭비하는 것으로 인식되기 때문에 위험회피가 합리적인 활동으로 간주된다. 따라서 모험자본에 대한 투자활동이 위축되는 구조를 지니고 있다.

• Thurik, A. (2009). Entreprenomics : entrepreneurship, economic growth and policy. Entrepreneurship, growth and public policy, 219-249.

반면에 기업가 경제에서 실패는 실험적인 활동의 결과로 인식된다. 즉 위험이 높은 외부 환경으로 인해 발생되는 결과이기 때문에 전체 사회적인 학습의 일부이며, 새로운 아이디어를 찾고 실행하는 데 수반되는 요인 중 하나다. 관리경제에서 기업가정신은 경제성장에 부정적인 영향을 주지만, 기업가 경제에서의 기업가정신은 성장의 원동력이나.**

둘째, 부가가치 창출의 주역이 기업에서 개인으로 변화하고 있다. 근대사회의 시작은 '기업'이었다고 볼 수 있다. 피터 드러커가 《기업이란 무엇인가》(The Concept of the Corporation, 1946)를 출판하며 사회 제도로서의 '기업'이라는 개념이 생겼다. 최근 세계화와 비용절감으로 기업의 황금기는 저물고 있다. 하이테크 스타트업에 의한 대기업 해체(unbundling)가 가속화되고 있으며, 기업 공개(IPO)를 하지 않으려는 기업이 나타나면서 부의 사유화, 부의 독점 현상이 가속화되고 있다. 린 스타트업(Lean startup)은 기업의 진입장벽을 낮추고 있으며, 액셀러레이터는 개인을 키워 기업을 만들고, 연속 창업자가 등장하고 있다. 혁신은 기업의 전유물 또는 기업으로 자리하기 위한 과정으로서가 아니라 개인 자체를 혁신가로, 잠재적인 앙트레프레너(entrepreneur)로 상정하고 있다.

셋째, 가치의 초점이 기술에서 사람으로 변화하고 있다. 기업 생존 및 성장의 초점이 인간성 회복으로 변화하고 있다. 4차 산업혁명의 본질이 인간의 행위와 본성을 이해하고, 이에 맞는 사회적 수요를 해결하기 위한 다양한 기술 융합 및 해법의 적용이라 할 때, 인간을 이해하려는 노

●● Acs, Z., & Armington, C. (2004). Employment growth and entrepreneurial activity in cities. Regional Studies, 38(8), 911-927.

〈그림 12-1〉 사람중심 기업가정신의 개념

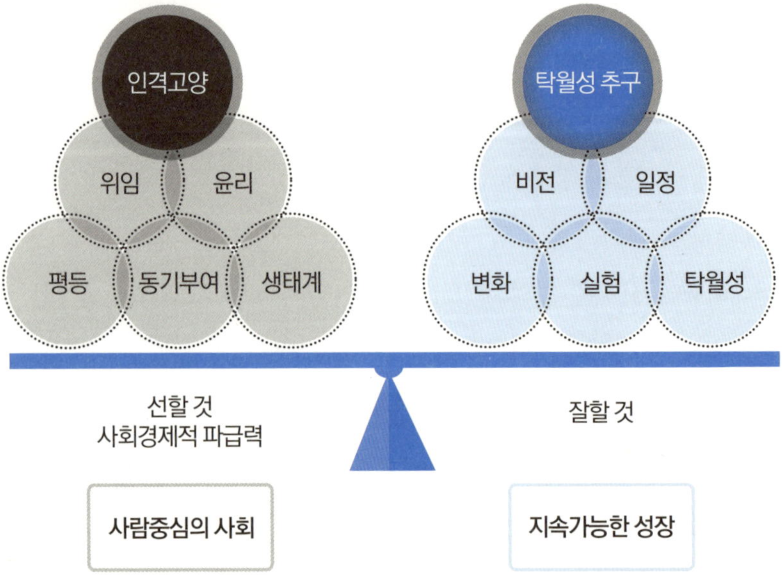

```
        인격고양                    탁월성 추구
      위임   윤리                 비전    일정
   평등  동기부여  생태계        변화   실험   탁월성

        선할 것                      잘할 것
    사회경제적 파급력

      사람중심의 사회              지속가능한 성장
```

자료: 배종태(2017), "사람중심 기업가정신의 현황과 과제", 기술창업 및 기업가정신 교류회 발표자료.

력이 기업의 성장과 생존에 직결된다고 할 수 있다. 기업 활동의 목적이 기업의 경제적 지속가능성에서 인간과 사회·경제에의 가치 창출 및 기여로 이동하고 있다(〈그림 12-1〉 참고).

한국의 기업가정신과 정부의 역할

시대별 기업가정신

한국의 기업가정신은 크게 세 번의 패러다임 전환이 있었다(〈표 12-

4) 참고). 우선 '기업가정신 제1물결'은 1960~1980년대 대기업 위주의 정부주도 경제성장 및 산업정책으로 인해 대기업을 중심으로 한 기업가정신의 발현 시기다. 전후 한국 산업 발전의 초석을 다진 시기로 이병철 삼성그룹 창업주, 정주영 현대그룹 창업주 등의 재벌 대기업이 건설, 식품, 의류 등 국가 주요 산업에서 해외 원조 등을 기반으로 사업을 일군 기업활동의 시작기라고 할 수 있다.

'기업가정신 제2물결'은 IMF 이후부터 2000년대 초반 벤처버블 전까지로 중소기업 위주의 기업가정신 발현 시기다. 김대중 정부 출범 이후 정부의 벤처·중소기업 육성정책과 전 세계적인 벤처붐 시기인데, 기존의 완제품 및 하드웨어 제품 생산 중심의 산업 구조에서 반도체 및 전자제품의 정부주도 산업화 정책이 본격적으로 시작되면서 1세대 벤처가 역동적으로 성장하게 된 시기다.

'기업가정신 제3물결'은 금융위기를 벗어나기 시작한 2010년대 초반부터 현재까지로 애플의 아이폰이 주도한 스마트폰 플랫폼 등장과 창업대중화의 시대 개막 시기이다. 박근혜 정부의 국정목표 '창조경제' 추진도 창업의 양적 확산에 기여했다.

변화 방향

4차 산업혁명 시대를 맞는 개인은 '기업가적 구성원'(Entrepreneurial Individuals)을 지향하고 자신만의 전문지식과 기술 보유, 상호연결과 협업, 네트워크 활용 등을 통해 모두가 앙트레프레너가 되도록 노력을 기울여야 한다. 기업은 '개방형 혁신기업(Open Innovators)'이 되도록 기업 내·외부의 역량 통합·구축·재구성하는 역량 확보, 기존 공급자 중심에

〈표 12-4〉 시대별 기업가정신의 변천과 변화원인 분석

구분	기업가정신 제1물결			기업가정신 제2물결		기업가정신 제3물결
	전후 복구기 1950년대	고도 성장기 1960~70년대	전환기 1980년대	벤처 성장기 1990년대	조정기 2000년대	창업대중화기 2010년대
기업가 역할 모델	이병철 정주영	구인회 이병철 정주영	정주영 박태준	정문술, 안철수, 이민화, 조현정	김택진, 장병규, 김영달, 이해진	김범수, 권혁빈, 김봉진, 김범석
기회 특성	6.25전쟁 후 건설, 식품, 의류시장, 확실한 기회	경제개발 5개년, 정부+시장, 의류, 기계, 수출시장	산업기반 발전, 해외시장 선전, 개선적 혁신, 수입대체재	글로벌시장 형성, 해외자금 유입과 벤처투자, IMF 위기, 혁신적 기술	글로벌시장 확대, 세계시장 권역화, 시장다양화, 시장융합 및 틈새	본글로벌, 동남아 등 시장 다양화, 유비쿼터스 접속환경
산업 특성	농업, 광업, 의류, 식품	경공업, 중공업 (시멘트/비료/정유)	건설업, 수출업 (전자제품/자동차/기계/철강 등)	반도체/전자제품/선박/자동차/컴퓨터 등	IT산업, 서비스산업, 환경 및 에너지 관련 산업, NT 산업	ICT융합산업, 서비스산업, 바이오 및 에너지 등
자원 원천	노동력, 내부자원 빈약	노동력, 낮은 인건비, 외국 원조	노동력, 국내자본 형성, 해외투자	자본력(은행, VC, 금융시장 형성), 엔젤투자	기술력, 외국자본 증대, 자본시장 연동, M&A 활성화	창의성 및 아이디어, 기술, 시장 및 자금정보
창업 동기	생계유지	정부 주도, 기회 추구, 생계 유지	정부 주도의 기회 추구, 부의 창출	사회적 분위기, 수익 창출, 기술 사업화	신기술 사업화, 생계형 창업 증대, 사회적 문제 해결	사회경제적 성공, 자아실현, 사회문제 인식
경쟁력 원천	외국원조 의존, 농업인구 60%, 낮은 인건비	공업화 추진, 중화학공업, 낮은 인건비	건설, 제철, 자동차 등 핵심 기술 획득, 수출력 확보	선도적 원천/핵심 기술 획득, 글로벌 시장, 접근성, 기술혁신 능력	선도적 기술혁신, (정보통신 기술, 나노기술 등), 세계시장 접근, 실행력	비즈니스 모델, 글로벌 마인드, 네트워킹 역량, 실행력
경제 성장률	3.69%	8.01%	7.67%	6.26%	4.84%	2.9%

자료 : 김선우·김영환·이정우·손하늬(2017), "4차 산업혁명 시대 기업가정신의 의의와 방향", STEPI Insight 제218호.

서 사용자 중심으로의 변화를 통한 체험/가치 극대화, 법인(Corporation)에서 연합(Confederation)으로의 변화 등이 필요하다. 정부는 '트램폴린형 정부'(Trampoline Government)가 되어 여러 주체가 더 많은 혁신을 만들 수 있는 일을 지원하고 개인과 기업이 기업가정신을 발현할 수 있는 사회적 완충망(트램폴린) 역할을 수행해야 한다.

영국의 네스타(Nesta)는 2008년 금융위기가 그동안 진행된 혁신성장을 기존의 경제주체들이 따라 잡지 못한 결과라고 지적하면서 정부의 대응을 제시하고 있다.** 정부의 개입 방향은 단기적인 경기부양책이나 긴축재정과 같은 재정적인 역할만이 아니라 혁신시스템 자체를 강화하기 위한 수단의 통합적 연계, 즉 경쟁정책, 세금정책, 교육시스템, 금융시스템, 연구개발 정책 간의 연계로 진행되어야 한다.

한편 정부의 역할은 민간에서 접근하기 어려운 와해적이고 불확실성이 매우 높은 분야에 개입해야 한다는 의견도 주목받고 있다. 경제학자 마추카토는 아이폰을 구성하는 대부분의 요소기술이 NASA(미국항공우주국), DARPA(미국 방위고등연구계획국) 등 정부의 적극적인 투자 프로그램의 결과이고 달 착륙에 활용되던 기술이 최근의 그린 테크놀로지로 활용됐다는 점 등을 제시하며, 정부가 시장기회를 창출하는 개척자적인 역할을 해야 한다고 주장한다.***

혁신은 기본적으로 위험하고, 실패를 감수해야 이루어진다. 따라서 혁신활동은 성공하는 프로젝트를 지원하는 것이 중요한 게 아니라 포트폴리오의 우수성, 실패 가능성, 실패했을 경우에 중단해야 하는 정직함이 동일한 수준에서 이행되어야 한다. 즉 '실험적 혁신(experimental

---

• 김선우(2017), "4차 산업혁명 시대의 기업가정신과 정부의 역할", Global Entrepreneurship Week Korea 2017, 제416회 과학기술정책포럼 발표자료.
•• Westlake, S., Marston, L., & Bravo-Biosca, A. (2012). Plan I : the case for innovation-led growth : Nesta.
••• Mazzucato, M. (2015). The entrepreneurial state : Debunking public vs. private sector myths (Vol. 1) : Anthem Press.

innovation)'을 지향해야 한다.*

그런데 실험적 혁신은 기업가적 리더십과 도전정신이 있는 경우에 성립한다. 혁신을 추진해나갈 기업가정신을 갖춘 혁신가가 있어야 하며, 이들이 핵심이다. 혁신가에게 모든 아이디어가 있는 것은 아니지만 이들은 아이디어를 실행하는 능력이 있기 때문이다.

정부는 혁신기업의 신제품에 대해 선도적인 소비자 역할을 수행함으로써 시장을 형성하고 시장 내 신규진입 기업에 유인을 제공해야 한다. 정부 조달 금액의 일정 비율을 혁신제품에 할당하는 방식 등이 사례가 될 수 있다.

향후 정부의 과제

4차 산업혁명 시대의 정부의 전략과 과제는 다음과 같다.** 우선, 트램폴린형 역할을 통해 민간이 수행하기 어려운 고위험 R&D 투자와 개인 맞춤형 평생교육 체제로의 전환, 공공데이터 공개 및 활용 확산 가이드라인 마련 등이 추진되어야 한다. 혁신에 대한 정부의 역할은 민간 부분이 수용할 수 없는 리스크를 장기적인 기간 동안 부담하는 데 있으며, 개발비용이나 시장만을 고려한 정부의 투자는 바람직하지 않다. 따라서 정부의 R&D 투자는 경제를 촉진하는 일뿐만 아니라 지금 전혀 하지 않는 일을 해야 한다. 또한 4차 산업혁명 시대 일자리 대응을 위해 평생교

• 김선우(2018), "관리경제에서 기업가경제로… 기업가정신 갖춘 혁신가 필요", 나라경제 Vol.326, 한국개발연구원.
•• 김선우(2017), "4차 산업혁명 시대의 기업가정신과 정부의 역할", Global Entrepreneurship Week Korea 2017, 제416회 과학기술정책포럼 발표자료.

육 체제로의 전환이 필요하며 개인단위의 맞춤형 교육을 제공하고 기술보다는 개인의 창의성을 핵심으로 원천적인 '개념설계 역량' 강화를 목표로 해야 한다. 마지막으로 공공 데이터의 개방과 보안의 균형적인 정책을 마련하고 빅데이터를 수집, 분석, 활용할 수 있는 클라우드 인프라 구축을 해야 한다.

두 번째, 소통에 기반을 둔 규제개혁을 통해 장기적으로는 열거주의 방식의 업종 등록제를 폐지하고 네거티브로의 전환을 추진해야 하며, 법령이 적용되는 분야에서는 규제프리존, 규제샌드박스 운영 등을 도입해야 한다.

세 번째, 기업가정신 교육과 확산을 통해 고급연구인력의 기업가정신 제고와 기업가정신 격차 완화(지역별, 세대별, 성별)를 이루어야 한다. 고급연구인력은 창업과 과학적 지식이 시장으로 이전할 수 있는 중요한 통로로 기술력을 갖춘 Ph.D와 Post-Doc의 교육 프로그램에 기업가정신 교육을 넣고, 이들이 주도하는 창업 및 기술 사업화에 정부의 직접적인 지원이 필요하다.

지역별 기업가정신 격차 완화를 위해 수도권 중심의 기업가정신 생태계를 지역으로 확산하고 지역전략산업과 연계한 생태계 조성이 필요하다. 또한 세대별 기업가정신 격차를 완화하기 위해 청소년 세대부터 앙트레프레너가 하나의 진로임을 인식시킬 필요가 있으며 도전적·위험 감수성을 갖는 시니어 육성을 위해 사회보장이 전제되어야 한다.

4차 산업혁명 시대 기업가정신은 개인이나 정부가 '갖추면 좋은 것' 정도로 끝나면 안 된다. '있으면 좋고 없어도 그만'이라는 생각은 사회의 변화와 활력의 원천을 부정하는 것과 같다. '기업가정신'에 대한 올바른

<표 12-5> 4차 산업혁명 시대 정부의 역할과 과제

추진전략	추진과제
트램폴린형 역할	민간이 수행하기 어려운 고위험·중장기 R&D에 투자 개인 맞춤형 평생교육 체제로의 전환 공공데이터의 공개 및 활용 확산 가이드 마련
소통에 기반한 규제개혁	네거티브 규제로의 점진적 전환 추진 법령이 적용되는 분야에서 규제프리존 및 규제샌드박스 운영
기업가정신 교육과 확산	고급연구인력의 기업가정신 제고 기업가정신 격차(세대별, 지역별, 성별) 완화

자료 : 김선우 (2017), "4차 산업혁명 시대의 기업가정신과 정부의 역할", 제416회 과학기술정책포럼 발표자료.

이해와 내재화만이 우리 사회를 건강하게 성장시킬 수 있다. 4차 산업혁명 시대를 살아갈 우리에게는 기업가정신을 기반으로 한 변화와 도전, 본질적 가치추구가 요구된다.

기업가정신이란 무엇인가?
나는 기업가정신을 시대에서 요구하는 가치를 창조하는 활동으로 본다. 그래서 기업가정신을 갖춘 기업이란 사회를 이롭게 하는 사업 영역에서 혁신을 추구하여 경제적 이익을 창출하고, 고용을 늘여가며, 고용한 구성원의 성장과 발전에 투자해주고, 그들이 창의성을 발현할 수 있는 제도적 기반과 문화를 만들어 궁극적으로 사회에 기여하고, 역동적인 국가를 만들어 가는데 기여하는 기업이라 할 수 있다.

– 김선우